AÇÕES REGRESSIVAS PREVIDENCIÁRIAS

Ações de ressarcimento *sui generis*

Vicente de Paula Ataide Junior

AÇÕES REGRESSIVAS PREVIDENCIÁRIAS

Ações de ressarcimento *sui generis*

2.ª edição

revista, ampliada
e atualizada

2021

EDITORA
JusPODIVM
www.editorajuspodivm.com.br

EDITORA
*Jus*PODIVM
www.editorajuspodivm.com.br

Rua Território Rio Branco, 87 – Pituba – CEP: 41830-530 – Salvador – Bahia
Tel: (71) 3045.9051
• Contato: https://www.editorajuspodivm.com.br/sac

Colaborador para a 2ª edição: Alberto Luiz Hanemann Bastos

Capa: Maitê Coelho *(maitescoelho@yahoo.com.br)*

A862 a Ataíde Junior, Vicente de Paula.
Ações Regressivas Previdenciárias. / Vicente de Paula Ataíde Junior – 2. ed. rev. ampl. e atual. – Salvador: Editora JusPodivm, 2021.
256 p.

ISBN 978-65-5680-541-2.

1. Direito previdenciário. I. Ataíde Junior, Vicente de Paula. II. Título.

CDD 341.6

AGRADECIMENTOS

Agradeço à Editora Juspodivm e aos coordenadores da Coleção *Prática Previdenciária*, Professores Marcelo Borsio, Frederico Amado e Ricardo Didier, pelo gentil convite e pela oportunidade desafiadora de poder escrever sobre tão singular e provocante assunto. Apenas anseio que o produto corresponda às expectativas do chamamento.

Agradeço, em igual medida, aos meus colegas Juízes Federais Fabrício Bittencourt da Cruz, pela lembrança do meu nome aos editores, ao qual também espero não decepcionar, e José Antônio Savaris, pelo prefácio e pela fértil troca de ideias sobre o assunto.

Externo que este trabalho não seria possível sem a imprescindível colaboração de algumas pessoas.

A começar pela equipe da Biblioteca da Justiça Federal do Paraná, então capitaneada pela Bibliotecária Mônica Lopes Simião e tão bem atendida pelas Bibliotecárias Letícia de Castro Silva e Carmen Salete Camargo Soares. O levantamento bibliográfico que serve de base para esta obra foi extremamente enriquecido pela pesquisa levada a cabo por essas competentíssimas Bibliotecárias. Letícia e Carmen certamente se cansaram de mim, de tanto que lhes incomodei com minhas indagações sobre obras e artigos. Muito obrigado!

Também foi imprescindível a soma de esforços com a minha equipe de assessores do Juízo B da 2ª Turma Recursal Federal do Paraná – Ana Solange Javorski, Daniela Ester Passos e Fabiely Estavas do Prado Reinert – depois encorpada com José Silvio de Carvalho Filho e André Luis Trovatti Uetanabaro, e dos estagiários

Mariana Silvino Paris, Leonardo Vicente da Costa Paluski, Gabriel de Oliveira Mello e Lucas Carli Cavassin. Obrigado pelos debates e pelo auxílio na coleta de dados, sempre com disposição e presteza.

Agradeço à colaboração da Procuradoria Federal do INSS em Curitiba pelo auxílio na coleta de dados estatísticos sobre as ações regressivas previdenciárias e ao Instituto Brasileiro de Direito Previdenciário (IBDP), por meio da sua dedicada Presidente, Professora Jane Lucia Wilhelm Berwanger, pelas oportunidades para tratar, com o público, os temas pungentes que associam o Direito Processual com o Direito Previdenciário.

Aos Professores Cláudia Salles Vilela Vianna e Helder Martinez dal Col, agradeço a gentileza do encaminhamento de exemplares de suas obras e à Professora Melissa Folmann agradeço o incansável incentivo à reflexão crítica sobre os mais importantes temas do Direito Previdenciário brasileiro. Pelas observações sempre percucientes sobre as peculiaridades do Direito do Trabalho, agradeço ao amigo fraterno, Professor Francisco José Garcia Figueiredo, da Universidade Federal da Paraíba.

Por fim, como sempre, registro o apoio intelectual, sempre presente, do meu estimado pai, Professor Vicente de Paula Ataide, que mais uma vez teve a paciência de fazer a revisão final do trabalho.

Vicente de Paula Ataide Junior

APRESENTAÇÃO DA COLEÇÃO

Eis a *Coleção Prática de Direito Previdenciário*, inédita no país, que foi idealizada para trazer ao mundo jurídico todo o arcabouço técnico, teórico, jurisprudencial e prático sobre Previdência, pontualmente em todas as áreas e setores que o tema pode alcançar.

Numa sequência ordenada de títulos, diversos livros foram concebidos para oferecer aos pesquisadores previdenciários, concurseiros, estudantes de graduações e de pós-graduações (especialização, mestrado, doutorado e pós-doutorados), advogados, juízes, procuradores federais e da fazenda nacional, membros do parquet, delegados de polícia federal, serventuários da justiça e do MP, integrantes de setores de recursos humanos, contadores e despachantes previdenciários um conteúdo teórico bem estruturado, aliado às questões práticas, com peças processuais e extrajudiciais, que orientarão esses profissionais em suas rotinas de trabalho.

A Coleção está comprometida com a melhor dogmática e jurisprudência atualizada das Cortes Superiores do país e das demais instâncias. Todo o trabalho tem a preocupação de ser simples e, ao mesmo tempo, profundo em diversos pontos, buscando atender aos anseios dos leitores iniciantes, que sentem dificuldade comum inicial, e, ainda, atingir aqueles que almejam profundidade na matéria previdenciária, para terem progresso em suas carreiras profissionais, qualquer que seja.

O caráter pragmático da Coleção, com seus volumes individualizados por temas, garante um dos diferenciais da obra, que possui autores renomados na seara jurídica, entre eles advogados, procuradores, juízes, promotores, delegado de polícia federal, especialistas técnicos etc. Todos professores de escol em seus temas, discorrendo com extrema propriedade.

Enfim, o mercado editorial jurídico recebe o que faltava: A Coleção Prática de Direito Previdenciário! Bem estruturada e completa – não pode faltar em sua biblioteca.

Trata-se de material decisivo para o enfrentamento dos desafios profissionais e de estudos.

Tenham excelente leitura e desejamos sucesso!

Frederico Amado

Marcelo Borsio

Coordenadores

APRESENTAÇÃO DA OBRA

Confesso que ao receber o convite para escrever este livro sobre *ações regressivas previdenciárias,* a fim de integrar a *Coleção Prática Previdenciária* da Editora JusPodivm, aceitei com certa relutância.

Lembro-me que, como Juiz Federal em Curitiba, instrui e julguei algumas dessas ações propostas pelo INSS. Não me recordo das sentenças e nem fui atrás delas para saber. Mas acredito que devo ter seguido os entendimentos adotados pela jurisprudência do Tribunal Regional Federal da 4ª Região à época.

Lembro-me, também, que alguma coisa me incomodava em relação a essas ações. Parecia-me que não era assunto para a Justiça Federal, dada a ressalva contida no final do inciso I do artigo 109 da Constituição, sobre acidentes de trabalho. Mais do que isso, eu sentia que a jurisdição federal não tinha o *know-how* necessário para julgar ações envolvendo acidentes de trabalho, afinal, a Justiça do Trabalho julgava as respectivas ações indenizatórias e a Justiça Estadual julgava as respectivas ações de benefícios (ações acidentárias). Nós, na Justiça Federal, não julgávamos nada disso e, de uma hora para outra, começamos a ver pulular essas demandas. Normas de segurança ou de saúde do trabalho não faziam parte do nosso *metier*. Fiquei realmente em dúvida sobre a nossa competência, mas não me recordo, sinceramente, se cheguei a declarar incompetência em algum caso.

Essa foi a primeira razão da minha relutância inicial para escrever sobre o tema. Algo como uma lembrança negativa, uma discordância *a priori,* incompatível com o dever de investigação científica.

Mas pedi tempo para pensar sobre o convite também por causa de outras razões.

Apesar da minha formação acadêmica em Direito Processual Civil, receei em falar sobre acidentes de trabalho. Seria necessário ingressar em campo árduo e difícil, em tempo tão exíguo. Além disso, o tema em si é complexo, longe de estar com suas balizas conceituais já bem estruturadas. Há polêmicas por todos os cantos. Jurisprudência com entendimentos saltitantes. Não se trata de uma simples ação indenizatória que se conforme com os vários séculos de construção da teoria da responsabilidade civil. O processo civil não basta, nem básicos conhecimentos sobre o direito material.

A relutância, no entanto, cedeu ao desafio.

Desde que assumi, a partir de junho de 2014, uma das posições de Juiz Federal titular perante a 2ª Turma Recursal dos Juizados Especiais Federais do Paraná, passei a me acostumar com desafios, especialmente quando, bem recentemente, o Tribunal Regional Federal da 4ª Região especializou turmas recursais em matéria previdenciária. Hoje, a 2ª Turma Recursal do Paraná julga apenas Direito Previdenciário. O exercício de avaliar sentenças proferidas por outros Juízes Federais exige uma nova concepção da arte de julgar, diferente dos julgamentos de primeiro grau, além de novas rotinas e de novos olhares sobre o Direito. E as causas previdenciárias aguçam esse desafio, não só pelo emaranhado infinito de normas legais, regulamentares e jurisprudenciais, a exigir constante atualização e reflexão, como pelos seus destinatários, pessoas para as quais a jurisdição pode significar a diferença entre a vida e a morte, a saúde e o agravo, a felicidade e o desespero.

Aceitei mais esse desafio, despi-me da toga e passei ao labor doutrinário.

Para tanto, não parti da jurisprudência, para não comprometer, desde logo, as minhas respostas. Passei em revista quase todo o material doutrinário até agora produzido e comecei a refletir criticamente sobre essas peculiares ações, à luz da metodologia jurídica tradicional, mas sem perder o contato com a metodologia processual pragmática, que já foi objeto de minhas pesquisas no campo processual civil.[1]

Surpreendi-me com os resultados e, certamente, o leitor também se surpreenderá, ainda que seja pouco versado no assunto. As minhas discordâncias *a priori* acabaram por se transformarem em discordâncias *a posteriori* do trabalho hermenêutico doutrinário. Não mais uma intuição ao acaso, na lida diária da tarefa judicante, mas uma crítica doutrinária impactante. Mas impacto por decorrência do exercício intelectual, não impacto para impactar, para criar diferença que não existe. Todas as conclusões foram forjadas a partir de uma meditação jurídica criteriosa, refletida, sem os preconceitos da profissão (se isso for de fato possível) ou da obediência hierárquica aos ditames da jurisprudência. Doutrina para aperfeiçoar, não para agradar. Se essa doutrina doer, que doa, mas que não deixe de ser doutrina (lembrando, aqui, das palavras do Prof. Lênio Streck).

Devo, no entanto, antecipar que, como consequência da crítica e das objeções ao que já foi escrito sobre o assunto, algumas posições podem parecer excessivamente contundentes. Quero registrar, no entanto, que, em nenhum momento, desclassifico qualquer trabalho doutrinário sobre o assunto, nem desconsidero o valor de todos eles. Também não me dirijo contra quem quer que seja em especial, sejam pessoas ou instituições. Nada me leva a fazer isso. Apenas faço a crítica que deve ser feita, por fidelidade ao ideal acadêmico, sem nenhum apelo emocional ou pessoal, muito embora, possa parecer, pela veemência do estilo discursivo adotado por quem já foi Promotor de Justiça no

---

1. Para mais detalhes sobre o Pragmatismo Jurídico e sua relação com o Direito Processual Civil, consultar a nossa tese de doutoramento pela Universidade Federal do Paraná (UFPR), intitulada "Processo Civil Pragmático", disponível em: <http://dspace.c3sl.ufpr.br/dspace/bitstream/handle/1884/31921/R%20-%20T%20-%20VICENTE%20DE%20PAULA%20ATAIDE%20JUNIOR.pdf?sequence=1&isAllowed=y>

Tribunal do Júri, alguma inflamação um pouco mais acentuada aqui ou acolá. Apenas características de retórica.

Dessa forma, não consegui produzir um livro que seja, propriamente, um manual de prática forense. A temática não permite isso, dadas as polêmicas que a circundam. Impossível apenas apresentar o que está aí. Fazer uma obra apenas informativa, como diria o Prof. Daniel Mitidiero. Decidi enfrentar todos os pontos controversos envolvendo as *ações regressivas previdenciárias*, além de lançar alguns novos. Até o título, como se verá, sofrerá imprecações (veja-se o subtítulo).

Mas espero que, mesmo assim, a obra seja útil à comunidade, especialmente aos advogados, públicos e privados, e aos juízes. Talvez alguma oxigenação do tema seja possível a partir das reflexões que se apresentam, possibilitando, ainda talvez, novos rumos para a prestação jurisdicional relativa a essas atípicas pretensões públicas.

O primeiro texto produzido para o livro ainda fora elaborado sob a égide do Código de Processo Civil de 1973. Com a entrada em vigor do novo Código (Lei 13.105/2015, alterada pela Lei 13.256/2016), foram procedidas as adaptações necessárias, de maneira que a publicação já sai de acordo com a codificação processual em vigor.

Parafraseando Herman Hesse, não sou aquele que sabe, mas aquele que busca. Apresento-lhes o produto de algumas dessas buscas.

Vicente de Paula Ataide Junior

NOTA DO AUTOR À 2ª EDIÇÃO

Justificou-se a preparação de uma nova edição de Ações Regressivas Previdenciárias: ações de ressarcimento sui generis, ante a aprovação da Lei Federal 13.846, de 18 de junho de 2019, publicada, no mesmo dia, em edição extra do Diário Oficial da União, a qual, dentre outras inovações, modificou a redação dos arts. 120 e 121 da Lei 8.213/1991, que tratam das ações regressivas da Previdência Social.

Com a nova legislação, passam a ser previstas as ações regressivas em caso de violência doméstica e familiar contra a mulher, conhecidas como "Ações Regressivas Maria da Penha".

Para esta 2ª edição, contei com a preciosa colaboração de pesquisa das minhas assessoras na 2ª Turma Recursal Federal do Paraná, Aline Balhes Correa, Laressa Bassetti dos Santos e Rafaela Alves da Silva, às quais deixo aqui registrado todo o meu reconhecimento.

Porém, a nova edição restaria como projeto não fosse a preciosa colaboração adicional do jovem previdenciarista, Prof. Alberto Luiz Hanemann Bastos, formado pela Faculdade de Direito da Universidade Federal do Paraná, que tão gentilmente aceitou revisar o material e acrescentar novas ponderações sobre a nova Lei.

Agradeço, por fim, ao estimado colega Prof. Marco Aurélio Serau Jr., incansável desbravador do Direito Previdenciário, pelos sempre atenciosos diálogos pelas salas e corredores da nossa Faculdade de Direito da UFPR.

Vicente de Paula Ataide Junior

Curitiba, março 2021.

PREFÁCIO

É causa de elevada alegria ter o pensamento do Doutor Vicente de Paula Ataíde Junior voltado para o importante, mas ainda pouco desenvolvido, tema das ações regressivas previdenciárias. Seu olhar crítico, próprio de um investigador maduro, e a didática na exposição, tão peculiar à sua veia magisterial, leva-nos a uma privilegiada posição do saber: um passo para trás, um degrau para cima.

Antes de tudo, analisa – e aponta, impressionado, pode-se dizer – a insuficiência e a inconsistência doutrinária sobre as ações regressivas, um tema tão caro e atual. Identifica, desde o início do trabalho, o déficit de racionalidade do conjunto de argumentos que defendem o cabimento e a legitimidade das ações regressivas previdenciárias, mesmo aquela prevista em lei (regressiva acidentária).

O estudo não se fez refém dos sedutores argumentos que se encontram na superfície da problemática, posicionando-se como autêntico marco doutrinário que coloca em xeque a legitimidade constitucional das ações regressivas.

Nesse sentido, a reflexão jurídica é transdisciplinar, pois percorre relevantes institutos do direito constitucional, direito previdenciário (custeio e benefício), direito civil e direito processual civil. Seu compromisso é com a análise crítica da tese que ampara a "pretensão ressarcitória *sui generis*". E por isso conclui, dentre outros pontos expressos de modo objetivo ao final, que a "regressividade" do art. 120 da Lei 8.213/1991 se afigura como "nova contribuição social" destinada a custear a Previdência. Apenas que sem respaldo constitucional.

Com esse passo para trás, pouco deixa restar da tese compressora arvorada na escassez de recursos públicos e na necessidade coletiva de eficiência econômica da Previdência Social que, da perspectiva da "regressividade", deve ser suprida por agentes econômicos privados que violem direitos de outrem, causando dano ao patrimônio público.

Se apoiado em firme terreno teórico, de um lado, o autor não negligencia a necessidade de fazer seu esforço tocar as questões de ordem prática, de outro lado. E o faz com maestria. E nos conduz, assim, para um degrau acima.

Os aspectos processuais da "ação de ressarcimento *sui generis* ("ação regressiva previdenciária") são, sem dúvida, um roteiro prático das ações regressivas, com todas as questões que emergem de uma demanda regressiva: competência, legitimidade, direito probatório, condições para procedência, entre várias outras.

Um pouco mais além. É para onde nos conduz as luzes oferecidas pela obra "AÇÕES REGRESSIVAS PREVIDENCIÁRIAS", que tenho o prazer e a honra de prefaciar a convite do seu autor, que nos atrai desde quando nos deixa ver que, também ele, como nós e HESSE, não é aquele que sabe, mas aquele que busca.

O produto da busca tem todos os méritos. Penso que o leitor concordará comigo.

Curitiba, maio de 2017.

José Antonio Savaris

Doutor em Direito da Seguridade Social pela USP.

Juiz da 3ª Turma Recursal Federal do Paraná.

SUMÁRIO

1
INTRODUÇÃO

A seguridade social brasileira foi redesenhada pela Constituição da República de 1988, a fim de garantir *a todos* os benefícios de saúde, assistência e previdência social.

Acompanhando a previsão *universalizante* desses direitos sociais fundamentais, contida no art. 194, parágrafo único, inciso I, da CF, o próprio texto constitucional se encarregou de lançar as bases para uma rígida disciplina fiscal e orçamentária destinada a *custear* os respectivos programas.

Se, de um lado, admite-se que o acesso à previdência social desponta como um direito fundamental, dotado de aplicabilidade direta e imediata (SERAU JUNIOR, 2015, p. 41-42), de outro, reconhece-se que o acobertamento efetivo dos riscos sociais elencados no art. 201 da CF e no art. 1º da Lei 8.213/91 somente se torna possível na medida em que são estabelecidos critérios racionais de administração, manejo e ponderação das receitas e dos custos que tergiversam a dinâmica financeira-atuarial do referido sistema.

Noutros termos, conforme bem elenca SERAU JUNIOR, a racionalidade e a eficiência do gasto de recursos da previdência se tratam de elementos ínsitos à conformação existencial da seguridade social, porquanto o próprio constituinte admite a *escassez de recursos* como elemento inafastável desse sistema, de modo que "devem o legislador e o executor das políticas públicas de proteção social eleger (de selecionar = seletividade), dentre as múltiplas hipóteses existentes, os tipos de contingências sociais mais importantes, ou que atendem à maior parte da população

– distributividade, compreendida num sentido de *maximização*" (2012, p. 94).[1]

Essa preocupação com a higidez econômico-financeira da seguridade social é bem representada por norma constitucional impondo que "nenhum benefício ou serviço da seguridade social poderá ser criado, majorado ou estendido sem a correspondente fonte de custeio total." (CF, art. 195, §5º).

A previdência social, em particular, nesse mesmo espírito de responsabilidade fiscal, deve ser "organizada sob a forma de regime geral, de caráter contributivo e de filiação obrigatória, observados critérios que preservem o equilíbrio financeiro e atuarial." (CF, art. 201).

Portanto, é lícito concluir que a Constituição quer uma seguridade social universal, mas, ao mesmo tempo, economicamente sustentável.

Talvez esse seja um dos desafios mais agudos para a política brasileira: cumprir as expectativas de proteção social prometidas pela Constituição, sem quebrar as finanças do Estado.

Neste intrincado contexto, são numerosos os esforços doutrinários que intentam rechaçar a inserção de argumentos de índole econômica nos debates que envolvem o tema das políticas públicas e dos direitos sociais – dentre os quais se inserem os benefícios previdenciários. Tomando como pressuposto a *jusfundamentalidade* dos direitos sociais, SAVARIS indica que argumentos como o da precedência da fonte de custeio vinculam tão somente os entes responsáveis pelo equilíbrio do orçamento público, isto é, tão somente o legislador ordinário e os setores da administração afetos à promoção de políticas públicas (2011, p. 300). Segundo o jurista, a adoção de teses estritamente econômicas no campo jurisdicional "implicaria a recusa da justiciabilidade dos

1. Muito embora não se possa olvidar que o desiderato final da seguridade social perfaz uma "conotação política de promoção da dignidade humana, do atendimento das demandas sociais e redução das desigualdades, ainda que se admita, em sua própria *concepção*, eventual *défict* orçamentário (...)" (SERAU JUNIOR, 2012, p. 73).

direitos sociais" e, por via de consequência, a restrição dos pressupostos basilares de "afirmação da dignidade humana, valor fonte de nossa ordem constitucional" (SAVARIS, 2011, p. 300) . Em suma, nesta perspectiva, a remansosa cláusula da "reserva do possível" – dentre outras ligadas à noção de limitação orçamentária – não poderiam implicar o tolhimento do direito ao "mínimo-existencial",[2] cujo acesso, nas hipóteses em que o indivíduo se encontra acometido por algum dos riscos sociais previstos na lei e na Constituição,[3] somente pode ser alcançado mediante acobertamento previdenciário.

Nada obstante, imperioso assumir que este debate engloba uma série de complexidades que extrapolam a seara estritamente jurídica. Com efeito, pautas políticas, financeiras e governamentais também assumem protagonismo nas cizânias diuturnamente altercadas nos Tribunais, bem como nos órgãos dos Poderes Executivo e Legislativo.

Nesse sentido, os movimentos políticos sazonais de reformas na estrutura constitucional e infraconstitucional do Brasil incluem, quase sempre, propostas de "reforma da previdência", porém, não para tornar os benefícios e serviços da seguridade social mais universais, mas para restringi-los em nome da sustentabilidade econômica do sistema.[4] "Universal" e "sustentável"

2. Neste particular, impende destacar o seguinte esforço doutrinário: SARLET; SAAVEDRA, 2017.

3. A noção de contingência social, neste particular, é entendida numa perspectiva ampla, de modo a englobar todos os eventos acobertados pela previdência social na Constituição e na legislação infraconstitucional, tais como a "incapacidade temporária ou permanente", a "morte de um ente familiar" e o "desemprego involuntário".

4. Já no primeiro ano do governo do Presidente Jair Bolsonaro, dois marcos jurídicos de grande impacto jurídico – e, sobretudo, financeiro – foram promulgados no âmbito previdenciário. O primeiro deles se trata da Lei 13.846/19, que, dentre outras providências tendentes a reduzir os gastos da seguridade social e intumescer as receitas desse sistema, instituiu a carência de 24 (vinte e quatro) meses para a obtenção do benefício de auxílio-reclusão; constituiu o "Programa Especial ara Análise de Benefícios com Indícios de Irregularidade" e o "Programa de Revisão de Benefícios por Incapacidade", com o intuito de diminuir os indícios de fraude perante a previdência social, bem como a concessão de benefícios indevidos; e, também com o desiderato de acrescer a receita financeira, autorizou o INSS a promover ação regressiva contra

parecem características incompatíveis no âmbito do Direito da Seguridade Social.

Fato é que, até o fim de 2014, o *déficit* da Previdência Social era orçado em cerca de 49 bilhões de reais.[5] Para 2016, esse prejuízo era estimado em 200 bilhões de reais.[6] Em meados do segundo semestre de 2019, previu-se que o *déficit* do Regime Geral da Previdência Social atingiria o ápice de 244 bilhões de reais.[7] Claro que esse problema não deriva apenas de gastos sociais que exorbitam as receitas do orçamento da seguridade social. As causas desse déficit não se restringem a essa simples fórmula contábil (NICHOLSON, 2007, p. 165-192).

Nesse panorama de desequilíbrio financeiro e atuarial é que se inserem as *ações regressivas previdenciárias*, mormente porque, como será adiante explanado, tal instituto possui cunho eminentemente arrecadatório e, com a extensão do cabimento das ações de regresso em face dos responsáveis pelo cometimento de violência familiar e doméstica (art. 120, II, da Lei 8.213/91), a sua notoriedade torna-se cada vez mais evidente.

---

os responsáveis por violência doméstica e familiar contra mulher, nos casos em que o ato ilícito ocasione prejuízos ao erário previdenciário. O segundo marco, por sua vez, trata-se da Emenda Constitucional nº 103/19, a qual culminou na modificação da regra geral de cálculo do valor dos benefícios previdenciários, que passou a corresponder à 60% da média aritmética de todos os salários-de-contribuição vertidos pelo segurado – sem o descarte de 20% das menores contribuições vertidas ao RGPS –, com acréscimo de 2 pontos percentuais a cada ano de contribuição que, via de regra, exceder o tempo mínimo de contribuição exigido para a respectiva aposentadoria, conforme apregoa o art. 26, § 2º. Além disso, a Emenda Constitucional nº 103/19 impôs, para fins de aposentação, a idade mínima de 62 anos para mulheres e 65 anos para os homens, com a concomitante prestação de 15 e 20 anos de contribuição, respectivamente. Para maiores informações, vale conferir: KERTZMAN, 2020, p. 30-46.

5. Jornal GAZETA DO POVO (Curitiba-PR), 22/11/2014, em matéria intitulada "Previsão de rombo da Previdência sobre para R$49,2 bi."
6. GLOBO NEWS, 22/06/2016, em matéria intitulada "Déficit da Previdência é de 200 bilhões só neste ano". Disponível em: http://g1.globo.com/globo-news/noticia/2016/06/deficit-da-previdencia-e-de-r-200-bilhoes-so-neste-ano.html, acesso em: 9 set.2016.
7. FOLHA DE S. PAULO, 30/08/2019, em matéria intitulada "Governo prevê alta no déficit da Previdência para R$ 244 bilhões em 2020". Disponível em: https://www1.folha.uol.com.br/mercado/ 2019/08/governo-preve-alta-no-deficit-da-previdencia-para-r-244-bilhoes-em-2020.shtml. Acesso em: 06fev. 2020.

A gênese das *ações regressivas previdenciárias* remonta ao art. 120 da Lei de Benefícios da Previdência Social (Lei 8.213/1991), que, em sua redação original, autorizava o INSS a ajuizar "ação de regresso" estritamente perante as situações envolvendo acidentes de trabalho, nos seguintes termos: "nos casos de negligência quanto às normas padrão de segurança e higiene do trabalho indicados para a proteção individual e coletiva, a Previdência Social proporá ação regressiva contra os responsáveis."

Durante vários anos esse dispositivo legal permaneceu praticamente esquecido. Pouco sobre ele se tratou na década de 1990, tirante, talvez, os clássicos artigos de Daniel PULINO, Sérgio Luís Ruivo MARQUES e Eduardo Gabriel SAAD, todos de 1996.

Apenas na primeira década do novo milênio, e mais propriamente na sua segunda metade, é que a "ação regressiva" do art. 120 foi redescoberta.

As ações começaram a ser efetivamente propostas, pelo INSS, a partir de 2007, com a milésima ação regressiva distribuída em 2009, sendo que mais de quatro mil dessas ações já foram ajuizadas por todas as regiões da Justiça Federal. Até o final de 2014, a expectativa de arrecadação através dessas ações beirava os setecentos milhões de reais – perspectiva que foi mais bem abalizada no início do ano de 2019.[8]

8. Segundo Fernanda Valente (2019), "A Advocacia-Geral da União ajuizou 395 ações regressivas acidentárias em 2018. A expectativa é que sejam recuperados R$ 173 milhões ao INSS. Os dados mostram que houve recuo de 30% em relação a 2017, quando foram apresentados 568 processos. Essas ações pedem que responsáveis por acidentes que resultem em pagamento de pensões aos acidentados ressarçam o INSS pelos gastos. A medida é prevista na Lei 8.123/1991. Com o ajuizamento das ações regressivas em 2018, foram arrecadados R$ 24 milhões, o que corresponde ao valor que o INSS já desembolsou na concessão do benefício acidentário. A expectativa de ressarcimento é a quantia que a autarquia ainda pagará e espera receber de volta quando essas ações forem julgadas. De acordo com a AGU, 376 (95,2%) ações ajuizadas em 2018 tiveram como base os relatórios de fiscalização produzidos pelos órgãos do Ministério do Trabalho. Foram ajuizadas ações coletivas em decorrência de acidente de trabalho e algumas delas resultaram na proposição de ações civis públicas por parte do Ministério Público do Trabalho."

Nesse período, a produção acadêmica foi revigorada, com nítida prevalência de artigos e livros assinados por Procuradores Federais ligados ao INSS, os quais acabaram, de uma maneira geral, por orientar os caminhos da jurisprudência dos tribunais federais brasileiros.

Na defesa da pertinência e legitimidade dessas ações – que, antes da Lei nº 13.846/2019, abrangiam apenas as ocorrências ligadas ao *acidente de trabalho* –, apontam-lhes uma tripla finalidade: *reparar, punir* e *educar*.

Reparar o patrimônio público em relação aos danos causados pelos atos ilícitos dos empregadores, auxiliando na manutenção do equilíbrio financeiro e atuarial da previdência social. Punir ou sancionar esses empregadores pela desobediência às normas de segurança do trabalho. Educar, pela via do castigo financeiro, para que sejam respeitadas essas normas coletivas, prevenindo a ocorrência de novos acidentes e preservando o meio ambiente laboral.[9]

Para viabilizar esses propósitos, tais ações foram construídas a partir da teoria da responsabilidade civil, falando-se em ato ilícito, culpa, dano e nexo causal.[10]

Na égide da redação originária do art. 120 da Lei 8.213/91, concebeu-se que, nos casos em que o empregador age com culpa, contribuindo ilicitamente para a ocorrência do acidente de trabalho, causa dano não somente ao trabalhador, mas também aos cofres da Previdência Social, pelo desembolso de prestações previdenciárias que poderiam ser evitadas.

Mas, observe-se que, pelos danos materiais e morais causados ao trabalhador, há a *pretensão indenizatória trabalhista individual*, cuja demanda é hoje proposta na Justiça do Trabalho.

9. Como exposto, com a edição da Lei 13.846, de 18 de junho de 2019, as ações regressivas previdenciárias tiveram seu objeto ampliado, para abranger, também, a violência doméstica e familiar contra a mulher, tema que será aprofundado posteriormente.

10. Nessa quadra, Sílvia Fernandes Chaves tece contundentes críticas a inadequada transposição do arcabouço doutrinário civilista para a temática previdenciária, cujos contornos se afinam, de modo mais coerente, às filigranas do direito público, pautado pela máxima da "solidariedade". Confira-se: CHAVES, 2018, p. 118-130.

Paralelamente, caso preenchidos os respectivos requisitos legais, o trabalhador ou os seus dependentes têm direito às prestações previdenciárias administradas pelo Instituto Nacional do Seguro Social (INSS), as quais, uma vez indeferidas, geram a *pretensão acidentária por benefícios*, a ser deduzida na Justiça Estadual.

Paga qualquer prestação previdenciária em função do mesmo acidente de trabalho, surge uma *terceira pretensão*, fundada no referido art. 120, agora para a Previdência Social, de se ressarcir, contra o empregador culpado, em *ação de regresso*, das quantias pagas ao trabalhador a título de benefícios previdenciários, desembolsos que representam, em tese, dano ao patrimônio público.

Essa última pretensão, que não mais envolve o trabalhador, mas a Previdência Social de um lado, e o empregador de outro, dá origem ao que se convencionou chamar de *ações regressivas acidentárias* ou, em termo mais amplo, *ações regressivas previdenciárias*.

Concebeu-se, também, que mesmo estando o empregador obrigado a pagar um seguro público contra acidentes de trabalho, cujo valor serve para financiar as prestações acidentárias concedidas pelo INSS, isso não o livra de recompor os cofres da Previdência Social, dado que tal seguro não pode servir de "alvará" para que empresas negligentes com a saúde e a própria vida do trabalhador fiquem acobertadas de sua irresponsabilidade.

Raciocínio similar pode ser utilizado para a elucubração da dinâmica do atual art. 120, inciso II, da Lei 8.213/91 – com redação conferida pela Lei 13.846/19 –, o qual dispõe que o INSS está autorizado a ajuizar ação regressiva contra os responsáveis nos casos de "violência doméstica e familiar contra a mulher".

Isso porque, como consequência destes atos de violência, é possível sobrevirem contingências sociais das mais variadas ordens: é concebível que a agressão possa acarretar a incapacidade laborativa da vítima e, por conseguinte, o deferimento de um benefício de auxílio-doença ou, em casos mais graves, de aposentadoria por invalidez; é plausível - e também lastimável - que tal agressão possa ocasionar a morte da vítima, fato que enseja a concessão do benefício de pensão por morte aos seus dependentes.

A violência doméstica, nesta linha de raciocínio, trata-se de um acontecimento apto a gerar repercussões no âmbito previdenciário. Desse modo, o INSS almeja intervir neste cenário com desideratos idênticos àqueles vislumbrados nas *ações regressivas acidentárias*, a saber, o de *reparar*, *punir* e *educar*.

Neste particular, intenta-se *reparar* o patrimônio público despendido para custear o benefício de auxílio-doença/aposentadoria por invalidez deferido à vítima da agressão doméstica ou, em casos extremos, a pensão por morte concedida aos seus dependentes; *punir* o agressor por meio da cominação de sanção pecuniária que se soma às penalidades já elencadas na Lei Maria da Penha;[11] e, por fim, *educar* os infratores no sentido de evidenciar os malefícios desta conduta antijurídica e, dessa maneira, inibir a ocorrência de futuras agressões domésticas.

A redação originária do art. 120 da Lei 8.213/91, complementada pelos ulteriores incisos que lhe foram conferidos pela Lei 13.846/19, portanto, sedimentaram as principais características dessas ações, com polêmicas gravitando, dentre outros assuntos, sobre competência, legitimidade, ônus da prova, prescrição e, até mesmo, sobre a própria possibilidade jurídica dessas ações, incluindo a discussão sobre a constitucionalidade do art. 120 da Lei 8.213/1991.

O propósito deste volume da *Coleção Prática Previdenciária*, da Editora Juspodivm, é revisitar todas essas principais

11. É o que dispõe o atual art. 121 da Lei 8.213/91, com redação determinada pela Lei 13.946/19, *in verbis*: "O pagamento de prestações pela Previdência Social em decorrência dos casos previstos nos incisos I e II do caput do art. 120 desta Lei não exclui a responsabilidade civil da empresa, no caso do inciso I, ou do responsável pela violência doméstica e familiar, no caso do inciso II".

controvérsias envolvendo as ações regressivas previdenciárias, não sem antes enfrentar, criticamente, o próprio cabimento dessas ações.

Para tanto, parte-se de um panorama sobre a seguridade social brasileira, focando o sistema previdenciário relacionado à infortunística. Logo em seguida, revisita-se a parte do Direito Civil que regula o direito ao ressarcimento por regresso.

A partir desses elementos, analisa-se o cabimento das ações regressivas previdenciárias, enfrentando-se cada possibilidade para sua justificação jurídica, partindo da responsabilidade civil e perpassando por outros fundamentos, sem excogitar das imputações de inconstitucionalidade do dispositivo legal que lhes dá a principal base de sustentação.

Com essa revisão de fundamentos, propõe-se uma redefinição da "natureza jurídica"[12] dessas ações, com reflexo na sua própria nomenclatura: de *ações regressivas previdenciárias* para *ações de ressarcimento sui generis*.

Cabíveis ou não, constitucionais ou não, é certo que as ações regressivas, propostas pelo INSS, continuam se reproduzindo e, com a ampliação das suas hipóteses de cabimento, certamente tendem a se proliferar. Assim, inobstante as considerações críticas sobre a sua natureza e admissibilidade – e atendendo aos objetivos desta Coleção – empreende-se, também criticamente, uma reanálise dos principais componentes processuais dessas ações, procurando apontar novas dinâmicas para o seu funcionamento.

12. Durante o texto, a expressão *natureza jurídica* deverá vir entre aspas apenas para ressalvar o ponto de vista do *pragmatismo jurídico processual*, enquanto novo método de pesquisa para o Direito Processual, oposto à metafísica e às especulação abstratas, que renuncia aos dogmas e à busca idealista de "totalidade", da "natureza última" das coisas, de "absolutos" ou de "primeiros princípios" no campo jurídico. Para mais detalhes sobre o Pragmatismo Jurídico e sua relação com o Direito Processual Civil, consultar a nossa tese de doutoramento pela Universidade Federal do Paraná (UFPR), intitulada "Processo Civil Pragmático". Disponível em: <http://dspace.c3sl.ufpr.br/dspace/bitstream/handle/1884/31921/R%20-%20T%20-%20VICENTE%20DE%20PAULA%20ATAIDE%20JUNIOR.pdf?sequence=1&isAllowed=y>.

Termina-se a abordagem com as polêmicas envolvendo a prescrição da pretensão regressiva pública, lançando-se uma proposta – que se não for inovadora, ao menos é bastante rara nos debates doutrinários – para o tratamento do tema.

As principais conclusões e propostas da obra estão, resumida e analiticamente, organizadas, no capítulo final que antecede as referências bibliográficas da pesquisa.

Como advertido na apresentação deste volume, o livro não consegue ser, apenas, um manual de prática forense. O tema não permitiu. Pretende ser doutrina, refletindo criticamente sobre o que está instituído e experimentado. Não se curva à jurisprudência, porque senão deixa de ser doutrina. Quer renovar o debate sobre essas atípicas ações, reunindo argumentos que não se encaixam, propriamente, no que de mais comum tem sido escrito ou decidido.

2

A SEGURIDADE SOCIAL, O ACIDENTE DE TRABALHO E A VIOLÊNCIA DOMÉSTICA

A ordem social brasileira tem com base o primado do trabalho, e como objetivo o bem-estar e a justiça sociais (CF, art. 193).

Para atingir esse objetivo, a Constituição prevê um conjunto integrado de ações de iniciativa dos Poderes Públicos e da sociedade, destinado a assegurar os direitos sociais relativos à saúde, à previdência e à assistência social, denominado *seguridade social* (CF, art. 194, *caput* e art. 6º).

A seguridade social é organizada pelo Poder Público (CF, art. 194, parágrafo único), nos termos da Lei 8.212/1991 (Lei Orgânica da Seguridade Social). Seu financiamento é distribuído por toda a sociedade, de forma direta e indireta, mediante recursos provenientes dos orçamentos da União, dos Estados, do Distrito Federal e dos Municípios, além das contribuições sociais previstas no art. 195 da Constituição.

A previdência social, particularmente, é organizada sob a forma de regime geral, de caráter contributivo e de filiação obrigatória, observados critérios que preservem o equilíbrio financeiro e atuarial, de modo a atender a cobertura dos eventos de, incapacidade temporária ou permanente para o trabalho e idade avançada; a proteção à maternidade, especialmente à gestante; a proteção do trabalhador em situação de desemprego involuntário; o salário-família e o auxílio-reclusão para os dependentes dos segurados de baixa renda; e a pensão por morte do segurado, homem ou mulher, ao cônjuge ou companheiro e dependentes (CF, art. 201).

A Lei 8.213/1991, em atenção às diretrizes constitucionais, instituiu o *Regime Geral de Previdência Social (RGPS)* e disciplinou os *Planos de Benefícios da Previdência Social* para garantir aos seus beneficiários meios indispensáveis de manutenção, por motivo de incapacidade, idade avançada, tempo de serviço, encargos familiares e prisão ou morte daqueles de quem dependiam economicamente (Lei 8.213/1991, arts. 1º e 9º).

Com efeito, todos os riscos sociais elencados no art. 201 da CF são resguardados pela Previdência Social, no entanto, em atenta leitura ao art. 120 da Lei 8.213/91, vê-se que dois principais eventos assumem destaque na temática das *ações regressivas previdenciárias*, sendo estes o acidente de trabalho e a violência doméstica.

Em raciocínio semelhante àquele adotado no Direito Tributário, impende frisar que o acidente de trabalho e a violência doméstica constituem os *fatos geradores* responsáveis por impulsionar o ajuizamento da *ação regressiva*, eis que somente mediante a comprovação destes é que se mostrará cabível a demanda movida pelo INSS.

Por isso, antes de uma análise mais detida das discussões referentes ao cabimento, à legitimidade, ao ônus da prova e à prescrição das *ações regressivas previdenciárias*, mostra-se imprescindível a apresentação de um breve panorama acerca da clássica relação firmada entre a Previdência Social e o acidente de trabalho, bem como da recentíssima vinculação entre Previdência e a violência doméstica.

2.1. A PREVIDÊNCIA SOCIAL E O ACIDENTE DE TRABALHO

O acidente de trabalho, em função da consequente morte ou incapacidade do segurado, é fato expressamente contemplado pelo RGPS (Lei 8.213/1991, art. 18, *caput*). Com a vigência da Emenda Constitucional 20/1998, "lei disciplinará a cobertura do risco de acidente de trabalho, a ser atendida concorrentemente pelo regime geral de previdência social e pelo setor privado" (CF, art. 201, §10), de maneira que o acidente de trabalho foi excluído dos eventos cobertos exclusivamente pela previdência social (OLIVEIRA, J.C., 2011, p. 29), muito embora essa lei, na égide da EC 20/98, não tenha sido editada (ZIMMERMANN, 2012, p. 116).

A partir da vigência da Emenda Constitucional 103/19, o art. 201, § 10, da CF assumiu a seguinte redação: "lei complementar poderá disciplinar a cobertura de benefícios não programados, inclusive os decorrentes de acidente do trabalho, a ser atendida concorrentemente pelo Regime Geral da Previdência Social e pelo setor privado". Interessantes mudanças podem ser notadas na dicção do dispositivo, sobretudo em dois aspectos: primeira, diferentemente do que estabelecia a EC 20/98, o compartilhamento do acobertamento dos acidentes de trabalho para com o setor privado passa a depender de lei complementar – e não mais de lei ordinária; segunda, a partir da EC 103/19, não apenas os acidentes de trabalho passam a ser atendidos pelo âmbito privado, como também todos os benefícios não programados, isto é, decorrentes de fato gerador imprevisível – tais como a pensão por morte e os benefícios por incapacidade permanente ou temporária (KERTZMAN, 2020, p. 237).

A par das alterações ocorridas no tratamento constitucional do tema, para fins previdenciários, o *acidente de trabalho típico* é o que ocorre pelo exercício do trabalho a serviço da empresa, provocando lesão corporal ou perturbação funcional que cause a morte ou a perda ou a redução, permanente ou temporária, da capacidade para o trabalho (Lei 8.213/1991, art. 19, *caput*).

Mas o RGPS também admite formas de *acidente de trabalho equiparado*. Em primeiro lugar, as *doenças ocupacionais*, gênero (BASTOS, 2012, p. 65) que inclui *doenças profissionais*[13] e

13. Nos termos do art. 20, I, da Lei 8.213/1991, doença profissional é a "produzida ou desencadeada pelo exercício do trabalho peculiar a determinada atividade e constante da respectiva relação elaborada pelo Ministério do Trabalho e da Previdência Social."

as *doenças do trabalho*[14] (Lei 8.213/1991, art. 20). Além disso, os acidentes equiparados, conforme catálogo do art. 21 da Lei 8.213/1991, dentre os quais o *acidente de percurso* ou *in itinere* (art. 21, IV, *d*), figura que foi revogada pela Medida Provisória nº 905, mas, logo após, retornou à legislação previdenciária por intermédio da Medida Provisória nº 955.

Mas é intuitivo que a ordem social não pode apenas se pautar pela compensação ou reparação dos danos decorrentes do acidente de trabalho. O bem-estar e a justiça sociais são mais bem alcançados por medidas preventivas, que impeçam que os infortúnios aconteçam (OLIVEIRA, J.C., 2011, p. 99). Por isso, dentre os direitos sociais dos trabalhadores urbanos e rurais, está a "redução dos riscos inerentes ao trabalho, por meio de normas de saúde, higiene e segurança." (CF, art. 7º, XXII).

Dentre essas normas que disciplinam a saúde, a higiene e a segurança no trabalho, visando a prevenir acidentes, a Consolidação das Leis do Trabalho (CLT) prevê diversas regras (art. 154 e seguintes). A empresa é responsável pela adoção e uso das medidas coletivas e individuais de proteção e segurança da saúde do trabalhador (Lei 8.213/1991, art. 19, §1°; CLT, art. 157), sujeitando-se à fiscalização, sobretudo, das Delegacias Regionais do Trabalho (CLT, art. 156).

Não obstante a adoção de técnicas com vistas a inibir tais intercorrências, os acidentes de trabalho continuam a acontecer, exigindo-se cobertura previdenciária adequada.[15] Bem por isso,

14. Nos termos do art. 20, II, da Lei 8.213/1991, doença do trabalho é a "adquirida ou desencadeada em função de condições especiais em que o trabalho é realizado e com ele se relacione diretamente, constante da relação mencionada no inciso I."

15. Nesse sentido, muito embora a passagem original do escrito se refira ao instituto da aposentadoria especial, é válido admitir, junto de SCHUSTER, que os benefícios de caráter acidentário surgem "como uma alternativa diante da impossibilidade de eliminação ou redução do(s) agente(s) agressivo(s) a limites de tolerância seguros, seja porque a ciência não encontrou um meio para tanto, sendo, neste caso, a continuidade das atividades humanas essenciais, seja por comodidade, como no Brasil, que optou em compensar o desgaste do trabalhador com adicionais de insalubridade e periculosidade" (2016, p. 38).

também é direito social o "seguro contra acidente de trabalho, a cargo do empregador, sem excluir a indenização a que este está obrigado, quando incorrer em dolo ou culpa." (CF, art. 7º, XXVIII).

O "seguro contra acidente de trabalho, a cargo do empregador", conforme primeira parte do direito social assegurado pela Constituição, é um seguro público e social (ZIMMERMANN, 2012, p. 114 e seguintes), cujo segurador é a Previdência Social (IGNÁCIO, 2007, p. 1997), por intermédio do INSS (GONÇALVES, 2009, p. 477), mais vulgarmente conhecido pela sua sigla SAT (seguro de acidentes de trabalho) e, atualmente, também pela sigla RAT (riscos ambientais do trabalho) (MOTTA, 2014, p. 40).

Como determina a Constituição, o SAT está a cargo do empregador, que deve recolher o respectivo *prêmio* (MOTTA, 2014, p. 40; CARVALHO, 2013, p. 881)[16], na forma de contribuição previdenciária, de natureza tributária e, portanto, obrigatória (PAULSEN; VELOSO, 2013, p. 136).

Essa contribuição da empresa para o SAT é atualmente regida pelo art. 22, II, da Lei 8.212/1991, com a redação conferida pela Lei 9.732/1998, segundo o qual, "para o financiamento do benefício previsto nos arts. 57 e 58 da Lei nº 8.213, de 24 de julho de 1991, e daqueles concedidos em razão do grau de incidência de incapacidade laborativa decorrente dos riscos ambientais do trabalho, sobre o total das remunerações pagas ou creditadas, no decorrer do mês, aos segurados empregados e trabalhadores avulsos: a) 1% (um por cento) para as empresas em cuja atividade preponderante o risco de acidentes do trabalho seja considerado leve; b) 2% (dois por cento) para as empresas em cuja atividade preponderante esse risco seja considerado médio; c) 3% (três por cento) para as empresas em cuja atividade

16. A Constituição é clara em estabelecer que se trata de *seguro* a cargo do empregador, ainda que se trate de um seguro público e social. Por isso, nos termos do art. 757 do Código Civil, "pelo contrato de seguro, o segurador se obriga, *mediante o pagamento do prêmio*, a garantir interesse legítimo do segurado, relativo a pessoa ou a coisa, contra riscos predeterminados." (grifo acrescido).

preponderante esse risco seja considerado grave."[17] O parágrafo terceiro do mesmo artigo outorgou poderes para o Ministério do Trabalho e da Previdência Social alterar, com base nas estatísticas de acidente de trabalho, apuradas em inspeção, o enquadramento de empresas para efeito da contribuição ao SAT, "a fim de estimular investimentos em prevenção de acidentes." Além da aposentadoria especial, concedida ao segurado que tiver trabalhado sujeito a condições especiais que prejudiquem a saúde e a integridade física, disciplinada nos arts. 57 e 58 da Lei 8.213/1991, a contribuição ao SAT também financia os benefícios concedidos em razão do grau de incidência de incapacidade laborativa decorrentes dos riscos ambientais do trabalho, como auxílio-doença acidentário, aposentadoria por invalidez acidentária, auxílio-acidente e pensão por morte acidentária (FOLMANN; VIANNA, 2012, p. 22, 26 e 27). O Decreto 3.048/1999, com a redação atualizada por decretos posteriores, regulamenta essa contribuição patronal (arts. 202, 202-A e 203).

A Lei 10.666/2003, em seu art. 10, permitiu que a alíquota dessa contribuição empresarial destinada ao SAT pudesse ser

---

17. O Supremo Tribunal Federal teve a oportunidade de enfrentar a constitucionalidade da contribuição ao SAT: CONSTITUCIONAL. TRIBUTÁRIO. CONTRIBUIÇÃO: SEGURO DE ACIDENTE DO TRABALHO - SAT. Lei 7.787/89, arts. 3º e 4º; Lei 8.212/91, art. 22, II, redação da Lei 9.732/98. Decretos 612/92, 2.173/97 e 3.048/99. C.F., artigo 195, § 4º; art. 154, II; art. 5º, II; art. 150, I. I. - Contribuição para o custeio do Seguro de Acidente do Trabalho - SAT: Lei 7.787/89, art. 3º, II; Lei 8.212/91, art. 22, II: alegação no sentido de que são ofensivos ao art. 195, § 4º, c/c art. 154, I, da Constituição Federal: improcedência. Desnecessidade de observância da técnica da competência residual da União, C.F., art. 154, I. Desnecessidade de lei complementar para a instituição da contribuição para o SAT. II. - O art. 3º, II, da Lei 7.787/89, não é ofensivo ao princípio da igualdade, por isso que o art. 4º da mencionada Lei 7.787/89 cuidou de tratar desigualmente aos desiguais. III. - As Leis 7.787/89, art. 3º, II, e 8.212/91, art. 22, II, definem, satisfatoriamente, todos os elementos capazes de fazer nascer a obrigação tributária válida. O fato de a lei deixar para o regulamento a complementação dos conceitos de "atividade preponderante" e "grau de risco leve, médio e grave", não implica ofensa ao princípio da legalidade genérica, C.F., art. 5º, II, e da legalidade tributária, C.F., art. 150, I. IV. - Se o regulamento vai além do conteúdo da lei, a questão não é de inconstitucionalidade, mas de ilegalidade, matéria que não integra o contencioso constitucional. V. - Recurso extraordinário não conhecido. (RE 343446, Relator(a): Min. CARLOS VELLOSO, Tribunal Pleno, julgado em 20/03/2003, DJ 04-04-2003 PP-00040 EMENT VOL-02105-07 PP-01388).

reduzida, em até cinquenta por cento, ou aumentada, em até cem por cento, conforme dispusesse o regulamento, em razão do desempenho da empresa em relação à respectiva atividade econômica, apurado em conformidade com os resultados obtidos a partir dos índices de frequência, gravidade e custo, calculados segundo metodologia aprovada pelo Conselho Nacional de Previdência Social. Para regulamentar essa lei, o Decreto 3.048/1999, atualizado pelo Decreto 6.042/2009 e por outros posteriores, criou o Fator Acidentário de Prevenção (FAP), além de outras disposições, conforme art. 202-A.[18] Com o FAP, em princípio, uma empresa que possui a alíquota SAT de 3% e investe em processos de trabalho efetivamente mais seguros, pode pagar apenas a metade 1,5%; já a que não investe e possui índices de acidentalidade maior do que a média do seu setor pode pagar até 6%. Ainda que mereça reparos, em especial aos modelos de flexibilização de alíquotas,[19] o "FAP é uma construção própria, adequada e conveniente; ele consegue estimular uma baixa acidentalidade e onerar índices elevados de acidentes do trabalho, com isso logrando atingir o desiderato da norma jurídica." (MARTINEZ, 2011, p. 121).

A redução e a majoração das referidas alíquotas perfazem-se pela avaliação do desempenho da empresa em relação aos índices de frequência, gravidade e custo dos acidentes de trabalho, cujas definições encontram guarida no § 4º do art. 202-A do

18. Em face do art. 10 da Lei 10.666/2003 e do art. 202-A do Decreto 3.048/99, foram propostas duas Ações Diretas de Inconstitucionalidade, correspondentes à ADIn 4660 e à ADIn 4397. A primeira demanda teve seguimento negado pelo Ministro Relator Dias Tofolli, sob o fundamento de que a Associação Brasileira das Empresas de Refeições Coletivas (ABERC) não detinha legitimidade processual ativa para integrar o feito, vez que "a associação heterogênea não possui legitimidade para ajuizar ação direta de inconstitucionalidade, por não se caracterizar como entidade de classe" (STF, *ADI 4.660/DF*, Rel.: Min. Dias Tofolli, julgado em 21/10/2015). Os autos da ADIn 4397, por sua vez, foram remetidos conclusos à relatoria na data de 24/08/2017, estando pendentes de análise.

19. Segundo a súmula 351 do STJ, "a alíquota de contribuição para o Seguro de Acidente de Trabalho (SAT) é aferida pelo grau de risco desenvolvido em cada empresa, individualizada pelo seu CNPJ, ou pelo grau de risco da atividade preponderante quando houver apenas um registro."

Decreto 3.048/99. Anteriormente, disciplinava o art. 202-A, § 2º, do Decreto 3.048/99 que cada um desses índices possuía peso diverso nesta mensuração: o índice de gravidade dos acidentes de trabalho possuía peso de cinquenta por cento; o índice de frequência, por sua vez, detinha peso de trinta por cento; e o índice de custo, ao seu turno, possuía peso de quinze por cento. No entanto, esta dinâmica foi aparentemente alterada pelo novel Decreto 10.410 de 30 de junho de 2020, eis que a nova redação do art. 202-A, § 2º, do Decreto 3.048/99 não mais confere pesos diferenciados aos índices de gravidade, frequência e custo de acidentes de trabalho – na dicção atual, o referido § 2º se limita a disciplinar que "o desempenho da empresa, individualizada pelo seu CNPJ será discriminado em relação à sua atividade econômica, a partir da criação de índice composto pelos índices de gravidade, de frequência e de custo que pondera os respectivos percentuais". É claro que o SAT, como seguro público e social, não ostenta as mesmas características dos seguros privados,[20] *mas nem por isso deixa de ser seguro*, ao contrário do que sugere PEREIRA JÚNIOR (2011, p. 70).[21]

O art. 7º, XXVIII, da Constituição exige *seguro*, a expensas do empregador. A inexistência de contrato formal escrito entre as

20. Não obstante, as disposições sobre os contratos de seguro, previstas no Código Civil, são aplicáveis, no que couber, aos seguros regidos por leis próprias (CC, art. 777).

21. Sílvio RODRIGUES (2007, p. 335), renomado civilista brasileiro, leciona que se pode separar "os *seguros sociais* dos *seguros privados*. Estes visam ao interesse dos indivíduos *ut singoli* e são, em regra, facultativos. Aqueles, em geral obrigatórios, visam proteger determinadas categorias de pessoas contra a velhice, a invalidez, acidentes de trabalho, desemprego etc., fornecendo-lhe aposentadoria, assistência ou indenização. Em rigor, nem sempre a natureza do seguro social é idêntica à do seguro privado. Mas isso, entretanto, ocorre na hipótese do seguro contra acidentes de trabalho, em que todos os elementos do contrato de seguro privado se encontram presentes." Maria Helena DINIZ (2011, p. 562), civilista igualmente reconhecida, enquadra o seguro contra acidentes de trabalho dentre os *seguros de pessoa ou de vida*, os quais visam a garantir o segurado contra riscos a que estão expostas sua existência, sua integridade física e sua saúde, não havendo uma reparação de dano ou indenização propriamente dita. Segundo a autora, "não são contratos de indenização, pois não se pretende eliminar as consequências patrimoniais de um sinistro, mas sim pagar certa soma de dinheiro ao beneficiário designado pelo segurado. São informados pelo objetivo previdenciário."

partes ou a obrigatoriedade do recolhimento do prêmio não retiram a natureza securitária do SAT, até porque existem *seguros de responsabilidade legalmente obrigatórios,* nos quais a indenização é paga pelo segurador diretamente ao terceiro prejudicado, conforme determina o art. 788 do Código Civil.[22] A essência de qualquer seguro, privado ou público, é a proteção oferecida contra o *risco,*[23] ou seja, contra "o fato de estar o sujeito exposto à eventualidade de um dano à sua pessoa, ou ao seu patrimônio, motivado pelo acaso." (DINIZ, 2011, p. 547; RODRIGUES, 2007, p. 332). No caso do SAT, a empresa se assemelha ao *estipulante,*

22. Como é o caso do seguro contra danos pessoais causados por veículos automotores de via terrestre (DPVAT), previsto no art. 20 do Decreto-Lei 73/1996 e regulado pela Lei 6.194/1974, também considerado um *seguro social* (PEREIRA, 2011, p. 2). O seguro DPVAT, no Brasil, consiste "num seguro direto de proteção desses sujeitos, assumido por todos os participantes no trânsito, correspondendo a um fundo coletivo de reparação a ser financiado por contribuições dos criadores dos riscos, isto é, dos proprietários de veículos." (PEREIRA, 2011, p. 2). Nesse caso, de forma semelhante com o que se opera com o SAT, o proprietário do veículo é obrigado a recolher o prêmio anual, quando do respectivo licenciamento, para segurar "os danos sofridos pelos motoristas, passageiros e pedestres, vítimas de acidentes causados por veículos automotores que circulam na via terrestre, ou por carga transportada nos mesmos" (PEREIRA, 2011, p. 2). Mas, desassemelha-se dos seguros privados facultativos pela circunstância de que "a falta de pagamento do prêmio do seguro obrigatório de Danos Pessoais Causados por Veículos Automotores de Vias Terrestres (DPVAT) não é motivo para a recusa do pagamento da indenização" (súmula 257 STJ). Nos termos do art. 5º da Lei 6.194/1974, "o pagamento da indenização será efetuado mediante simples prova do acidente e do dano decorrente, independentemente da existência de culpa, haja ou não resseguro, abolida qualquer franquia de responsabilidade do segurado", o que demonstra a adoção da *teoria do risco integral* (PEREIRA, 2011, p. 2). No entanto, ao contrário do SAT, "o valor do seguro obrigatório deve ser deduzido da indenização judicialmente fixada" (súmula 246 STJ). Importante anotar que, em relação ao seguro DPVAT, as seguradoras não detêm direito de regresso contra o causador do sinistro (PEREIRA, 2011, p. 2), a não ser quando houver inadimplemento do prêmio e ausência do seguro obrigatório (Lei 6.194/1974, art. 7º, §1º).
23. "É um *contrato aleatório*, por não haver equivalência entre as prestações; o segurado não poderá antever, de imediato, o que receberá em troca da sua prestação, pois o segurador assume um risco, elemento essencial desse contrato, devendo ressarcir o dano sofrido pelo segurado, se o evento incerto e previsto no contrato acontecer. Daí a aleatoriedade desse contrato, pois tal acontecimento pode verificar-se ou não. Desse modo, a vantagem do segurador dependerá de não ocorrer o sinistro, hipótese em que receberá o prêmio sem nada reembolsar. Se advier o sinistro, deverá pagar uma indenização, que poderá ser muito maior do que o prêmio recebido. O ganho ou perda dos contratantes dependerá de fatos futuros e incertos, previstos no contrato, que constituem o risco." (DINIZ, 2011, p. 549).

obrigada pela Constituição e pela lei a custear o seguro, pagando o prêmio em forma de contribuição previdenciária. Em assim sendo, a empresa *também é segurada, ainda que por equiparação.*[24] A seguradora é a Previdência Social, que paga, por meio do INSS, as prestações previdenciárias ao trabalhador acidentado (benefícios e serviços), que é o beneficiário da seguridade. O risco é a ocorrência do acidente de trabalho que produza morte ou incapacidade do trabalhador. Quanto menos sinistros (acidentes de trabalho de que decorram morte ou incapacidade), maior será o fundo público para fazer frentes às despesas previdenciárias. No seguro privado, é o prêmio que garante a proteção do segurado (CC, art. 763).[25] No SAT, de forma parecida com o DPVAT, "não é o valor recolhido pelo seu empregador a título de SAT que cobrirá o pagamento do benefício a que eventualmente terá direito, sendo a reparação garantida pelo montante único formado a partir da contribuição de todos os empregadores ao SAT e que é gerido pela Previdência Social." (ZIMMERMANN, 2012, p. 117). E, como no DPVAT, a responsabilidade do INSS, segurador público do SAT, é objetiva.

Com esse brevíssimo panorama constitucional e legal, pode-se perceber, em primeiro lugar, que as despesas públicas com os benefícios acidentários decorrem do próprio sistema de seguridade social instituído para realizar os objetivos constitucionais da ordem social brasileira, quais sejam, o bem-estar e a justiça sociais.

Ao contrário de uma lógica privatista e de capitalização, é o *princípio da solidariedade* que rege todo o plexo de relações associadas ao resguardo do acidente de trabalho, ou seja, um regime essencialmente contributivo, no qual todos os segurados, empregadores e demais sujeitos elencados na Constituição colaboram

---

24. Nos termos do art. 21 do Decreto-Lei 73/1966, "nos casos de seguros legalmente obrigatórios, *o estipulante equipara-se ao segurado para os efeitos de contratação e manutenção do seguro.*" (grifo acrescido).

25. "Prêmio é a contraprestação devida pelo segurado, ao segurador, em troca do risco por este assumido." (RODRIGUES, 2007, p. 339).

conjuntamente para se resguardarem mutuamente dos riscos sociais (FOLMANN, NETO, 2017, p. 40).[26]

O Instituto Nacional do Seguro Social (INSS), como autarquia federal responsável por conceder e manter os benefícios e serviços previdenciários (Lei 8.029/1990, art. 17; Decreto 99.350/1990, art. 3º), ao deferir um benefício por acidente de trabalho, está, em última palavra, realizando as promessas constitucionais de proteção social (SAVARIS, 2013, p. 481), para o qual o segurado do RGPS contribuiu, além de concorreram as demais receitas orçamentárias da seguridade social (SAVARIS, 2013, p. 483), inclusive o seguro contra acidentes de trabalho (SAT), a cargo do empregador, cujas alíquotas podem variar de acordo com o compromisso empresarial com a prevenção de acidentes.

Está fora de questão que o benefício acidentário será concedido independentemente de qualquer indagação sobre ato ilícito ou sobre dolo ou culpa do empregador em relação ao acidente de trabalho, dado que o sistema constitucional-previdenciário brasileiro adotou a *teoria do risco social*, pela qual "o risco da atividade profissional deve ser suportado por toda a sociedade, em virtude de que toda a sociedade tira proveito da produção." (OLIVEIRA, J.C., 2011, p. 36; BASTOS, 2012, p. 72).

Noutros termos, a concessão do benefício decorrente do acidente de trabalho depende tão somente do preenchimento dos requisitos estipulados na legislação previdenciária, especialmente no art. 21-A da Lei 8.213/91, a saber, a incapacidade laborativa total ou permanente e a comprovação de que o trabalhador encontrava-se filiado ao INSS à época do acidente – requisito mais conhecido no cotidiano forense como "qualidade de segurado".

De outra sorte, o empregador culpado pelo acidente de trabalho responderá pelos danos causados ao empregado, em ação

26. De modo semelhante, dispõem MENDES e BRANCO que o regime previdenciário "é fundado no princípio da solidariedade, de modo que os ativos contribuem para financiar os benefícios pagos aos inativos, estando todos sujeitos aos pagamentos das contribuições, bem como ao pagamento de suas alíquotas" (2015, p. 678).

indenizatória individual proposta por este na Justiça do Trabalho,[27] nos termos do que dispõe a Constituição (art. 7º, XXVIII, segunda parte), sob o regime da responsabilidade civil subjetiva (BASTOS, 2012, p. 69). Pode-se dizer, então, com OLIVEIRA, J.C. (2011, p. 40), que "o sistema atual brasileiro se caracteriza por um hibridismo entre seguro (risco) social e responsabilidade subjetiva do empregador com base na teoria da culpa contratual, já que as prestações por acidentes de trabalho são cobertas pela Previdência Social, mas custeadas pelo empregador, incumbindo a este indenizar danos causados ao trabalhador por conduta dolosa ou culposa, cabendo ao tomador dos serviços provar a inexistência de culpa." Nesse sentido, o art. 121 da Lei 8.213/1991 é claro ao estabelecer que o pagamento de prestações ao segurado pela Previdência Social, a título de acobertamento do acidente de trabalho sofrido, não exclui a responsabilidade civil da empresa[28]

Também é importante observar que a empresa que não observar as normas de saúde, higiene e segurança do trabalho, além de se sujeitar à fiscalização trabalhista, com possibilidade de autuação e multa administrativa (CLT, art. 626 e seguintes), fica submetida a maiores exações, uma vez que a contribuição ao SAT pode variar de acordo com o desempenho da empresa em relação à respectiva atividade econômica, apurado em conformidade

27. Nos termos da súmula vinculante 22 do STF: "A Justiça do Trabalho é competente para processar e julgar as ações de indenização por danos morais e patrimoniais decorrentes de acidente de trabalho propostas por empregado contra empregador, inclusive aquelas que ainda não possuíam sentença de mérito em primeiro grau quando da promulgação da emenda constitucional nº 45/04."

28. O Supremo Tribunal Federal, em 1963, editou a súmula 229, pela qual "a indenização acidentária não exclui a do direito comum, em caso de dolo ou culpa grave do empregador." Essa súmula, segundo GONÇALES (2007, p. 276), visou, em primeiro lugar, a fixar que "a responsabilidade acidentária do Estado, por si só, não afasta a responsabilidade civil do empregador, quando atue com intenção de lesar ou proceda com culpa." BASTOS (2012, p. 69) acrescenta que a súmula também serviu "para explicitar que a Lei Acidentária então vigente (Decreto-Lei n° 7.036/1944, art. 31) abarcava não apenas a conduta dolosa do empregador, passando a ser relevante daí em diante o grau da sua culpa." GONÇALES (2007, p. 277) adverte, no entanto, que "a culpa do empregador, após a Constituição Federal de 1988, não precisa vir qualificada de 'grave'."

com os resultados obtidos a partir dos índices de frequência, gravidade e custo dos acidentes de trabalho (Lei 10.666/2003, art. 10). Se culpada por qualquer das modalidades de acidente de trabalho, típico ou equiparado, a empresa fica ainda sujeita ao pagamento de indenização individual por danos materiais, morais e estéticos, judicialmente fixada, sem prejuízo de eventual indenização por *dano moral coletivo*, a depender das dimensões coletivas da ofensa, imposta por sentença judicial, em ação civil pública proposta pelo Ministério Público do Trabalho[29] ou por qualquer outro colegitimado. Tudo sem excluir possível responsabilidade criminal dos responsáveis pela empresa.[30]

---

29. Nesse sentido é a jurisprudência do Tribunal Superior do Trabalho (TST): RECURSO DE REVISTA EM FACE DE DECISÃO PUBLICADA ANTES DA VIGÊNCIA DA LEI Nº 13.015/2014. AÇÃO CIVIL PÚBLICA. LEGITIMIDADE ATIVA DO MINISTÉRIO PÚBLICO DO TRABALHO. A jurisprudência do Supremo Tribunal Federal e a desta Corte Superior firmou-se no sentido de que o Ministério Público do Trabalho detém legitimidade para ajuizar ação civil pública para tutela de interesses difusos, coletivos e individuais indisponíveis ou homogêneos socialmente relevantes. No presente feito, o órgão ministerial requer sejam impostas obrigações de fazer, a fim de compelir a ré a cumprir as normas de proteção à saúde, segurança e meio ambiente do trabalho. Pede, ademais, indenização por dano moral coletivo. Esta ação civil pública visa a tutelar normas de ordem pública, que se revestem, simultaneamente, de caráter difuso, coletivo e individual indisponível e homogêneo. De um lado, tem por escopo proteger direitos individuais indisponíveis e com repercussão social, uma vez que inerentes à saúde e segurança do trabalhador; por outro, o interesse da coletividade de trabalhadores de laborar em um meio ambiente de trabalho saudável e seguro; e, ainda mais, o interesse difuso de toda a sociedade, em ver concretizados a Constituição Federal e os direitos trabalhistas fundamentais, mormente neste feito, em que se tutela a própria integridade física e a vida dos trabalhadores. Assim, patente a legitimidade ativa e o interesse de agir do Ministério Público do Trabalho. Inteligência dos artigos 127, caput, e 129, III, da Constituição Federal; 5º, I, da Lei nº 7.347/85; 1º, 6º, VII, e 83, I e III, da Lei Complementar nº 75/93. Precedentes. Recurso de revista de que não se conhece (RR - 1423-95.2012.5.08.0205 , Relator Ministro: Cláudio Mascarenhas Brandão, Data de Julgamento: 22/10/2014, 7ª Turma, Data de Publicação: DEJT 31/10/2014).

30. O art. 19, §2º, da Lei 8.213/1991 afirma constituir contravenção penal, punível com multa, a conduta de deixar a empresa de cumprir as normas de segurança e higiene do trabalho. Esse dispositivo penal, porém, segundo ZIMMERMANN (2012, p. 82), não vem tendo aplicação prática. Além disso, em tese, o acidente de trabalho pode ensejar responsabilidade penal, a depender do caso, por crime de *perigo para a vida ou saúde de outrem* (art. 132, CP), de *homicídio culposo* (art. 121, §3º, CP) ou de *lesão corporal culposa* (art. 129, § 6º, CP).

Por essa lista de hipóteses de responsabilização da empresa causadora do acidente de trabalho, que abrange as esferas administrativa, civil (individual e coletiva) e penal, não se pode afirmar que o ordenamento jurídico brasileiro é deficitário ou carente quanto a instrumentos de tutela jurídica do meio ambiente do trabalho (ZIMMERMANN, 2012, p. 81-83), preventivos e repressivos, especialmente os dirigidos contra as empresas, a quem compete, em primeira mão, zelar pela adoção e uso de medidas coletivas e individuais de proteção e segurança da saúde do trabalhador (Lei 8.213/1991, art. 19, §1º).

Justamente por englobar sujeitos ativos diversos, não é possível compensar as verbas decorrentes da ação acidentária proposta pelo empregado para com aquelas provindas da *ação regressiva* ajuizada pelo INSS (MARTINS, 2018, p. 624).

Logo, superadas possíveis miscelâneas, afirma-se que o art. 120, inciso I, da Lei 8.213/91 é aquele que confere real base às *ações regressivas acidentárias* propostas pelo INSS contra as empresas culpadas pelos acidentes de trabalho, por meio das quais a autarquia pretende se ressarcir dos valores pagos aos segurados ou aos seus dependentes, a título de benefício ou serviço acidentário.

2.2. A PREVIDÊNCIA SOCIAL E A VIOLÊNCIA DOMÉSTICA

Conquanto inicialmente cogitadas como um instrumento de reforço para o cumprimento da legislação trabalhista (PULINO, 1996, p. 182) e de tutela jurídica do meio ambiente do trabalho (ZIMMERMANN, 2012, p. 83 e 195 e seguintes), é certo que fins paralelos também passaram a integrar a dinâmica das *ações regressivas previdenciárias*, tais como a garantia do equilíbrio financeiro e atuarial do RGPS (ALVEZ, 2011, p. 217) e, até mesmo, de proteção ao direito difuso à higidez do patrimônio público (CERQUEIRA, 2010, p. 5).

Com essas duas últimas perspectivas, o objeto das ações regressivas do INSS tem se alargado para abranger o ressarcimento *de qualquer despesa previdenciária decorrente de atos ilícitos* – como o cometimento de acidentes de trânsito e de ilícitos penais dolosos que resultem em lesão corporal, morte ou perturbação funcional –, independentemente, portanto, de se relacionarem com o descumprimento de normas de proteção da saúde, higiene e segurança do trabalho (nesse sentido é a Portaria Conjunta da Procuradoria Geral Federal e da Procuradoria Federal Especializada junto ao INSS 6/2013[31]).

Nesse sentido, vale conferir o teor da Portaria Conjunta da Procuradoria Geral Federal e da Procuradoria Federal Especializada junto ao INSS 6/2013, cujo art. 2º conceituava a *ação regressiva previdenciária* como sendo toda a demanda que "tenha por objeto o ressarcimento ao INSS de despesas previdenciárias determinadas pela ocorrência de atos ilícitos". Vê-se que o escopo da autarquia, ao redigir tal ato normativo, era o de estender as hipóteses de cabimento das ações regressivas, de modo que passassem a englobar não somente o fenômeno do acidente de trabalho, como também *atos ilícitos* de qualquer natureza. Logo, não é sem razão que a dicção do art. 120 da Lei 8.213/91 foi expandida para passar a englobar também, no bojo das *ações regressivas* movidas pelo INSS, os atos de "violência doméstica e familiar contra a mulher".

Eis o teor do art. 120, inciso II, da Lei 8.213/91: "a Previdência Social ajuizará ação regressiva contra os responsáveis nos casos de: (...) II – violência doméstica e familiar contra a mulher, nos termos da Lei nº 11.340, de 7 de agosto de 2006".[32]

Lamentavelmente, a violência doméstica é um ilícito corriqueiro no Brasil. Embora escassas as fontes necessárias para a

---

31. Cf. ANEXO 1.
32. Mais recentemente, o Decreto 10.410/2020, responsável por promover inúmeras alterações no Regulamento da Previdência Social, modificou a redação do art. 341 do Decreto 3.048/99, de modo a autorizar, também no plano regulamentar, o ajuizamento das ações regressivas fundadas na Lei Maria da Penha. De acordo com a nova dicção do art. 341, inciso II, do Decreto 3.048/99, "o INSS ajuizará ação regressiva contra os responsáveis nas hipóteses de: (...) II – violência doméstica e familiar contra a mulher, nos termos do disposto na Lei nº 11.340, de 7 de agosto de 2006".

realização de um estudo empírico preciso sobre o tema, sobretudo por conta de sua evidente sensibilidade, os dados constantes do relatório *Segurança Pública em Números*, disponibilizado quando da realização do Anuário Brasileiro de Segurança Pública de 2018, identificaram 221.238 casos de violência contra mulheres durante o ano de 2017, o que demonstra uma média de 606 incidentes por dia.[33]

Além dessa alarmante constatação, é ainda mais expressivo o dado de que parcela significativa das agressões ocorre dentro do próprio âmbito domiciliar. Tais inferências são confirmadas pelo *Mapa da Violência de 2015*, cujo âmbito temático versou justamente sobre o homicídio de mulheres no Brasil.[34] No referido relatório, consta que o âmbito doméstico figura como local corriqueiro de incidentes de violência contra a mulher; nesse sentido, concluiu-se que "quase a metade dos homicídios masculinos acontece na rua, com pouco peso do domicílio", enquanto, nos homicídios femininos, "essa proporção é bem menor: mesmo considerando que 31,2% acontecem na rua, o domicílio da vítima é, também, um local relevante (27,1%), indicando a alta domesticidade dos homicídios de mulheres".[35]

De fato, ao contrário do raciocínio vigente num passado relativamente recente, não é mais possível, tampouco razoável, olvidar a problemática da violência domiciliar com base na ignóbil crença de que a discussão sobre tal comportamento pertence exclusivamente à esfera particular e interna à própria família (MORAES; TEIXEIRA, 2018, p. 2.223). Pelo contrário, o quadro posto justifica a premente necessidade de que o Estado promova todo

33. Segurança Pública em Números. Documento disponibilizado pelo *Fórum Brasileiro de Segurança Pública*, quando da realização do Anuário Brasileiro de Segurança Pública de 2018. Disponível em: http://assets-dosses-ipg-v2nyc3.digitaloceanspaces.com/sites/3/2018/08/FBSP_Anuario_ Brasileiro_Segurança_Publica_Apresentacao_2018.pdf. Acesso em: 14fev. 2020.

34. Mapa da violência 2015: homicídio de Mulheres no Brasil. Disponível em: https://www.mapadaviolencia.org.br/pdf2015/MapaViolencia_2015_mulheres.pdf. Acesso em: 15fev. 2020.

35. Idem, p. 39.

um plexo de medidas necessárias para a inibição de todas as formas de violência contra a mulher (e, inclusive, a doméstica), seja mediante promulgação de leis específicas sobre o assunto, seja por meio da intervenção do aparato jurisdicional, ou pela estruturação de políticas públicas numa determinada localidade em específico (DIAS, 2019, p. 238-248).

A atuação específica do Estado no sentido de inibir a violência contra a mulher decorre de uma tríplice fundamentação jurídica.[36] Em âmbito geral, o art. 226, § 8º, da CF dimensiona que "o Estado assegurará à assistência à família na pessoa de cada um dos que a integram, criando mecanismos para coibir a violência no âmbito de suas relações". No plano internacional, o art. 5º, item "*a*", da Convenção sobre a Eliminação de Todas as Formas de Discriminação contra a Mulher – mais conhecida pela sigla CEDAW, pacto internacional cuja incorporação foi intermediada pelo Decreto 4.377/02 – apregoa que "os Estados-partes tomarão todas as medidas apropriadas para modificar padrões sócio-culturais de conduta de homens e mulheres, com vistas a alcançar a eliminação dos preconceitos e práticas consuetudinárias e de qualquer outra índole que estejam baseados na ideia de inferioridade ou superioridade de qualquer dos sexos ou em funções estereotipadas de homens e mulheres". Por fim, a Convenção Interamericana para Prevenir, Punir e Erradicar a Violência contra a Mulher – alcunhada "Convenção de Belém do Pará" e incorporada pelo Decreto 1.973/96 –, em seu art. 7º, alínea "*c*", consolidou que os Estados deveriam empenhar-se em "incorporar na sua legislação interna normas penais, civis, administrativas e de outra natureza, que sejam necessárias para prevenir, punir e erradicar a violência contra a mulher, bem como adotar as medidas administrativas adequadas que forem aplicáveis".

Ao fim, a atuação específica e coordenada do Estado no resguardo da dignidade da mulher visa a inibir todos os atos

36. Para pormenores sobre as obrigações nacionais e internacionais assumidas pelo Estado brasileiro no sentido de combater a violência contra a mulher, vale conferir: DIAS, 2019, p. 41-52. No mesmo sentido: MELLO; PAIVA, 2019, p. 39-48.

e gestos responsáveis por desprezar a *condição de mulher* mediante o controle do seu corpo ou de seu comportamento para conformá-lo de acordo com estereótipos pré-determinados por uma cultura marcada pela intolerância à diversidade (MELLO; PAIVA, 2019, p. 68-70).

É neste contexto que desponta a Lei 11.340/06 – mais conhecida por Lei Maria da Penha –, cujo principal desiderato é o da criação de mecanismos para coibir e prevenir a violência doméstica e familiar contra a mulher (art. 1º da Lei 11.340/06), de modo a privilegiar a sua dignidade, autodeterminação e igualdade. Variadas frentes de atuação foram impostas pelo legislador para o cumprimento dos fins almejados, dentre elas: o aumento do rigor punitivo para os crimes de violência por questões de gênero no âmbito doméstico (art. 44 da Lei 11.340/06); estímulo à realização de pesquisas, estatísticas e outras informações relevantes acerca da violência doméstica (art. 8º, II); atendimento especializado à mulher vítima de agressões (art. 8º, IV; 10; 10-A; 11; 12; 12-A e 12-C); bem como instauração das medidas protetivas de urgência, com vistas a resguardar a integridade física da vítima nas situações de perigo, seja direcionando restrições judiciais ao agressor (art. 22), seja estabelecendo prerrogativas específicas de guarda da vítima (art. 23).

Em que pese a notável importância de toda esta temática, necessário destacar que a intersecção da seguridade social com a celeuma da violência doméstica é ainda pouco explorada na doutrina do Direito Previdenciário, sobretudo por ter sido referida, na Lei de Benefícios, muito recentemente.

Como exposto alhures, antes da superveniente alteração da redação do art. 120 da Lei 8.213/91, ocorrida com a promulgação da Lei 13.846/19, era possível visualizar tentativas esparsas de imputar ao agressor a responsabilidade de ressarcir os danos indiretamente ocasionados ao erário da previdência social. Contudo, a principal guinada das *ações regressivas*, fundadas na Lei Maria da Penha, deu-se com o posicionamento enunciado pelo Superior Tribunal de Justiça, quando do julgamento do REsp

1.431.150.[37] Nele, o Tribunal decidiu que a ausência, à época, de previsão expressa de ressarcimento do INSS em face do agente que praticou ato ilícito no qual resultou a concessão de benefício previdenciário não implicaria óbice ao ajuizamento de *ação regressiva*, eis que tal pretensão encontraria guarida na aplicação conjunta dos arts. 120 e 121 da Lei 8.213/91 e dos arts. 186 e 927 do Código Civil.[38]

Assim, é lícito afirmar que o art. 24 da Lei 13.846/2019 sedimentou a conexão entre a Lei Maria da Penha e a Lei de Benefícios da Previdência Social no plano legal, todavia, como visto, tal interseção foi cogitada antes mesmo da previsão expressa dessa modalidade de *ação regressiva* no art. 120, II, da Lei de Benefícios da Previdência Social.

Ademais, pode-se dizer que o movimento de delimitação do "ressarcimento integral" dos gastos estatais despendidos para a promoção das diretrizes indicadas na Lei Maria da Penha não se exauriu com a tipificação da *ação regressiva* fundada na agressão doméstica. Com efeito, a Lei 13.871/2019 – posterior à tipificação legal da assim chamada *ação regressiva Maria da Penha* – foi responsável por inserir os §§ 4º e 5º no art. 9º da Lei 11.340/06, os quais estipulam

37. STJ, REsp 1.431.150/RS, Rel. Min. Humberto Martins, Segunda Turma, julgado em 23/08/2016, DJe 02/02/2017.

38. O julgamento do REsp 1.431.150 teve imensa repercussão e o seu teor integrou intensas discussões na doutrina previdenciária. Naquela ocasião, a professora Melissa FOLMANN, em comunicado à imprensa emitido pelo Instituto Brasileiro de Direito de Família, teceu as seguintes observações: "(...) em 2012, foi ajuizada a primeira ação regressiva do INSS baseada na Lei Maria da Penha e que agora passa pelo crivo do STJ (...) É lamentável termos de chegar a isso para educar, mas foi a alternativa, já que o sentido de cuidado com o próximo está cada vez mais longe das relações em sociedade e as conseqüências financeiras estavam ficando exclusivamente com o INSS. Em suma, se o STJ afastar o dever indenizatório do réu baseado na ausência de previsão na Lei 8.213/91, esvaziará o mérito de ações de mesmo teor. E, naturalmente, o cunho de educação pela máxima 'sentiu no bolso, aprendeu' perderá seu sentido" (Comunicado à imprensa emitido pelo IBDFAM, 13/01/2016, em notícia intitulada "*INSS pode cobrar de ex-marido que matou a ex-mulher ressarcimento de pensão paga aos filhos do casal? STJ vai decidir*". Disponível em: http://www.ibdfam.org.br/noticias/5872/INSS+pode+cobrar+de+ex-marido+que+matou+a+ex-mulher+ressarcimento+de+pens%C3%A3o+paga+aos+filhos+do+casal%3F+STJ+vai+decidir>. Acessado em: 05fev. 2020.

que eventuais gastos públicos para o custeio do tratamento das vítimas no sistema SUS, bem como para a instalação de dispositivos de segurança para o monitoramento de mulheres ameaçadas, terão de ser inteiramente ressarcidos pelo agressor. Isso posto, reconhece-se que a ampliação dos espectros de ressarcimento de danos ao erário decorrentes de ilícitos cometidos por particulares não é movimento exclusivo do Direito Previdenciário, mas engloba, também, outros campos de atuação do poder público.

Portanto, com a menção expressa da Lei 11.340/06, no bojo do art. 120 da Lei 8.213/91, resta evidenciada a tentativa de aproximar a seguridade social da problemática da agressão domiciliar.

Nesse mote analítico, a intersecção entre a violência doméstica e o Direito Previdenciário pode ser cogitada em dois específicos riscos sociais acobertados pelo INSS, quais sejam, a incapacidade e o óbito, sobretudo porque ambos integram o campo de abrangência tanto da Lei 8.213/91, quanto da Lei 11.340/06. Na Lei de Benefícios da Previdência Social, é sabido que a incapacidade laborativa temporária perfaz o fato gerador do benefício de auxílio-doença (art. 59); a incapacidade laborativa permanente, por sua vez, enseja a concessão do benefício de aposentadoria por invalidez (art. 42); e, por fim, o óbito do segurado do sistema previdenciário acarreta a prestação de benefício de pensão por morte aos seus dependentes (art. 74). Na Lei Maria da Penha, a incapacidade laborativa e a morte, em certa medida, são vistas como fatores de risco a serem prevenidos pelo endurecimento das punições direcionadas aos agressores domésticos, cujos ilícitos passaram a integrar uma forma qualificada de lesão e homicídio (art. 7º).

Segundo o art. 7º da Lei Maria da Penha, a violência doméstica e familiar subdivide-se em cinco modalidades distintas, a saber: a física, a psicológica, a sexual, a patrimonial e a moral.[39]

39. Parcela da doutrina entende que tal rol não é taxativo, de modo que podem ser averiguadas formas de violência outras além daquelas antevistas pelo legislador (LIMA, 2016, p. 911).

Apesar da relevante ampliação das modalidades de violência moral, sexual e patrimonial – as quais usualmente não constam no escopo da violência referida no Código Penal, adstrita à agressão física ou corporal (LIMA, 2019, p. 910) –, impende-nos focar nas violências de cunho físico (art. 7º, I, da Lei 11.340/06) e psicológico (art. 7º, II, da Lei 11.340/60). Isso porque estas duas formas de agressão possuem repercussão direta na esfera previdenciária, na medida em que podem ocasionar a incapacidade laborativa da segurada ou o seu óbito, o que poderá ensejar, por conseguinte, a concessão de benefício por incapacidade ou de pensão por morte aos seus dependentes.

A violência física é definida como toda a ação ou omissão apta a ocasionar danos à integridade física ou à saúde da mulher, sendo normalmente associada aos crimes de feminicídio, tentativa de *feminicídio* e lesão corporal (MELLO; PAIVA, 2019, p. 83-84). A depender da gravidade da lesão, é possível a manifestação de incapacidades laborativas das mais diversas ordens, que podem decorrer, por exemplo, de patologias ortopédicas supervenientes à agressão, aptas a impossibilitar o exercício de atividades braçais ou de profissões que exijam perambulação – tais como a de vigilante ou inspetora de produção; de morbidades oculares supervenientes à violência física, as quais impedem o exercício de profissões que dependam de visão acurada – tais como a de médica cirurgiã, motorista e odontóloga. Diante disso, impor-se-á ao INSS o deferimento dos benefícios de auxílio-doença ou de aposentadoria por invalidez. Também, caso a violência doméstica resulte em feminicídio (art. 121, § 2º, VI e VII do CP), será concedido benefício de pensão por morte aos dependentes da segurada instituidora – sendo excluído do rol de beneficiários, evidentemente, o autor da agressão, nos termos do art. 16, § 7º e art. 74, § 1º, ambos da Lei 8.213/91.

Em passo diverso, a violência psicológica contra a mulher, nos termos do art. 7º, II, da Lei Maria da Penha, caracteriza-se por "qualquer conduta que lhe cause dano emocional e diminuição da autoestima ou lhe prejudique e perturbe o pleno desenvolvimento ou que vise degradar ou controlar suas ações, comportamentos, crenças e decisões, mediante ameaça, constrangimento, humilhação, manipulação, isolamento, vigilância constante, perseguição contumaz, insulto, chantagem, violação de sua intimidade, ridicularização, exploração e limitação do direito de ir e vir ou qualquer outro meio que lhe cause prejuízo à saúde psicológica e à autodeterminação". MELLO e PAIVA, nesse sentido, indicam que corriqueira forma de agressão psicológica se trata do assim chamado "*gaslighting*" – termo traduzido livremente do inglês como *manipulação* –, que consiste numa "forma de abuso psicológico no qual informações são distorcidas, seletivamente omitidas para favorecer o abusador ou simplesmente inventá-las com a intenção de fazer a vítima duvidar de sua própria memória, percepção e sanidade" (2019, p. 86-87); noutros termos, entende-se que o agressor tira proveito de determinadas vulnerabilidades da vítima com o fito de esfacelar a sua altivez, tornando-a psicologicamente dependente do perpetrador da violência e, por isso, inapta a aperceber-se dos riscos das agressões praticadas no transcurso da relação de afeto ou convívio.

Durante longo período, as intercorrências psicológicas foram olvidadas do espectro incapacitante dos benefícios previdenciários, no entanto, hodiernamente, com o redimensionamento do próprio conceito de *saúde* face ao paradigma biopsicossocial, "o enfoque psíquico e o psicossomático da saúde ganham importância, à vista da dinâmica e vivências do homem no mundo, diante das inquietações, cansaço, esgotamentos, desgaste de energias mentais, pressa, ansiedade, incertezas dos fatos da vida econômica e social" (BRAMANTE, 2017, p. 40).[40] Uma vez inserida a saúde psíquica no âmbito de proteção dos benefícios por

---

40. Na mesma linha, abordando tal contexto, José Ricardo Caetano COSTA assevera que "o eixo se desloca da doença para analisar a saúde. O que vale dizer: para sabermos se um indivíduo é incapaz é necessário que tenhamos uma visão etiológica associado ao estado de saúde" (2018, p. 36). A avaliação da incapacidade dos segurados, portanto, deve levar em conta o "contexto em que vivem, suas histórias de vida, atual e passada, relação com o trabalho, questões pessoais, sociais e econômicas, entre tantas questão que devem ser descortinadas" (COSTA, 2018, p. 59).

incapacidade, é totalmente possível que a agressão psíquica premeditada pela Lei Maria da Penha consubstancie causa para a concessão de benefício de auxílio-doença ou aposentadoria por invalidez, pois não raro a violência psicológica acarreta patologias das mais diversas ordens – tais como a depressão, o distúrbio do sono e a ansiedade (MELLO; PAIVA, 2019, p. 87), as quais, consequentemente, obstam o exercício da profissão.

Com essa ampliação, as ações regressivas estão deixando de ser apenas *acidentárias,* para assumirem extensão de *ações regressivas previdenciárias*, ou *universais,* como propõe SAVARIS (2013, p. 481), uma vez que não mais se limitam ao ressarcimento de valores pagos a título de benefícios acidentários, abrangendo também benefícios não decorrentes de acidente de trabalho. Seguindo essa linha, ZIMMERMANN (2014, p. 83) acrescenta denominações específicas, como *ações regressivas de trânsito* e *ações regressivas Maria da Penha* – esta última erigida à hipótese de ação regressiva típica no art. 120, II, da Lei 8.213/91 – nesse último caso se referindo aos ilícitos praticados contra a mulher, referidos na Lei 11.340/2006.[41]

Assim, qualquer estudo jurídico-processual sobre o gênero *ações regressivas previdenciárias* tem que partir da análise do próprio cabimento ou possibilidade desse tipo de ação – ainda permeadas de controvérsias e polêmicas – à luz não só das regras legais ordinárias, como também à luz da Constituição e da teoria geral da responsabilidade civil, local onde se abriga o direito de regresso.

Será que o art. 120 da Lei 8.213/1991, ao determinar *ação regressiva contra os responsáveis,* realmente diz respeito à ação de regresso tratada nas instituições de responsabilidade civil? Será de responsabilidade civil que trata esse dispositivo? Seria responsabilidade civil apenas porque a lei menciona *ação de regresso*? E caso se constate que a figura prevista no artigo

41. Confira, também, as denominações constantes na "Cartilha de Atuação nas Ações Regressivas Previdenciárias", produzida pela AGU, no seguinte link:http://www.compromissoeatitude.org.br/wp-content/uploads/2014/03/AGU_cartilhaacoesregressivasprevidenciarias2014.pdf.

não se amolda aos contornos da responsabilidade civil, quais seriam as consequências práticas em termos de sua aplicabilidade? *Haveria algum outro fundamento jurídico que respaldasse o proposto ressarcimento aos cofres públicos, sem que se tratasse de direito de regresso?*

De outro lado, em se tratando das demandas previstas no art. 120, inciso I, da Lei de Benefícios, como apostar na legitimidade dessas ações e justificar a indenização aos cofres públicos, quando a empresa paga um seguro obrigatório para a previdência social, destinado a cobrir os riscos com acidentes de trabalho, mas esse seguro parece não oferecer uma cobertura cabal e integral de modo a abranger também os casos de culpa simples do contribuinte? (MARTINEZ, 2011, p. 118-120; CARVALHO, 2013, p. 880-881; MOTTA, 2014, p. 40-41).

Ainda, analisando criticamente o art. 120, II, da Lei 8.213/91, como tratar a sensível questão da agressão doméstica na esfera previdenciária sem submeter à vítima da violência a uma rememoração do trauma sofrido em momentos pregressos? Como legitimar o manejo de execução fiscal em face do responsável pelo ato ilícito sem expor a intimidade familiar? Como justificar, ao fim, a discussão do tema na seara do direito público, sem violar o preceito do art. 10-A, §1º, III da Lei Maria da Penha, cujas diretrizes procedimentais impõem a "*não revitimização da depoente, evitando sucessivas inquirições sobre o mesmo fato nos âmbitos criminal, cível e administrativo*"?

Percebe-se, portanto, que para enfrentar a legitimidade jurídica das ações regressivas propostas pelo INSS, é preciso, antes de qualquer coisa, rever alguns conceitos fundamentais da responsabilidade civil, o que será objeto do próximo capítulo.

3

O DIREITO AO RESSARCIMENTO POR REGRESSO

O art. 120 da Lei 8.213/1991, como já tratado na seção anterior, passou a tratar de duas hipóteses de cabimento das *ações regressivas previdenciárias*: a primeira nos casos de "negligência quanto às normas padrão de segurança e higiene do trabalho indicadas para a proteção individual e coletiva"; a segunda, ao seu turno, quando constatada "violência doméstica e familiar contra a mulher, nos termos da Lei nº 11.340, de 7 de agosto de 2006".

A ampliação do cabimento das ações regressivas previdenciárias também foi reafirmada no recente Decreto 10.410/2020, que engendrou alterações na redação do art. 341 do Decreto 3.048/99. Além de consignar expressamente a possibilidade do ajuizamento de ações regressivas motivadas em incidentes de violência doméstica e familiar fundada na Lei Maria da Penha, o § 2º do novel art. 341 também reafirma que o pagamento de benefício previdenciário à mulher vitimada pela violência doméstica e ao trabalhador acidentado "não exclui a responsabilidade civil da empresa (...) ou do responsável pela violência doméstica".

A paulatina expansão das ações regressivas previdenciárias, portanto, não se limita ao campo legislativo. Tal movimento encontra guarida também no plano regulamentar, isto é, no feixe de Decretos, Instruções Normativas e Regulamentos internos (*interna corporis*) que objetivam a padronização da atuação do INSS em processos administrativos e judiciais.[1]

1. O tema é tratado em interessante escrito de Marco Aurélio SERAU JUNIOR, no qual o autor expõe os contornos do fenômeno que denomina de "*Portarização do Direito*

O instituto da responsabilidade civil, nas precisas lições de VENOSA, pauta-se na máxima *nemine in laedere*, segundo a qual ninguém é obrigado a suportar prejuízo oriundo da ilicitude alheia e, consequentemente, ninguém pode tirar proveito de benefício cuja causa remonte ao prejuízo de outrem (2013, p. 38). Logo, deduz-se que a imputação da responsabilidade civil pressupõe a constatação de *ato ilícito, dano, nexo de causalidade* entre o ilícito e o dano e *culpa do agente* (VENOSA, 2013, p. 24-54).

O Código Civil em vigor (Lei 10.406/2002) conjuga o dever de indenizar em duas partes topograficamente distintas: na Parte Geral, tratou do ato *ilícito* e do *abuso de direito*, congregando que "aquele que, por ação ou omissão voluntária, negligência ou imprudência, violar direito e causar dano a outrem, ainda que exclusivamente moral, comete ato ilícito", bem como que "também comete ato ilícito o titular de um direito que, ao exercê-lo, excede manifestadamente os limites impostos pelo seu fim econômico ou social, pela boa-fé ou pelos bons costumes"; na Parte Especial disciplinou a responsabilidade civil, aquilatando que "aquele que, por ato ilícito (arts. 186 e 187), causar dano a outrem, fica obrigado a repará-lo".

Quanto ao "direito de regresso", é possível diagnosticar o seu tratamento jurídico desde o Código Civil de 1916. De fato, o art. 1.524 do Código Civil revogado, ao estabelecer que "o que ressarcir o dano causado por outros, se este não for descendente seu, pode reaver, daquele por quem pagou, o que houver pago", previu, genericamente, a figura do *direito de regresso*, ou *ação reversiva* (ação *in rem verso*) nas palavras de MONTEIRO (1989, p. 402). Esse direito regressivo de quem teve de ressarcir o dano causado por outrem, segundo GONÇALVES (2007, p. 125), citando Clóvis BEVILÁQUA, "é de justiça manifesta, é uma consequência natural da responsabilidade indireta." Além disso, visa fundamentalmente a proteger a vítima, evitando que esta se veja na situação de

---

Previdenciário". Disponível em: <http://genjuridico.com.br/2020/05/15/portarizacao-do-direito-previdenciario/>. Acesso em: 27 jun. 2019.

desamparo, sem que o dano seja ressarcido ou compensado (FARIAS; ROSENVALD; BRAGA NETTO, 2014, p. 615).

O novo Código Civil não modificou substancialmente essa regra.

Segundo o seu art. 934, "aquele que ressarcir o dano causado por outrem pode reaver o que houver pago daquele por quem pagou, salvo se o causador do dano for descendente seu, absoluta ou relativamente incapaz." Como se pode notar, a nova ordenação civil apenas restringiu que, contra descendente, não há direito de regresso, *desde que seja absoluta ou relativamente incapaz*; contra descendente capaz, portanto, há direito de regresso (PEREIRA, 2003, p. 559).

Como noção geral, o direito de regresso pertence ao *responsável indireto*,[2] que exerce sua pretensão regressiva contra o terceiro causador imediato do dano (*responsável direto*), pelo quanto por isso pagou (PEREIRA, 2003, p. 559). O responsável indireto é instado a pagar sem ser o causador do dano. No entanto, exsurge, como indispensável à caracterização da pretensão regressiva, o liame *direto* entre o dispêndio econômico do responsável indireto e o dano causado à vítima. Em outras palavras, o responsável indireto paga à vítima, porque esta sofreu um dano causado pelo terceiro responsável direto. Em síntese, o responsável indireto paga à vítima a indenização devida em função do dano causado pelo terceiro/responsável direto.

Para que sejam fixados os liames do direito de regresso, em qualquer caso, deve haver, por lei ou por contrato, a fixação da responsabilidade indireta pelo ato de terceiro (nesse sentido é o art. 125, II no CPC/2015, ao tratar da denunciação da lide). Nessa

2. Segundo PEREIRA (2003, p. 557), "diz-se, pois, que há *responsabilidade indireta* quando a lei chama uma pessoa a responder pelas consequências do ilícito alheio." Segundo LISBOA (2004, p. 462), tratando-se de responsabilidade direta, o direito de regresso somente se dá "quando um dos responsáveis repara o dano, porém possui o direito de haver junto ao outro parte da importância eventualmente paga. Aplica-se, nesse caso, a proporcionalidade do dever de reparação segundo a participação de cada agente para a causação do evento."

linha de pensamento, leciona SANCHES (1984, p. 117) que, "pelo menos por exclusão, direito de regresso é apenas o conferido, por lei ou por contrato, a alguém, que adimpliu uma obrigação, de se voltar contra o terceiro, para desde receber, no todo ou em parte, o valor prestado. Aqui, quem pagou era também obrigado, por força de lei ou de contrato. Mas a lei, ou o contrato, lhe permite, apesar disso, voltar-se contra o terceiro, para reaver o que pagou, total ou parcialmente."

Assim, por exemplo, *a lei* estabelece a responsabilidade indireta do empregador ou comitente pelos danos causados por seus empregados, serviçais os prepostos, no exercício do trabalho que lhes competir, ou em razão dele (CC/2002, art. 932, III).[3] A *Constituição* estabelece a responsabilidade indireta das pessoas jurídicas de direito público e as de direito privado prestadoras de serviços públicos, que responderão pelos danos que seus agentes, nessa qualidade, causarem a terceiro, assegurado o direito de regresso contra o responsável nos casos de dolo ou culpa (CF, art. 37, §6º). Por *contrato,*[4] as seguradoras assumem a responsabilidade indireta pelos danos provocados pelo segurado a terceiro, mediante o pagamento de prêmio (CC/2002, art. 757).[5]

Em suma, para a caracterização do direito de regresso, são indispensáveis os seguintes requisitos: 1) dano ressarcível[6], de

---

3. Nos termos do Enunciado 44 da I Jornada de Direito Civil, promovida pelo Centro de Estudos Judiciários do Conselho da Justiça Federal, "na hipótese do art. 934, o empregador e o comitente somente poderão agir regressivamente contra o empregado ou preposto se estes tiverem causado dano com dolo ou culpa."

4. A súmula 187 do STF afirma que "a responsabilidade contratual do transportador, pelo acidente com o passageiro, não é elidida por culpa de terceiro, contra o qual tem ação regressiva."

5. Nesse sentido, a súmula 188 do STF estabelece que "o segurador tem ação regressiva contra o causador do dano, pelo que efetivamente pagou, até o limite previsto no contrato de seguro."

6. Segundo LISBOA (2014, 478-480), o dano que autoriza a responsabilidade civil deve ser ressarcível, ou seja, ao mesmo tempo *certo, atual* e *subsistente*. Por *certo,* deve se entender o dano fundado em fato determinado, ainda que se possa cogitar em *dano eventual,* pela Teoria da Perda de uma Chance. Por *atual,* deve se entender que o dano ocorrido produz efeitos nocivos à vítima, ainda que se possa falar em agravamen-

natureza material, moral ou estética, à vítima; 2) ação ou omissão do responsável direto; 3) nexo causal entre a conduta do responsável direto e o dano causado à vítima; 4) obrigação, ditada por lei ou por contrato, do responsável indireto ao pagamento da indenização que é devida à vítima pelo responsável direto; 5) ausência de excludente do direito de regresso (como exemplos: o responsável direto é descendente incapaz do responsável indireto, conforme art. 934 do Código Civil em vigor; o responsável direto/agente público agiu sem dolo ou culpa, no caso de responsabilidade civil objetiva do Estado, nos termos do art. 37, §6º, da Constituição).

O direito de regresso poderá ser exercido de duas formas: através da denunciação da lide ou de ação regressiva autônoma (ANDRADE, 2005, p. 109).

A denunciação da lide, prevista no art. 125 do CPC, "é uma forma de intervenção forçada de terceiro em um processo já pendente que tem cabimento à vista da afirmação, pelo denunciante, da existência de um dever legal ou contratual de garantia do denunciado de sua posição jurídica." (MARINONI; MITIDIERO, 2014, p. 147). É, portanto, um instrumento processual destinado a assegurar o exercício do direito de regresso, uma vez que "com a litisdenunciação convoca-se o terceiro para participar do processo auxiliando o denunciante ao mesmo tempo em que contra esse mesmo terceiro se propõe uma demanda de regresso para a eventualidade de o denunciado sucumbir na causa." (MARINONI; MITIDIERO, 2014, p. 147).

O exercício do direito de regresso por intermédio da denunciação da lide pressupõe, portanto, a pendência de um processo, no qual, uma das partes detém, por lei ou por contrato, direito regressivo contra o terceiro denunciado. Além disso, a regressividade somente será exercida contra o terceiro em caso de

---

to futuro do dano atual. Por *subsistente*, trata-se do dano que ainda não foi reparado pelo agente, a não ser que seja requerida alguma espécie de complementação da indenização.

sucumbência do denunciante (art. 129, *caput*, CPC). O regresso por denunciação, portanto, garante a parte contra a derrota no processo judicial.

A concepção original da denunciação da lide era de ser obrigatória (CPC/1973, art. 70, *caput*), de forma que, pendente o processo em relação à parte com direito regressivo, esta estaria obrigada à denunciação, sob pena de perder o direito material de regresso. A jurisprudência do Superior Tribunal de Justiça, no entanto, flexibilizou essa obrigatoriedade, permitindo que o exercício do direito de regresso pudesse ser efetivado por ação autônoma posterior, mesmo que a denunciação não tenha sido oposta no processo anterior, sem perda desse direito.[7] O Código de Processo Civil de 2015 acolheu essa orientação jurisprudencial, permitindo que o direito regressivo seja exercido "por ação

7. Nesse sentido: **a) quanto à *evicção*** (CPC, art. 70, I): "O exercício do direito oriundo da evicção independe da denunciação da lide ao alienante na ação em que terceiro reivindica a coisa, sendo certo que tal omissão apenas acarretará para o réu a perda da pretensão regressiva, privando-lhe da imediata obtenção do título executivo contra o obrigado regressivamente, restando-lhe, ainda, o ajuizamento de demanda autônoma. Ademais, no caso, o adquirente não integrou a relação jurídico-processual que culminou na decisão de ineficácia da alienação, haja vista se tratar de executivo fiscal, razão pela qual não houve o descumprimento da cláusula contratual que previu o chamamento da recorrente ao processo." (STJ, REsp 1332112/GO, Rel. Ministro LUIS FELIPE SALOMÃO, 4ª Turma , julgado em 21/03/2013, DJe 17/04/2013); **b) quanto à *posse direta/indireta*** (CPC, art. 70, II):"Não comprovada a existência de um contrato oneroso de transmissão, ao denunciante, do domínio, posse ou uso do bem imóvel objeto da reivindicatória, outorgado pelo denunciado detentor de tal domínio, posse ou uso, a denunciação da lide poderá ser indeferida, sem prejuízo de eventual ação direta do réu da reivindicatória contra o responsável pela negociação frustrada." (STJ, REsp 14.053/MG, Rel. Ministro ATHOS CARNEIRO, 4ª Turma , julgado em 26/10/1992, DJ 16/11/1992, p. 21144); **c) quanto ao *direito de garantia*** (CPC, art. 70, III): "AGRAVO REGIMENTAL. DIREITO PROCESSUAL CIVIL. DENUNCIAÇÃO DA LIDE. ART. 70, INCISO III, DO CPC. IMPOSSIBILIDADE. NÃO OBRIGATORIEDADE. 1. A denunciação da lide, como modalidade de intervenção de terceiros, busca atender aos princípios da economia e da presteza na entrega da prestação jurisdicional, não devendo ser prestigiada quando o deferimento for apto a subverter exatamente os valores tutelados pelo instituto. 2. Segundo a jurisprudência sólida do STJ, a denunciação da lide justificada no art. 70, inciso III, do CPC não é obrigatória, sua falta não gera a perda do direito de regresso e, ademais, é impertinente quando se busca simplesmente transferir a responsabilidade pelo bem litigioso ao denunciado. 3. Agravo regimental não provido." (STJ, AgRg no AREsp 26.064/PR, Rel. Ministro LUIS FELIPE SALOMÃO, 4ª Turma , julgado em 11/02/2014, DJe 17/02/2014).

autônoma quando a denunciação da lide for indeferida, deixar de ser promovida ou não for permitida." (art. 125, §1º, CPC).

Considerando que a denunciação da lide passa a ser encarada como mera forma facultativa de intervenção de terceiro, sem natureza de *ônus processual*, uma vez que não mais implica em perda de direitos, a ação autônoma de regresso, ou simplesmente *ação regressiva*, ganha especial relevo.

É claro que qualquer ação regressiva pressupõe a afirmação da existência do direito material de regresso, sobre a qual o juiz deverá pronunciar-se (ANDRADE, 2005, p. 163), conforme requisitos já expostos. *Sem regressividade, não há causa de pedir e, consequentemente, não há pedido indenizatório possível.*

Em princípio, a ação regressiva autônoma fica condicionada ao pagamento, pelo titular do direito regressivo, da indenização devida à vítima, quando nasce seu interesse de agir para se ressarcir da quantia paga.[8]

Ao contrário do que ocorreria na hipótese de denunciação da lide, em que o terceiro-garante, por participar efetivamente do processo movido pela vítima, se submete à coisa julgada (CPC, arts. 127-129 e 506; ANDRADE, 2005, p. 165), na ação autônoma de regresso, o terceiro-garante demandado, por não ter participado do processo em que foi fixada a indenização, não encontra limites para rediscutir toda a matéria controvertida, podendo refutar, inclusive, a própria existência do fato gerador da indenização (ANDRADE, 2005, p. 164).

Com essas bases, passa-se a refletir criticamente acerca da possibilidade e cabimento das ações regressivas previdenciárias, tal como têm sido propostas pelo INSS.

---

8. No entanto, é possível cogitar no ajuizamento da ação regressiva já a partir do ajuizamento da ação de indenização pela vítima, não havendo a necessidade de aguardar o trânsito em julgado da condenação ou pagamento desta frente à vítima (ANDRADE, 2005, p. 161). Nesse caso, "a procedência dessa ação autônoma de regresso, exercitada simultaneamente com a ação principal, de indenização entre vítima e Estado, só irá ocorrer se este último for efetivamente condenado na demanda principal." (ANDRADE, 2005, p. 162).

4

ANÁLISE CRÍTICA DO CABIMENTO DA AÇÃO REGRESSIVA PREVIDENCIÁRIA

A partir dos estudos precedentes, impõe-se a análise da pertinência das ações regressivas propostas pelo Instituto Nacional do Seguro Social em face das empresas consideradas culpadas pelos acidentes de trabalho dos quais resultaram prestações acidentárias.

Não obstante a redação originária do art. 120 da Lei 8.213/1991 datar de mais de vinte anos, é certo que a propositura dessas ações é fenômeno relativamente recente, incrementado nos últimos anos, especialmente a partir de 2007.[1] Segundo dados governamentais, a milésima ação regressiva foi proposta em 2009,[2] sendo que mais de quatro mil dessas ações já foram distribuídas por todas as regiões da Justiça Federal. Até o final de 2014, a expectativa de arrecadação através dessas ações beirava os setecentos milhões de reais.

É certo também que esse incremento de ações se deu, em bastante medida, pela reestruturação da Advocacia-Geral da União (AGU), com a criação das Procuradorias Federais para a representação judicial e extrajudicial das autarquias e fundações

1. Do ponto de vista histórico, é interessante o precursor artigo de MARQUES (1996), ex-Procurador Autárquico do INSS e atualmente Juiz Federal na 4ª Região, quando ele, logo após a introdução, anuncia a iniciativa do INSS em *começar a propor* as ações regressivas (p. 478).
2. <http://www.agu.gov.br/sistemas/site/TemplateImagemTexto.aspx?idConteudo=100456&id_site=3>.

públicas federais, como é o caso do INSS (CERQUEIRA, 2010, p. 2). Note-se que é farta a doutrina sobre as ações regressivas previdenciárias produzida por Procuradores Federais (inclusive Procuradores Autárquicos do INSS, antes da reestruturação da AGU) ou Procuradores da Fazenda Nacional.[3]

Além disso, é clara a prioridade que essas ações obtiveram no âmbito da Procuradoria-Geral Federal, a qual inclusive disciplinou, internamente, os critérios e procedimentos relativos ao ajuizamento de ações regressivas previdenciárias[4] e publicou uma "cartilha" para orientar a propositura dessas ações.[5]

De outro lado, a Justiça do Trabalho também parece aderir e estimular a esse movimento, a partir do momento em que recomenda aos seus juízes o encaminhamento, às Procuradorias Federais, de sentenças trabalhistas nas quais tenha havido o reconhecimento de culpa do empregador por acidente de trabalho.[6]

Assim, muito embora os pronunciamentos da jurisprudência nacional tenham sido, até o momento, favoráveis ao cabimento e à pertinência das ações regressivas do INSS,[7] é chegada a hora de uma reavaliação crítica de todo esse acervo e desenvolvimento.

Essa reavaliação deve começar por uma interpretação crítica do art. 120 da Lei 8.213/1991.

---

3. A título de exemplo, dos autores consultados neste trabalho: MARQUES (1996), PULINO (1996), HORVATH (2002), IGNÁCIO (2007), MACIEL (2010), ALVES (2011), PEREIRA JÚNIOR (2011), BASTOS (2012), ZIMMERMANN (2012 e 2014).
4. Esses critérios e procedimentos constam da Portaria Conjunta da Procuradoria Geral Federal e da Procuradoria Federal Especializada junto ao INSS 6/2013, trazida no ANEXO 1 deste trabalho.
5. Confira o inteiro teor da "Cartilha de Atuação nas Ações Regressivas Previdenciárias no seguinte link: <http://www.compromissoeatitude.org.br/wp-content/uploads/2014/03/AGU_cartilhaacoesregressivasprevidenciarias2014.pdf>.
6. Cf. Recomendação Conjunta GP. CGJT. N.º 2/2011.
7. Marcante, nesse sentido, foi o julgamento da Arguição de Inconstitucionalidade na Apelação Cível 1998.04.01.023654-8/RS, pelo Tribunal Regional Federal da 4ª Região, Relatora Desembargadora Federal Maria de Fátima Freitas Labarrère, Relator p/ acórdão Desembargador Federal Volkmer de Castilho, j. 23/10/2002, DJU 13/11/2002 (Notas taquigráficas e inteiro teor no ANEXO 2).

4.1. (IN)EXISTÊNCIA DO DIREITO DE REGRESSO

Não obstante a dicção legal, *inexiste, na hipótese, direito de regresso da Previdência Social*, nos moldes em que esse direito é concebido pela teoria da responsabilidade civil.

Como visto, o direito de regresso pressupõe a obrigação de alguém (o responsável indireto), ditada pela Constituição, por lei ou por contrato, em pagar a indenização que é devida à vítima, ante o dano causado por outrem (o responsável direto).[8] Assim, no *regresso constitucional*, previsto no art. 37, §6º da Constituição, o Estado paga a indenização à vítima, pelo dano causado por seus agentes, mas, em contrapartida, pode se ressarcir do valor pago contra o agente nas hipóteses em que esse atua com dolo ou culpa. No *regresso legal,* como no previsto no art. 932, III, do Código Civil, o empregador ou comitente paga à vítima os danos causados por seus empregados, serviçais os prepostos, no exercício do trabalho que lhes competir, ou em razão dele, mas podem se voltar contra estes para se ressarcirem regressivamente. No *regresso contratual*, atribui-se ao segurador ação regressiva contra o causador do dano, pelo que efetivamente pagou, até o limite previsto no contrato. Note-se o liame entre o dispêndio econômico do responsável indireto e o dano causado à vítima. O responsável indireto paga à vítima a indenização devida em função do dano causado pelo terceiro/responsável direto. O Estado, detentor do regresso contra o agente causador, paga à vítima o valor do dano por esta sofrido (CF, art. 37, § 6º); o empregador, detentor do regresso contra o empregado-causador, paga à vítima o valor do dano por esta sofrido (CC, art. 932, inciso III); a seguradora, detentora do regresso contra o causador, paga ao segurado o valor do dano por este sofrido.

Esse liame direto entre o dispêndio econômico do responsável indireto e o dano causado à vítima é da natureza do direito de

---

8. Em clássica monografia sobre denunciação da lide, SANCHES (1984, p. 115) afirma, em termos um pouco mais amplos, mas sem extravasar do fundamental, que o "direito de regresso, assim, nasce em favor daquele que se vê compelido a pagar dívida a outrem pertencente, em face de obrigação contratual ou legal."

regresso, sem o que, não há regressividade. Existe uma relação jurídica obrigacional prévia, de responsabilidade civil, ligando a vítima e o causador do dano (responsável direto). O titular do regresso paga à vítima e se ressarce com o causador.

Em qualquer caso de regressividade esse liame direto está presente, e não apenas nos contratos privados de seguro, como parece fazer crer ALVES (2011, p. 219).

A "ação regressiva da Previdência Social" prevista no art. 120 da Lei 8.213/1991 não consegue se enquadrar nos pressupostos da regressividade.

Em uma das hipóteses, o trabalhador sofre o dano em razão do acidente de trabalho ocorrido por culpa da empresa. Esse dano – nas suas dimensões material, moral e estética – é reparado pela empresa culpada, na ação individual indenizatória proposta na Justiça do Trabalho, conforme garante a segunda parte do direito social previsto no art. 7º, XXVIII, da Constituição. O INSS, para titularizar direito de regresso, deveria estar obrigado pela lei ou pela Constituição, a reparar o dano sofrido pelo trabalhador (as prestações previdenciárias não se confundem com essa indenização [SAVARIS, 2013, p. 481; DINIZ, 2011, p. 562]), *obrigação essa que, no entanto, não existe.*

O INSS não é responsável indireto pela indenização devida pela empresa culpada pelo acidente de trabalho.

De igual modo, não é possível vislumbrar o direito de regresso do INSS perante o perpetrador da violência doméstica. Isso porque o procedimento de reparação pecuniária dos danos morais, materiais e estéticos decorrentes da agressão tem início no próprio processo criminal responsável por delimitar as medidas protetivas de urgência necessárias ao resguardo da integridade física, psicológica, sexual e moral da mulher (MELLO; PAIVA, 2019, p. 178-179).[9] Consoante o art. 24, IV, da Lei 11.340/06, é

9. Inclusive, neste particular, o Superior Tribunal de Justiça admite que, uma vez comprovada a violência doméstica nos moldes congregados pelo art. 7º da Lei 11.340/06,

possível que o juízo de competência penal imponha ao agressor a prestação de caução provisória, mediante depósito judicial, para fins de ressarcir futuramente a vítima agredida pelos danos suportados. Com efeito, tal caução judicial visa a "assegurar a preservação de um determinado valor capaz de suportar ulterior condenação em demanda cível indenizatória, a ser ajuizada pela vítima perante o juízo cível competente" (LIMA, 2016, p. 957).

Quer dizer, inexiste qualquer intervenção ou influência do INSS sobre a fixação das verbas ressarcitórias da agressão, porquanto tal montante é delimitado em lide de natureza civil, cujo mérito orbita exclusivamente na esfera de interesses da vítima e do autor do ilícito.

Portanto, não há liame direto entre o dano e as prestações previdenciárias pagas pela autarquia (*v.g.* auxílio-doença provindo de acidente de trabalho ou aposentadoria por invalidez decorrente de agressão doméstica), apenas reflexo. Assim, em princípio, "o particular não pode ser obrigado a ressarcir os valores desembolsados pela Administração Previdenciária para a cobertura previdenciária que se relaciona, apenas indiretamente, com o ato ilícito que praticou." (SAVARIS, 2013, p. 480). Ou, em outras palavras, "não é juridicamente exigível o ressarcimento dos valores desembolsados, pelo INSS, em favor dos beneficiários do RGPS, ao fundamento de que o autor do ilícito perpetrado contra segurado da previdência social deu causa ao evento que retirou, deste, a condição de prover sua subsistência." (SAVARIS, 2013, p. 481). Isso porque, na verdade, não existe *regressividade* que autorize esse ressarcimento. Como bem observa SAVARIS (2013, p. 481), "ao conceder o benefício previdenciário, o INSS não está a reparar nenhum dano sofrido pela vitima do ilícito, mas a atender ao seu mister de proteção social." Se assim é, nenhum direito de regresso pode haver. *O dispêndio financeiro do INSS é previdenciário, não é reparatório.* Quem repara o dano é a

presume-se a existência de danos morais, o que torna desnecessária dilação probatória sobre tal questão (MELLO; PAIVA, 2019, p. 179).

empresa culpada pelo acidente – por meio do processo trabalhista – ou pelo autor da violência doméstica – por meio de processo criminal. Assim, como o INSS nenhuma indenização verte para o trabalhador ou para a vítima da agressão, nenhuma regressividade pode evocar contra os autores do ilícito.

A hipótese legal do art. 120 da Lei 8.213/1991, portanto, não contempla direito de regresso, a não ser que se queira insinuar um direito de regresso *sui generis,* derivado de obrigação atípica *ex lege,* criado por lei apenas para a Previdência Social, sem os requisitos próprios da responsabilidade civil.

4.2. AUSÊNCIA DE RESPONSABILIDADE CIVIL DIRETA

Apesar disso, não se pode fechar os olhos de que a regra está posta.

Assim, é preciso investigar se existe outro sentido jurídico possível para a norma inserta nesse artigo da legislação previdenciária. A "ação regressiva" mencionada no dispositivo, como se viu, não é o direito de regresso previsto nas normas de responsabilidade civil, inobstante muito se tenha afirmado nesse sentido.

A primeira possibilidade que se oferece é visualizar o dispositivo como hipótese de responsabilidade civil *direta*, ou seja, entender que as prestações previdenciárias vertidas ao trabalhador acidentado e à vítima da agressão doméstica representam *dano* causado aos cofres públicos, de um lado, pela conduta negligente da empresa e, de outro, pela atitude ilícita do agressor.

Nesse caso, os pressupostos exigidos são os da responsabilidade civil subjetiva extracontratual, vale dizer, a empresa e o agressor teriam obrigação de indenizar a Previdência Social pelo ato ilícito (CC, arts. 186 e 927).

Para obter esse fundamento, é essencial que as "ações regressivas" apresentem todos os elementos constitutivos desse tipo de responsabilidade civil: "a) ato ilícito do devedor (culposo ou abusivo); e b) dano patrimonial ou extrapatrimonial para o credor; c) ligação de causalidade entre o ato e o dano." (COELHO, 2010, p. 316).[10]

As dificuldades nesse sentido são expressivas.

É evidente que a empresa culpada pelo acidente de trabalho comete ato ilícito. Porém, tal ato tem como vítima o trabalhador. O dano que compõe a ilicitude ("causar dano a outrem") atinge o empregado.

É claro a Previdência Social, através do INSS, ao ser obrigada a pagar as prestações previdenciárias decorrentes do acidente de trabalho, sofre uma redução patrimonial. Mas reduções patrimoniais ou financeiras nem sempre traduzem dano.

No caso, como visto, o desembolso de dinheiro público para pagar benefícios ou serviços ao trabalhador acidentado, independentemente da responsabilidade da empresa, corresponde à missão constitucional do sistema de seguridade social em garantir aos seus beneficiários os meios indispensáveis de manutenção, suprimidos ou diminuídos por motivo de incapacidade ou morte, realizando os objetivos constitucionais da ordem social brasileira, quais sejam, o bem-estar e a justiça sociais.

O sistema de seguridade social, pela atuação da previdência social, serve justamente para isso: garantir cobertura previdenciária aos seus beneficiários, pagando as prestações previstas em lei, quando houver a superveniência dos fatos e contingências cobertos, independentemente da inquirição de responsabilidades. Com razão SAVARIS (2013, p. 484), quando afirma, categoricamente, que "a concessão de um benefício previdenciário não constitui, em absoluto, consequente necessário do ato ilícito, senão o resultado operado *opus legis*, concernente à relação jurídica autônoma, pautada por regime contributivo e orientado por critérios que devem ser suficientes a preservar o equilíbrio financeiro e atuarial da Previdência Social (CF/88, art. 201, caput,

10. Nesse mesmo sentido, como já salientado anteriormente, vale conferir: VENOSA, 2013, p. 24-54.

com a redação dada pela EC n. 20/98)." E o mesmo autor (2013, p. 484), embora ressalvando a hipótese do art. 120, arremata: "a concessão de benefício previdenciário, com o pagamento das prestações mensais correspondentes, *jamais pode ser considerada dano sofrido pela entidade previdenciária* e, por isso, as despesas relacionadas à cobertura previdenciária, de relevância social fundamental, são insuscetíveis de indenização ou ressarcimento." (grifo acrescido).

Note-se, especificamente no caso do inciso I do art. 120 da Lei de Benefícios, que seria absurdo e ilógico depender a caracterização do dano em relação à culpa da empresa, dizendo que há dano aos cofres públicos quando a empresa age com negligência, mas que o mesmo dano não ocorre quando a empresa é diligente com as normas de higiene e segurança do trabalho, porém o acidente mesmo assim acontece. Isso porque, em qualquer caso, há o dispêndio financeiro público *pelas mesmas razões*: preenchimento dos pressupostos legais de cada prestação previdenciária. Ninguém afirma, no entanto, que, quando o INSS faz o pagamento do benefício acidentário, sem que a empresa tenha contribuído para o infortúnio laboral, há dano. Porém, de forma incongruente, é voz doutrinária quase uníssona de que há dano à Previdência Social quando a empresa age com culpa.

Igualmente teratológico cogitar que a comprovação da violência doméstica qualificaria *questão prejudicial* para a concessão do benefício por incapacidade vindicado pela mulher agredida. Ocorre que a cognição exercida para a imputação da responsabilidade civil e penal ao autor do ilícito é sobremaneira diversa daquela exercida em relação à verificação do preenchimento dos requisitos necessários para a obtenção da prestação previdenciária: no primeiro caso, o esforço centra-se sobre a averiguação da materialidade da agressão, do dolo do agente, das circunstâncias que permeavam o ato ilícito – especialmente naquilo que diz respeito à vulnerabilidade da vítima em relação ao agressor –, bem como dos prejuízos materiais, estéticos e psicológicos causados à mulher (MELLO; PAIVA, 2019, p.

176-178); no segundo caso, ao seu turno, a avaliação cinge-se sobre a ocorrência do fato gerador do benefício previdenciário (*v.g.* incapacidade laborativa ou morte da segurada instituidora) e a *qualidade de segurada* da vítima.

Em suma: dano e culpa são, cada qual, elementos da responsabilidade civil subjetiva. Um não depende do outro. O dano é um dado objetivo, enquanto a culpa é um elemento subjetivo (COELHO, 2010, p. 316). A existência do pressuposto objetivo não pode derivar do pressuposto subjetivo.

De igual sorte, não se pode caracterizar o pagamento das prestações previdenciárias como *dano indireto, reflexo* ou *por ricochete* (COELHO, 2010, p. 304-305),[11] pressupondo que fosse *uma consequência do dano direto* sofrido pelo trabalhador acidentado ou pela vítima da agressão. O dano patrimonial da Previdência Social, nessa ótica, derivaria dos danos sofridos pelo trabalhador ou pela mulher prejudicada pela agressão. Acontece, como já tratado, que tais prestações, em qualquer hipótese, não configuram dano à Previdência Social, mas cumprimento do dever constitucional de seguridade social aos beneficiários do sistema que preencham os respectivos pressupostos legais. O desembolso financeiro não decorre do dano trabalhista, tampouco da violência doméstica, mas do preenchimento dos requisitos legais para a concessão de benefícios e serviços acidentários.

Como consequência da não caracterização de dano nos desembolsos realizados pela Previdência Social, a título de benefícios e serviços acidentários/previdenciários, ainda que o acidente derive de negligência da empresa e a incapacidade laborativa de crime cometido por terceiro, resta eliminado também o requisito do nexo causal. A conduta negligente da empresa causa dano ao trabalhador, não à Previdência. A violência doméstica causa dano à mulher em situação de vulnerabilidade, não ao

11. Sobre o assunto, ver o didático voto da Ministra Nancy Andrighi no seguinte julgamento proferido no Superior Tribunal de Justiça: STJ, REsp 1208949/MG, Rel. Ministra NANCY ANDRIGHI, 3ªTURMA, julgado em 07/12/2010, DJe 15/12/2010.

erário público. O pagamento das prestações previdenciárias ao trabalhador acidentado não decorre do ato ilícito empresarial, muito menos da agressão prevista na Lei Maria da Penha, senão do preenchimento dos requisitos legais de cada prestação. Preenchidos esses requisitos, o trabalhador e a segurada prejudicada adquirem o direito às prestações. Note-se que, ainda que a empresa seja culpada pelo acidente de trabalho, o empregado não fará jus aos benefícios previdenciários se não preencher integralmente os requisitos da legislação social, como manutenção da qualidade de segurado e prazos de carência. De igual parte, ainda que imputada responsabilidade civil e penal ao agressor, a segurada não fará jus ao benefício de auxílio-doença, por exemplo, caso não se encontre incapacitada para o exercício de suas atividades laborativas habituais. Em outras palavras, a prestação previdenciária não pressupõe a conduta negligente da empresa, tampouco da responsabiliação do autor do delito de lesão corporal ou feminicidio. Tais fatores não bastam para tanto, se não concorrem os requisitos legais da proteção previdenciária.

Assim, mais uma vez com SAVARIS (2013, p. 484), "as despesas do INSS com o pagamento de prestação previdenciária, concebidas como dano decorrente de ilícito praticado por terceiro, somente ocorrem, todavia, se e quando (i) forem providenciadas as formalidades ligadas ao requerimento de proteção previdenciária pelo interessado e (ii) se encontrarem atendidos os requisitos legais estabelecidos pela legislação previdenciária para a concessão do benefício. É correto afirmar, portanto, que a configuração do suposto dano decorreria de circunstâncias e atos jurídicos independentes, e não como efeito automático do ato ilícito imputado a terceiro."

Com essas considerações, ficam desconstruídos os principais argumentos, lançados com base na responsabilidade civil, em prol do cabimento das "ações regressivas" previdenciárias.[12] A

12. Argumentos de responsabilidade civil, entendendo que o INSS, ao pagar as prestações acidentárias, *indeniza* o trabalhador pelo ato ilícito da empresa, o que gera *danos* aos cofres públicos, são utilizados pela maioria dos autores, a exemplo de MARQUES (1996), PULINO (1996), HORVATH (2002), IGNÁCIO (2007), ALVES

uma, porque não existe a regressividade citada pelo art. 120 da Lei 8.213/1991; a duas, porque não existe obrigação de indenizar das empresas culpadas por acidentes de trabalho e dos perpetradores de violência doméstica, dado que não preenchidos os pressupostos da responsabilidade civil subjetiva, especialmente pela ausência de dano à Previdência Social e de nexo de causalidade entre o ato ilícito e as prestações previdenciárias.

Não é possível confundir indenização com previdência, nem pagamento de benefícios previdenciários com danos ao patrimônio público. De outra forma, não se pode mais misturar Direito Previdenciário com Direito Civil (COELHO, 2013, p. 346-347); não se pode permitir que "o enunciado da solidariedade social previdenciária passe a ser colonizado pela ética privatista da responsabilidade obrigacional pecuniária" (SERAU JUNIOR, 2015, p. 39-40); não se pode olvidar a jusfundamentalidade do direito de acesso à previdência social (SERAU JUNIOR, 2015, p. 31-32).

4.3. RESPONSABILIDADE E SEGURO CONTRA ACIDENTES DE TRABALHO

Ainda que se aposte na juridicidade das ações "regressivas" previdenciárias, sob a ótica da responsabilidade civil, não se pode ignorar a existência do seguro contra acidentes de trabalho (SAT), a cargo da empresa, conforme determina a Constituição (art. 7º, XXVIII).

Esse seguro visa, justamente, a financiar a aposentadoria especial, que é devida ao trabalhador sujeito a condições especiais que prejudiquem a sua saúde ou a sua integridade física (Lei 8.213/1991, art. 57), além de todas as prestações previdenciárias concedidas em razão do grau de incidência de incapacidade laborativa decorrente dos riscos ambientais do trabalho (Lei 8.212/1991, art. 22, II).

(2011), PEREIRA JÚNIOR (2011), TIBA; LOBATO JÚNIOR (2011), BRAMANTE (2011), IBRAHIM (2012), BASTOS (2012) e ZIMMERMANN (2012 e 2014).

Nem a Constituição, nem as leis ou os decretos que tratam do SAT, limitam a cobertura securitária a eventos nos quais não haja negligência da empresa estipulante/segurada do seguro obrigatório. Apenas acidentes de trabalho *dolosamente* causados, ou nos quais a culpa seja grave (*dolo eventual*, conforme CARVALHO, 2013, p. 880-881), não poderiam ser cobertos, ante o princípio geral insculpido no art. 762 do Código Civil[13] (MOTTA, 2014, p. 41), dado o *excesso de risco*, sem plausibilidade atuarial (IBRAHIM, 2012, p. 72-73).

Note-se que, tirante o dolo, atos culposos, causados por negligência, imperícia ou imprudência, não estão, de plano, excluídos da cobertura securitária privada, conforme a jurisprudência admite, e a prática consagra (RODRIGUES, 2004, p, 339). GONÇALVES (2009, p. 481) esclarece que o novo Código Civil, "dirimindo controvérsia que vicejava à época do Código de 1916, deixa evidenciado que somente o *ato doloso*, uma vez reconhecido, será causa de nulidade do contrato [de seguro]." Ora, esse princípio aplicável aos seguros em geral não pode ser simplesmente ignorado quando se trata do seguro público de acidentes de trabalho, cujo prêmio obrigatório é fixado levando em conta o desempenho da empresa em relação à respectiva atividade econômica, apurado em conformidade com os resultados obtidos a partir dos índices de frequência, gravidade e custo dos acidentes de trabalho (Lei 10.666/2003, art. 10).[14] Comparativamente, como faz CARVALHO (2013, p. 880-881), no "seguro contratado para cobertura de danos em veículos, ao sofrer um acidente de trânsito o segurado tem o direito de ser

---

13. "Nulo será o contrato para garantia de risco proveniente de ato doloso do segurado, do beneficiário, ou de representante de um ou de outro."
14. De acordo com MOTTA (2014, p. 40), "o SAT, cuja nomenclatura atual foi substituída por RAT — Riscos Ambientais do Trabalho, é prêmio que se apresenta apurado por alíquotas estabelecidas pelo grau de risco da própria empresa, variando de 1% a 3%, índice que também terá efeitos sobre o FAP — Fator Acidentário de Prevenção, podendo tanto reduzi-lo em 50%, quanto aumentá-lo em 100%. Ou seja, há uma variação do prêmio obrigatório, agravado pelos índices da própria empresa, diante do risco da contratação como contrapartida. Diga-se e frise-se que este agravante não exclui eventos cuja causa acidentária nada tenha haver com a conduta da empresa. É líquido e certo que nestes incidem os eventos acidentários de trajeto, os atos do empregado (Fato da Vítima — Fator Humano) e até mesmo alguns decorrentes do NETEP (Nexo Técnico Epidemiológico), onde não há culpa, sequer dolo da empresa."

indenizado pela seguradora (contraprestação), ainda que tenha agido com culpa (negligência, imperícia, imprudência) e contribuído para a ocorrência do sinistro. As exceções ocorrem nos casos em que o segurado age com dolo, causando o acidente de forma proposital ou mesmo elevando o risco (em casos de embriaguez, por exemplo, onde pode ocorrer o chamado dolo eventual), onde as companhias seguradoras podem se recusar a pagar os danos causados no sinistro." O mesmo autor (2013, p. 881) termina lembrando que "as seguradoras, nestes casos de acidentes de trânsito, seguidamente exercem seu direito de regresso contra terceiros envolvidos, desde que comprovado que tenham agido com culpa ou dolo. Porém, ao contrário do tema ora debatido, trata-se de terceiros, pessoas que não contrataram o seguro e não tem direito à contraprestação, devendo indenizar a seguradora pelos prejuízos causados ao segurado."

Para afastar a cobertura do SAT para eventos acidentários nos quais a empresa agiu com negligência, é comum o argumento no sentido de que "o seguro acidentário, público e obrigatório, não pode servir de alvará para que empresas negligentes com a saúde e a própria vida do trabalhador fiquem acobertadas de sua irresponsabilidade, sob pena de constituir-se verdadeiro e perigoso estímulo a esta prática socialmente indesejável." (PULINO, 1996, p. 8). BRAMANTE (2011, p. 47) escreve, semelhantemente, que "o simples pagamento do SAT (Seguro Acidente de Trabalho) não constitui um *alvará ou salvo-conduto* para que as empresas atuem com negligência e despreocupação com a segurança no trabalho e/ou deixem de cumprir as normas de segurança do trabalho. Qualquer interpretação que conduza ao absurdo ou que resulte em *monetarização do direito à vida e à integridade física e psíquica* deve ser rechaçada, como se a regra fosse 'ou pague o SAT ou coloque os equipamentos de segurança que a lei determina'".[15]

15. No mesmo sentido: ALVES (2011, p. 222), IGNÁCIO (2007, p. 200), PEREIRA JUNIOR (2011, p. 73). CASTRO e LAZZARI (2004, p. 500) posicionam-se também nesse sentido ao defenderem que "a solidariedade social não pode abrigar condutas deploráveis como a do empregador que não forneça condições de trabalho indene de riscos de acidentes." ZIMMERMANN (2012, p. 151) vai mais longe ao pugnar que "não po-

Ora, é nítido o exagero nessas argumentações, considerando as múltiplas formas de prevenção e repressão a atos que possam comprometer o meio ambiente do trabalho, dirigidas às empresas, aqui novamente relacionadas: a) *responsabilidade administrativa*: fiscalização trabalhista, autuação e multas administrativas (CLT, art. 626 e seguintes); b) *responsabilidade tributária*: a contribuição ao SAT pode variar de acordo com o desempenho da empresa em relação à respectiva atividade econômica, apurado em conformidade com os resultados obtidos a partir dos índices de frequência, gravidade e custo dos acidentes de trabalho (Lei 10.666/2003, art. 10); c) *responsabilidade civil por danos individuais*: culpada por qualquer das modalidades de acidente de trabalho, típico ou equiparado, a empresa fica sujeita ao pagamento de indenização individual por danos materiais, morais e estéticos; d) *responsabilidade civil coletiva*: a depender da magnitude, gravidade e extensão dos danos, atingindo proporções transindividuais, poderão ser condenadas a pagar indenização por *dano moral coletivo*, independentemente das indenizações por danos individuais; e) *responsabilidade penal:* o art. 19, §2º, da Lei 8.213/1991 afirma constituir contravenção penal, punível com multa, a conduta de deixar a empresa de cumprir as normas de segurança e higiene do trabalho; além disso, o acidente de trabalho pode caracterizar crime de *perigo para a vida ou saúde de outrem* (CP, art. 132), de *homicídio culposo* (CP, art. 121, §3º) ou de *lesão corporal culposa* (CP, art. 129, § 6º). Todas essas formas de responsabilização não excluem, por óbvio, as ações administrativas e judiciais no sentido de forçar a empresa a implantar concretamente as normas de segurança e higiene do trabalho, por intermédiode ordenações de fazer ou de não fazer (ZIMMERMANN, 2012, p. 81-83).

---

de haver dúvida acerca da constitucionalidade do instituto da ARA [ação regressiva acidentária], pois se algo tivesse de ser qualificado como inconstitucional, seria a possibilidade de o mero pagamento do SAT eximir o empregador de qualquer responsabilidade residual, até mesmo em caso de majoração da alíquota em razão do FAP, inclusive por dolo ou culpa, pois isso sim, a nosso juízo, atacaria o princípio maior da dignidade da pessoa humana."

Assim sendo, caso não fossem admitidas as ações "regressivas" previdenciárias, propostas pelo INSS, nem por isso estar-se-ia num ambiente favorável e estimulante para que as empresas negligenciassem as normas de proteção da segurança e da higiene laborais. Todas as esferas de responsabilização empresarial incidem para que isso não aconteça, de forma que a severa intimidação jurídica e econômica já existe.

Outro argumento para afastar a cobertura do SAT para eventos acidentários culposos é a própria previsão legal contida no art. 120 da Lei 8.213/1991: a Lei dos Benefícios estaria suprimindo os atos negligentes da esfera de cobertura.[16]

---

16. Nesse sentido, há precedentes no Superior Tribunal de Justiça: "PREVIDENCIÁRIO. EMBARGOS DE DECLARAÇÃO. SEGURO DE ACIDENTE DO TRABALHO - SAT. ART. 22 DA LEI 8.212/91. ACIDENTE DO TRABALHO. AÇÃO DE REGRESSO MOVIDA PELO INSS CONTRA EMPREGADOR RESPONSÁVEL PELO ACIDENTE DO TRABALHO. ART. 120 DA LEI 8.213/91. EMBARGOS ACOLHIDOS SEM EFEITOS INFRINGENTES. 1. O direito de regresso do INSS é assegurado no art. 120 da Lei 8.213/1991 que autoriza o ajuizamento de ação regressiva em face da empresa empregadora que, por negligência quanto às normas padrão de segurança e higiene do trabalho indicados para a proteção individual e coletiva, causou o acidente do trabalho. 2. O Seguro de Acidente de Trabalho - SAT, previsto no art. 22 da Lei 8.212/91, refere-se a contribuição previdenciária feita pela empresa para o custeio da Previdência Social relacionado aos benefícios concedidos em razão do grau de incidência de incapacidade de trabalho decorrentes dos riscos ambientais do trabalho. 3. Da leitura conjunta dos arts. 22 da Lei 8.212/91 e 120 da Lei 8.213/91 conclui-se que o recolhimento do Seguro de Acidente de Trabalho - SAT não exclui a responsabilidade da empresa nos casos de acidente do trabalho decorrentes de culpa por inobservância das normas de segurança e higiene do trabalho. 4. Tendo o Tribunal de origem asseverado expressamente que os embargante foram negligentes com relação "às suas obrigações de fiscalizar o uso de equipamento de proteção em seus empregados, caracterizando claramente a culpa in vigilando", resta configurada a legalidade da cobrança efetuada pelo INSS por intermédio de ação regressiva. 5. Embargos de declaração acolhidos, sem efeitos infringentes para, tão-somente, esclarecer que o recolhimento do Seguro de Acidente do Trabalho - SAT não impede a cobrança pelo INSS, por intermédio de ação regressiva, dos benefícios pagos ao segurado nos casos de acidente do trabalho decorrentes de culpa da empresa por inobservância das normas de segurança e higiene do trabalho." (STJ, EDcl no AgRg nos EDcl no REsp 973.379/RS, Rel. Ministra ALDERITA RAMOS DE OLIVEIRA (DESEMBARGADORA CONVOCADA DO TJ/PE), 6ª TURMA, julgado em 06/06/2013, DJe 14/06/2013).

Mas, desde logo, o intérprete se perguntará: e os atos de imperícia ou de imprudência? Estariam cobertos pelo seguro acidentário, dado que o dispositivo legal não os menciona?

Segundo o escólio de MARTINEZ (2011, p. 124), "essa exclusão significa que sempre que os acidentes ocorrerem em razão de ato imperito ou imprudente das empresas, vale dizer, dos seus prepostos, não haverá o pressuposto para uma ação regressiva, que consiste num pequeno contrassenso da norma jurídica."

Essa interpretação se apega demais à literalidade do artigo da lei previdenciária: não se trata de um cochilo do legislador de 1991.

O art. 120, inciso I, não está se referindo, na verdade, à negligência como uma das expressões da culpa simples ou *stricto sensu*, ao lado da imperícia e da imprudência. A vontade da lei, à evidência, é penalizar, pela "ação de regresso", os responsáveis pela *omissão* (daí a expressão "negligência") *deliberada* em observar as normas padrão de segurança e higiene de trabalho, indicados para a proteção individual e coletiva, que expusesse o trabalhador a um risco anormal, exagerado, sem respaldo atuarial, *fora*, portanto, da cobertura do SAT.[17]

Por essas razões, o dispositivo legal, ainda que não literalmente, está se referindo ao *dolo*, não à culpa simples (em sentido próximo: SANCHEZ, 2009, p. 114-115).

Dolo não é apenas concebido como intenção direta (*dolo direto*), mas também como *risco*, vale dizer, quando o dano

17. IBRAHIM (2012, p. 72-75) pondera que "atuarialmente, a coberta previdenciária - incluindo a acidentária - é quantificada com base em determinadas premissas fundadas na sinistralidade média de determinado ambiente de trabalho. Caso haja um excesso de risco, provocado por descuido com a prevenção e cuidados com o meio ambiente do trabalho, além do desequilíbrio atuarial possivelmente provocado, não é socialmente adequado transferir o custo da irresponsabilidade alheia a toda a sociedade. Daí o substrato da ação regressiva acidentária. Inaceitável seria o INSS, em qualquer hipótese, agir visando ser ressarcido de gastos acidentários diversos. Não é essa a função da autarquia e nem mesmo do seguro social. A contribuição previdenciária existe, justamente, para cobrir o risco razoável, e, em tais situações, não há de se falar em ação regressiva."

não era propriamente o objetivo, mas o agente assume de forma consciente o risco de provocá-lo (COELHO, 2010, p. 322). É o dolo *indireto* ou *eventual*.

Essa maneira de ver o artigo resolve dois problemas importantes: fornece o porquê da previsão legal exclusiva da *negligência*, eliminando o contrassenso apontado por MARTINEZ, e compatibiliza a regra com o princípio geral dos seguros, no sentido de excluir apenas o dolo da cobertura securitária.

Havendo responsabilidade civil da empresa pelo acidente de trabalho (que possibilitaria reparação de danos pela via indenizatória individual), eventual pagamento de prestações previdenciárias pelo INSS somente daria ensejo à "ação regressiva" em caso de dolo, direto ou indireto, do empregador, dado que esse risco anormal não estaria coberto pelo SAT, como não estaria coberto por qualquer seguro privado (CARVALHO, 2013, p. 880-881). Não há porque diferenciar, nesse particular, o regime jurídico do seguro público-obrigatório do seguro privado-facultativo (SAAD, 1996, p. 149).[18]

4.4. A INCONSTITUCIONALIDADE DAS AÇÕES REGRESSIVAS COMO NOVA FONTE DE CUSTEIO DA SEGURIDADE SOCIAL

Outro argumento bastante comum para defender o cabimento e a legitimidade das ações regressivas previdenciárias é a busca da recomposição do erário, diminuído pelo pagamento das prestações previdenciárias, visando com isso a preservar o

18. Essa argumentação tende a acalmar as críticas mais contundentes quanto à proliferação das ações regressivas previdenciárias, especialmente em relação à tese da *dupla penalização*, segundo a qual, "não é razoável que, no momento da ocorrência de sinistro, [as empresas] sejam duplamente penalizadas, pois, além do pagamento das contribuições tem que indenizar a Autarquia pelo pagamento dos benefícios previdenciários aos segurados sinistrados ou seus dependentes." (CARVALHO, 2013, p. 880-881). Não é qualquer fato atribuído à empresa que estará fora da cobertura do SAT e possibilitará a "ação regressiva" do INSS, apenas os fatos realmente graves, que denotem *dolo*, desprezo pelas normas básicas de proteção ao trabalhador.

equilíbrio financeiro e atuarial do Regime Geral da Previdência Social, conforme art. 201, *caput*, da Constituição (ALVES, 2011, p. 220-222).

É a *função-recomposição* referida por BRAMANTE (2011, p. 18).

Segundo MACIEL (2010, p. 29), a pretensão ressarcitória do INSS "representa objetivo explícito ou imediato, cuja relevância no cenário nacional pode ser aquilatada a partir dos expressivos gastos suportados mensalmente pela Previdência Social a título de prestações acidentárias."

As "ações regressivas previdenciárias", nessa ótica, seriam destinadas a enfrentar o *déficit* da Previdência Social, o qual, como já se informou, está calculado em cerca de 200 bilhões de reais (2016).

Ora, se as ações propostas pelo INSS carecem de fundamento na teoria da responsabilidade civil, não havendo configuração nem de direito de regresso, nem de responsabilidade civil direta das empresas (não há dano, nem nexo causal), *parece que é essa única e verdadeira justificativa que embasa as iniciativas processuais das Procuradorias Federais que representam a autarquia previdenciária.*

Mas se o objetivo fundamental das "ações regressivas" é arrecadar fundos para a Previdência Social, não há como deixar de reconhecer a inconstitucionalidade do art. 120 da Lei 8.213/1991, que lhes dá base legal.

Isso porque as "ações regressivas" acabam por instituir uma fonte de custeio da seguridade social, a cargo da empresa, sem previsão no art. 195, I, da Constituição.[19] Em outras palavras, o

---

19. Art. 195. A seguridade social será financiada por toda a sociedade, de forma direta e indireta, nos termos da lei, mediante recursos provenientes dos orçamentos da União, dos Estados, do Distrito Federal e dos Municípios, e das seguintes contribuições sociais: I- do empregador, da empresa e da entidade equiparada na forma da lei, incidentes sobre: a) a folha de salários e demais rendimentos do trabalho pago ou creditados, a qualquer título, à pessoa física que lhe preste serviço, mesmo sem vínculo empregatício; b) a receita ou o faturamento; c) lucro.

INSS usa a "regressividade" do art. 120 da Lei 8.213/1991 como "nova contribuição social" destinada a custear a Previdência. É verdade que a própria Constituição permite que "a lei poderá instituir outras fontes destinadas a garantir a manutenção ou expansão da seguridade social" (CF, art. 195, § 4º), mas, para isso, terá que observar a exigência formal do art. 154, I, do texto constitucional: *edição de lei complementar*. Como a Lei 8.213/1991, contendo o art. 120 das "ações de regresso", e a Lei 13.846/19, contendo acréscimos ao dispositivo legal, são leis ordinárias – e não complementares – padece de inconstitucionalidade formal a nova forma de arrecadação de fundos encampada pelo INSS.

É uma pena, de fato, que o Supremo Tribunal Federal não tenha enfrentado a compatibilidade da "ação de regresso" do art. 120 da Lei 8.213/1991 com a Constituição, notadamente com o art. 195, I e §4º do texto constitucional.[20] A partir da desconstrução da tese da responsabilidade civil como espeque para as "ações regressivas previdenciárias", fica difícil afastar a natureza arrecadatória dessas ações, pelo que deveriam respeitar os limites constitucionais do poder exacional do Estado, o que não fazem. As "ações regressivas", como nova fonte de custeio da seguridade social, são inconstitucionais.

20. Nesse sentido: "DIREITO TRIBUTÁRIO. REPARAÇÃO DE DANOS DECORRENTES DE ACIDENTE DO TRABALHO. INSS. AÇÃO REGRESSIVA. RESPONSABILIDADE DO EMPREGADOR. DEBATE DE ÂMBITO INFRACONSTITUCIONAL. EVENTUAL VIOLAÇÃO REFLEXA DA CONSTITUIÇÃO FEDERAL NÃO VIABILIZA O MANEJO DE RECURSO EXTRAORDINÁRIO. ACÓRDÃO RECORRIDO PUBLICADO EM 13.3.2013. A controvérsia referente à ação regressiva do INSS em face do empregador, por reparação de danos decorrentes de acidente do trabalho, não alcança status constitucional, nos termos da jurisprudência pacífica desta Corte. Não há falar em afronta aos preceitos constitucionais indicados nas razões recursais, porquanto, no caso, a suposta ofensa somente poderia ser constatada a partir de análise restrita à legislação infraconstitucional que fundamentou o acórdão de origem (Lei nº 8.213/1991), o que torna oblíqua e reflexa eventual ofensa, insuscetível, portanto, de viabilizar o conhecimento do recurso extraordinário. Restou desatendida a exigência do art. 102, III, "a", da Lei Maior, nos termos da remansosa jurisprudência desta Corte. As razões do agravo regimental não são aptas a infirmar os fundamentos que lastrearam a decisão agravada. Agravo regimental conhecido e não provido." (STF, RE 763648 AgR, Relator(a): Min. ROSA WEBER, 1ª Turma, julgado em 16/09/2014, ACÓRDÃO ELETRÔNICO DJe-191 DIVULG 30-09-2014 PUBLIC 01-10-2014).

Alguns autores buscam fundamento constitucional para tais ações – afastando a pecha de inconstitucionais – no próprio o art. 7º, XXVIII, da Constituição, argumentando que "o referido dispositivo constitucional faz referência à indenização a que o empregador está obrigado quando incorrer em dolo ou culpa, assim não o faz do modo exclusivo aos danos causados aos trabalhadores, mas sim explicita uma regra de responsabilidade civil subjetiva que deve incidir nos casos de acidentes do trabalho, a qual alcança o dever de ressarcir os prejuízos causados culposamente à Previdência Social." (MACIEL, 2010, p. 59). Essa argumentação, quase sempre, cita as palavras do Desembargador Federal Volkmer de Castilho, do Tribunal Regional Federal da 4ª Região, relator para acórdão da Arguição de Inconstitucionalidade na Apelação Cível 1998.04.01.023654-8 (TRF) / 0005604-38.1997.404.7100, quando, interpretando o referido inciso constitucional, afirma que "a Constituição não diz que essa indenização é ao empregado. A Constituição diz que o empregador fica responsável por uma indenização se ele der causa ao acidente por culpa ou dolo. O direito dos trabalhadores urbanos e rurais é o seguro contra acidentes de trabalho; foi isso que se garantiu na Constituição".[21]

21. Para que o leitor possa visualizar melhor os debates que se deram nesse importante julgamento – e não apenas o conteúdo do voto divergente do Des. Fed. Volkmer de Castilho – optou-se por anexar o inteiro teor do acórdão, acompanhado das respectivas notas taquigráficas, fornecidas pelo Tribunal Regional Federal da 4ª Região (ANEXO 2). De qualquer forma, eis a ementa do julgado: "CONSTITUCIONAL. ARGÜIÇÃO DE INCONSTITUCIONALIDADE. INEXISTÊNCIA DE INCOMPATIBILIDADE ENTRE OS ARTS. 120 DA LEI Nº 8.213/91 E 7º, XXVIII, DA CF. Inocorre a inconstitucionalidade do art. 120 da Lei nº 8.213/91 (Art. 120. Nos casos de negligência quanto às normas padrão de segurança e higiene do trabalho indicadas para a proteção individual e coletiva, a Previdência Social proporá ação regressiva contra os responsáveis.) em face da disposição constitucional do art. 7º, XXVIII, da CF (Art. 7º. São direitos dos trabalhadores urbanos e rurais, além de outros que visem à melhoria de sua condição social: XXXVIII - seguro contra acidentes de trabalho, a cargo do empregador, sem excluir a indenização a que este está obrigado, quando incorrer em dolo ou culpa;), pois que, cuidando-se de prestações de natureza diversa e a título próprio, inexiste incompatibilidade entre os ditos preceitos. Interpretação conforme a Constituição. Votos vencidos que acolhiam ante a verificação da dupla responsabilidade pelo mesmo fato. Argüição rejeitada, por maioria." (TRF4, INAC 1998.04.01.023654-8, Corte Especial, Relator p/ Acórdão Manoel Lauro Volkmer de Castilho, DJ 13/11/2002).

Com todas as vênias, não é possível aceitar esse fundamento, que não se sustenta com o mínimo de hermenêutica constitucional.

O art. 7º da Constituição, donde se insere o inciso XXVIII, trata dos *direitos sociais dos trabalhadores urbanos e rurais*, ou seja, "direitos fundamentais do homem, de observância obrigatória em um Estado Social de Direito, tendo por finalidade a melhoria das condições de vida aos hipossuficientes, visando à concretização da igualdade social, e são consagrados como fundamentos do Estado democrático, pelo art. 1º, IV, da Constituição Federal." (MORAES, 2007, p. 428).

Todos os incisos que compõem o art. 7º tratam de direitos sociais dos trabalhadores, *impondo contrapartidas contra o Estado e contra as empresas*. Nenhum deles cria qualquer direitos *para* o Estado. É um contrassenso interpretativo ver, no inciso XXVIII, apenas o "seguro contra acidentes de trabalho" como direito social do trabalhador. A "indenização no caso de dolo ou culpa do empregador" só pode ser a indenização individual devida para o trabalhador, pois, somente nesse caso, trata-se de direito social. Não existe direito social do Estado, apenas direito social do trabalhador. O pretenso direito do Estado em se indenizar contra as empresas culpadas por acidentes de trânsito é pretenso direito estatal, jamais podendo ser considerado direito social do trabalhador.

Do mesmo modo, é de se questionar a possibilidade legal do ajuizamento de ações regressivas em face do autor da agressão doméstica.

Evidentemente, não se desconhece a complexidade das problemáticas relacionadas à violência de gênero, tampouco a premente necessidade de que o Estado promova políticas públicas no sentido de prevenir e erradicar todas as formas de violência contra a mulher.[22] De fato, debruçando-se sobre a nova modali-

22. O tema foi tratado com mais vagar no item 2.1 deste escrito.

dade de ação regressiva incluída pela Lei 13.846/19, não se discorda que "a mudança é bem relevante e se espera que possa desempenhar efeito pedagógico" (SERAU JUNIOR, 2019, p. 123).

No entanto, forçoso reconhecer que a própria Lei Maria da Penha contém contra-indicações que vão de encontro às disposições previstas no inciso II do art. 120 da Lei 8.213/91. Conquanto se refira especificamente ao procedimento de inquirição da vítima da agressão, é certo que a diretriz estipulada no art. 10-A, § 1º, III, da Lei Maria da Penha aplica-se a toda a forma de atuação estatal referente à prevenção e erradicação da violência doméstica, eis que erige como comando salutar a "não revitimização da depoente, evitando sucessivas inquirições sobre o mesmo fato nos âmbtos criminal, cível e administrativo, bem como questionamentos sobre a vida privada". O ajuizamento da ação regressiva esbarra na referida diretriz na medida em que acarreta a rememoração do ilícito praticado pelo agressor: quando instado a pagar indenização ao INSS, certamente o autor do crime, no exercício das prerrogativas expostas no art. 369 do CPC, tenderá a requerer a produção de todas as provas admitidas em direito, fato que resultará não raro uma nova exposição do sensível trauma já suportado pela vítima. Problemático cogitar, também, que um aspecto tão delicado da intimidade da mulher seja exposto numa lide travada entre o INSS e o autor do delito, sobretudo porque tal processo, por tergiversar arrecadação do erário da Fazenda Nacional e se encaixar na seara do Direito Público, contemplaria como regra a ampla divulgação (art. 3º, I, da Lei 12.527/11), o que violaria os direitos à honra e à imagem constitucionalmente consagrados (art. 5º, X, da CF).

Além disso, em que pese o discurso de que, ao permitir as ações regressivas fundadas na Lei Maria da Penha, o Estado pretendeu *educar* e *punir* os agressores, bem como *reparar* os danos da violência doméstica, de modo a tutelar a dignidade das mulheres, necessário obtemperar que tal intuito estritamente protetivo resta derrocado ao analisar-se a Lei 13.846/19 em sua inteireza.

Apesar de externar uma aparente preocupação para com a dignidade da mulher. no novel inciso II do art. 120 da Lei 8.213/91 existem variados excertos da Lei 13.846/19 que olvidam os interesses de seguradas que se encontram em diferentes situações de vulnerabilidade.

A título exemplificativo, tome-se o caso da limitação temporal da pensão por morte nas situações em que o dependente percebe concomitantemente pensão alimentícia temporária. Sobre o tema, a Lei 13.846/19 acrescentou o § 3º ao art. 76 da Lei 8.213/91, passando a dispor que "na hipótese de o segurado falecido estar, na data de seu falecimento, obrigado por determinação judicial a pagar alimentos temporários a ex-cônjuge, ex-companheiro ou ex-companheira, *a pensão por morte será devida pelo prazo remanescente na data do óbito*, caso não incida outra hipótese de cancelamento anterior do benefício" (grifos acrescentados).

Em que pese a expansão das entidades familiares reconhecidas pelo Estado,[23] não há como desconsiderar que parcela significativa das famílias brasileiras ainda pauta a sua organização pelo modelo patriarcal, no qual a esposa é incumbida da realização das tarefas relacionadas à administração do lar, ao passo que ao marido compete providenciar o rendimento do seu núcleo mediante trabalho externo. Neste intrincado contexto, a fixação de um termo final para o percebimento da pensão alimentícia – e da pensão por morte – é passível de contundentes críticas, como bem observa DIAS: "o parâmetro para a fixação dos alimentos é a necessidade, e não há como prever – a não ser por mero exercício de futurologia – que alguém, a partir de determinada data, vai conseguir se manter. (...) não se pode olvidar a dificuldade de

23. Nesse sentido, é a consagrada lição de Paulo LÔBO: "As constituições modernas, quando tratam da família, partiram sempre do modelo preferencial da entidade matrimonial (...) A Constituição brasileira inovou, reconhecendo não apenas a entidade matrimonial mas também outras duas explicitamente (união estável e entidade monoparental), além de permitir a interpretação extensiva, de modo a incluir as demais entidades implícitas (2011, p. 33).

acesso ao competitivo mercado de trabalho, principalmente de quem permaneceu dele afastado por alguns anos. Essa ainda é a realidade: as mulheres, com o casamento ou ao estabelecerem união estável (geralmente por exigência do varão), dedicam-se exclusivamente às tarefas domésticas e à criação dos filhos. Não há como fixar um prazo para que consigam sobreviver por conta própria" (2020, p. 821-823).

O raciocínio é extensível ao instituto da "pensão por morte temporária". De fato, retirar a verba previdenciária da ex-esposa/ex-companheira, que se dedicava exclusivamente à administração da própria residência, implica negar-lhe acesso à subsistência própria, pois a ausência de experiência com trabalhos externos dificulta a sua inserção no mercado de trabalho e, além disso, impede que continue no exercício da administração do lar, de modo a romper os próprios alicerces da seguridade social: propiciar segurança e estabilidade aos cidadãos em face dos riscos sociais.

No âmbito previdenciário, portanto, a fixação de um prazo de término da pensão por morte reflete um intuito exclusivo de minorar o déficit previdenciário, relegando-se a tutela da dignidade da segurada,[24] o que enfraquece o comprometimento da previdência social com os fins indicados na Lei Maria da Penha, especialmente em seu art. 3º, donde se extrai a *garantia do mínimo-existencial*. Não se pode descartar, portanto, que o foco principal da ação regressiva instituída no art. 120, II, da Lei 8.213/91 é o arrecadatório.

É claro que o equilíbrio financeiro e atuarial da previdência social interessa ao trabalhador e à vítima da violência doméstica, pois o pagamento de benefícios e serviços previdenciários depende disso. Mas esse é um problema que se insere no direito

24. SERAU JUNIOR, em posicionamento crítico ao dispositivo em comento, salienta que, "embora a pensão alimentícia temporária pareça estar bastante amadurecida no âmbito do Direito de Família (...) talvez seja prematura sua importação para o Direito Previdenciário. Os âmbitos protetivos são bastante distintos: de um lado, relações de conjugalidade onde há uma dependência econômica direta e pessoal; de outro, relações de dependência econômica impessoais, decorrentes da implementação de uma política pública a partir da percepção de um benefício previdenciário (2019, p. 89).

financeiro, não no direito social-previdenciário. Como bem observa MARTINEZ (2011, p. 119), "se não existisse o seguro de acidentes do trabalho (SAT), como era antes de 15.1.1919, emergiriam incertezas sobre o titular de um direito de ação, mas, como está presente há 91 anos existe esse seguro obrigatório, com o qual o INSS obtém as fontes de custeio necessárias para financiar as prestações correspondentes às eventuais reparações, resta ao trabalhador essa titularidade."

4.5. AÇÕES REGRESSIVAS PREVIDENCIÁRIAS E TUTELA DO DIREITO DIFUSO À HIGIDEZ DO PATRIMÔNIO PÚBLICO

Um último argumento quanto ao cabimento, pertinência e legitimidade das "ações regressivas previdenciárias" é apresentado por CERQUEIRA (2010, p. 167 e seguintes), no seguinte sentido: não é o patrimônio do INSS o atingido pela conduta negligente da empresa e pela violência doméstica, mas o *direito difuso à higidez do patrimônio público*. Assim sendo, o INSS figuraria como "como substituto processual na defesa de um direito de regresso *da coletividade* composta pelos contribuintes e segurados da Previdência Social." (CERQUEIRA, 2010, p. 170). O autor assemelha as ações regressivas previdenciáriascom as ações civis por ato de improbidade administrativa (CERQUEIRA, 2010, p. 172).

A ideia é realmente singular e criativa, mas peca pelo mesmo fundamento equivocado: imaginar que o desembolso das prestações previdenciárias, a quem reúne os requisitos legais para tanto, constitui dano ao patrimônio público. O ato ilícito praticado pelo empregador se dirige contra o empregado, que tem direito civil constitucional à indenização respectiva; o delito realizado pelo agressor se dirige contra a mulher em situação de vulnerabilidade, que detém igual direito de ressarcimento. O ilícito trabalhista não atinge a coletividade (mas se atingir uma coletividade de trabalhadores, haverá possibilidade de indenização por dano moral coletivo, além de tutela específica impondo obrigações de fazer ou de não fazer), do mesmo modo que o crime tem como sujeito passivo apenas a vítima a quem é direcionada a agressão. Não é possível comparar o ato ilícito do empregador, que atinge diretamente o trabalhador, tampouco o crime praticado pelo agressor, com o ato de improbidade administrativa, que atinge diretamente o patrimônio público. A ação de improbidade veicula direito difuso, porque, de fato, o patrimônio público é lesado com o ato corrupto. O pagamento de prestações previdenciárias não é consequência direta do ato ilícito, mas do preenchimento dos pressupostos legais de cada benefício ou serviço, nem todos diretamente ligados ao acidente de trabalho (como qualidade de segurado, carência etc.). O patrimônio público da seguridade social serve justamente para pagar benefícios previdenciários que garantam meios indispensáveis de manutenção aos trabalhadores e a seus dependentes. Esse mesmo patrimônio não serve, à evidência, para alimentar os corruptos e os devassadores do erário.

4.6. O PROBLEMA DA PREVENÇÃO DOS INFORTÚNIOS

Em suma, a crítica procede: as ações regressivas previdenciárias são incabíveis, senão inconstitucionais. As razões evocadas para sua justificação – direito de regresso e responsabilidade civil – não se ajustam à natureza de cada qual. Ainda que se admitisse a responsabilidade civil das empresas em ressarcir o INSS, a cobertura do SAT limitaria o ressarcimento às hipóteses de dolo. De igual parte, ainda que identificado o dever de indenizar do autor da violência doméstica em relação ao INSS, existem latentes óbices legais no que diz respeito à revitimização da mulher, à rememoração do ilícito e à possibilidade de exposição da intimidade familiar. Em função da desconstrução dos argumentos fundados no Direito Civil, fica patente a finalidade arrecadatória de tais ações, o que esbarra nos limites constitucionais para o poder exacional do Estado. Não basta a previsão legal (Lei 8.213/1991, art. 120), sem respaldo constitucional. A regressividade é apenas uma capa forjada para esconder o propósito de arrecadação de fundos para a previdência social.[25]

25. Nesse ponto, é importante ponderar, com SAVARIS (2013, p. 477) que "a importância do equilíbrio econômico dos orçamentos da seguridade social, se não pode ser

Mas nenhuma dessas conclusões conspira em favor da *irresponsabilidade* dos perpetradores de violência doméstica ou das empresas quanto à prevenção dos acidentes de trabalho, porquanto a ordem jurídica atual contempla uma série de mecanismos suficientes para coibir a violação dos deveres empresariais para com a segurança e a saúde dos trabalhadores e para tutelar o meio ambiente do trabalho, bem como para coibir a prática de violência doméstica e familiar.

Por fim, cabe uma ponderação *pragmática*: não obstante todos os óbices teóricos para a admissão das "ações regressivas" previdenciárias, *valeria a pena nelas apostar?* Valeria a pena nelas acreditar, para fins de proteção da higidez do ambiente do trabalho e prevenção de acidentes de trabalho,[26] bem como da proteção do ambiente familiar ou, como pretende a AGU, prevenir também acidentes de trânsito?

Não há dúvida que, para fins de arrecadação, as "ações regressivas previdenciárias" cumprem seu papel, contribuindo, em alguma medida, para enfrentar o déficit da Previdência Social e para equilibrar as contas públicas.[27]

---

desconsiderada, igualmente não pode ser vista como a meta das metas, ou como o objetivo fim. Não é aceitável, neste sentido, que a eficiência econômica das instituições públicas de proteção social seja perseguida mediante violação dos mais caros direitos dos cidadãos ou por uma aplicação judicial do direito orientada por critérios econômicos."

26. Segundo ZIMMERMANN (2012, p. 196), "o adequado manejo da ARA, portanto, pode colaborar com a melhoria das condições de segurança e higiene no trabalho e, consequentemente, com o resguardo da saúde e da vida dos trabalhadores, pois as empresas, ao perceberem a efetiva utilização do instituto, tenderão a optar pelo fiel cumprimento das normas legais para a manutenção de um ambiente de trabalho seguro e salubre a ter de suportar futuras responsabilizações, que poderão comprometer, inclusive, a estabilidade financeira do empreendimento, independentemente do seu porte, seja de forma direta (condenação econômica) ou indireta (perda de credibilidade diante da sociedade/consumidores em razão da reprovação imposta, que demonstra o desrespeito aos direitos dos trabalhadores)." Vários outros autores enfatizam a *função preventiva* das ações regressivas previdenciárias: MARQUES (1996, p. 478), PULINO (1996, p. 8), HORVATH JUNIOR (2002, p. 34-41), IGNÁCIO (2007, p. 199), MACIEL (2010, p. 30-33), BRAMANTE (2011, p. 18).

27. Com a ampliação do ajuizamento de ações, a expectativa de ressarcimento é sempre maior. Confira: http://www.agu.gov.br/page/content/detail/id_conteudo/307044

Entretanto, é difícil fazer qualquer correlação entre as ações já ajuizadas e os acidentes de trabalho culposos ou mesmo acidentes de trânsito e agressões contra a mulher. Particularmente, os acidentes de trabalho continuam crescendo nos últimos anos,[28] mas as estatísticas não trazem os totais de acidentes ocorridos por culpa do empregador. Não estão disponíveis dados suficientes para avaliar a eficácia *pedagógica* ou *preventiva* das ações regressivas ajuizadas pelas Procuradorias Federais.

Também, é de se questionar se a adição de mais uma sanção pecuniária ao agressor doméstico seria medida útil para a inibição do ilícito. Isso porque a própria Lei Maria da Penha, embora elogiada pela parcela majoritária da comunidade nacional e internacional, não foi totalmente apta a coibir o crescimento da violência doméstica.

Com efeito, o "Mapa da violência de 2015" – pesquisa já mencionada anteriormente – diagnosticou que, no ano de publicação da Lei Maria da Penha, houve uma brusca queda das taxas de homicídio de mulheres: em 2006, registrou-se homicídio de 4,2 mulheres a cada 100.000 habitantes, enquanto, no ano de 2007, tal taxa passou ao índice de 3,9 homicídios a cada grupo de 100.000 mulheres. No entanto, nos anos subseqüentes à vigência da Lei Maria da Penha, o índice de violência contra mulheres sofreu brusca majoração, ultrapassando, inclusive, o patamar anterior à publicação da Lei 11.340/06. A título comparativo, denota-se que, no ano de publicação da Lei Maria da Penha, o índice de homicídio de mulheres a cada 100.000 habitantes era de 4,2; quatro anos após esse marco, tal índice aumentou para 4,6 mulheres a cada 100.000 e, seis anos após, para 4,8 mulheres assassinadas a cada 100.000 habitantes.[29]

28. Confira: http://www.tst.jus.br/documents/1199940/1207004/Estat%C3%ADstica.

29. Mapa da violência 2015: homicídio de Mulheres no Brasil. Disponível em: https://www.mapadaviolencia.org.br/pdf2015/MapaViolencia_2015_mulheres.pdf. Acesso em: 15/fev./2020.

A conclusão do relatório é a de que, "se num primeiro momento, em 2007, registrou-se uma queda expressiva nas taxas, de 4,2 para 3,9 por 100 mil mulheres, rapidamente a violência homicida recuperou sua escalada, ultrapassando a taxa de 2006".[30]

Sem elementos empíricos confiáveis sobre a real eficácia do instituto, qualquer aposta nas "ações regressivas previdenciárias", como instrumento de prevenção, torna-se pura intuição ou especulação, podendo mascarar o objetivo meramente arrecadatório dessas iniciativas processuais. Revela-se indispensável a produção de pesquisas estatísticas sobre o impacto dessas ações sobre a ocorrência de infortúnios laborais e ilícitos contra a mulher, de modo a legitimar, ao menos pragmaticamente, as "ações regressivas previdenciárias".

De qualquer sorte, a prevenção é mais bem conduzida com medidas efetivamente preventivas, como a intensificação da fiscalização administrativa do trabalho, das ações judiciais inibitórias e das medidas educativas previstas no art. 8º, V, da Lei 11.340/06.[31]

O importante, de fato, é evitar que o infortúnio aconteça.

4.7. AÇÕES REGRESSIVAS PREVIDENCIÁRIAS *VERSUS* ACIDENTÁRIAS

Já foi noticiado neste livro que o objeto das ações regressivas do INSS tem se alargado para abranger o ressarcimento *de qualquer despesa previdenciária decorrente de atos ilícitos* – inclusive, tal pauta integrou a Lei 13.846/19, que alargou as hipóteses de

30. Idem, p. 15.

31. Nesse sentido, inclusive, Maria Berenice DIAS salienta a relevância ímpar de as entidades paralelas ao Estado promoverem medidas educativas no sentido de gerar uma conscientização da população sobre a necessidade de erradicação da violência doméstica: "Necessário assim que as universidades, organizações não governamentais, serviços voluntários se disponham a concretizar esta que é a mais eficaz arma para coibir a violência doméstica: gerar no agressor a consciência de que ele não é o proprietário da mulher, não pode dispor de seu corpo e muito menos comprometer impunemente sua integridade física, higidez psicológica e liberdade sexual" (2019, p. 158-159).

cabimento de tal instrumento processual. Atualmente, é certo que o ajuizamento de ações regressivas pelo INSS independerá de sua relação com o descumprimento de normas de proteção da saúde, higiene e segurança do trabalho.

Nesse sentido, a Portaria Conjunta da Procuradoria Geral Federal e da Procuradoria Federal Especializada junto ao INSS 6/2013 (ANEXO 1) considera ação regressiva previdenciária "a ação que tenha por objeto o ressarcimento ao INSS de despesas previdenciárias determinadas pela ocorrência de atos ilícitos" (art. 2º), compreendendo por "atos ilícitos suscetíveis ao ajuizamento de ação regressiva os seguintes: I- o descumprimento de normas de saúde e segurança do trabalho que resultar em acidente de trabalho; II- o cometimento de crimes de trânsito na forma do Código de Trânsito Brasileiro: III- o cometimento de ilícitos penais dolosos que resultarem em lesão corporal, morte ou perturbação funcional." (art. 4º).

A partir da Lei 13.846/19, as ações regressivas, portanto, deixam de ser apenas *acidentárias*, para assumirem extensão de *ações regressivas previdenciárias*, ou *universais*, na terminologia proposta por SAVARIS (2013, p. 481), uma vez que não mais se limitam ao ressarcimento de valores pagos a título de benefícios acidentários, abrangendo também benefícios não decorrentes de acidente de trabalho – como pode se depreender do inciso II do art. 120 da Lei de Benefícios da Previdência Social.

Seguindo essa linha, ZIMMERMANN (2014, p. 83) e a "Cartilha de Atuação nas Ações Regressivas Previdenciárias da Advocacia-Geral da União" acrescentam denominações específicas, como *ações regressivas Maria da Penha* – prevista no art. 120, II, da Lei 8.213/91 – e *ações regressivas de trânsito*.[32]

É evidente que todas as modalidades de "ações regressivas" previdenciárias, sejam acidentárias, sejam as de trânsito, ou

32. "Cartilha de Atuação nas Ações Regressivas Previdenciárias". Disponível em: <http://www.compromissoeatitude.org.br/wp-content/uploads/2014/03/AGU_cartilhaacoesregressivasprevidenciarias2014.pdf>.

mesmo as referentes à Lei Maria da Penha, padecem dos mesmos obstáculos jurídico-constitucionais expostos anteriormente.

Nenhuma delas consegue respaldo suficiente na teoria da responsabilidade civil, de modo que os arts. 186 e 927 do Código Civil não lhes favorecem, nem fundamentam.

Não se trata de ação de regresso, nem de responsabilidade civil direta, como se demonstrou. Trata-se de mais uma fonte de custeio para a seguridade social, inconstitucionalmente instituída e ideologicamente justificada como meio de desestímulo econômico à inobservância das normas de segurança, higiene e saúde do trabalho e à perpetração de violência doméstica. Mas os fins não justificam os meios. Não há pragmatismo saudável com abuso de poder exacional ou, como prefere SAVARIS (2013, p. 485), "deve a entidade previdenciária orientar-se, pois, pelas exigências constitucionais de uma sociedade que pretende ser livre justa e solidária, e não pela racionalidade econômica revestida, na insustentável tese, como uma genial sacada fundada na responsabilidade civil."

As demais espécies de "ações regressivas", afora àquelas previstas nos incisos do art. 120 da Lei 8.213/91 – como as baseadas em infrações de trânsito – sequer são dotadas de semelhante fundamento legal (ROCHA; BALTAZAR JUNIOR, 2014, p. 498-499). O Código Civil não as sustenta e a legislação previdenciária as abandona. Essas ações específicas – de trânsito – são ainda mais ilegítimas e descabidas do que as acidentárias ou fundadas na Lei Maria da Penha.

É inviável, como bem anota SAVARIS (2013, p. 481), "a interpretação extensiva da norma jurídica que permite o ajuizamento da ação regressiva pelo INSS para toda e qualquer hipótese em que a cobertura previdenciária relacionada à incapacidade para o trabalho, à redução da capacidade para o trabalho, ou ao óbito do segurado do RGPS, deriva de uma ação ilícita de outrem." De outra forma, "a ação ilícita imputada a terceiro, ao violar exclusivamente direito da vítima — que dentre tantas outras relações jurídicas que porventura mantivesse ao tempo da realização do evento danoso, poderia ser também segurada da Previdência Social — não viola direito da Administração Previdenciária." (SAVARIS, 2013, p. 483-484).

As "ações regressivas" não acidentárias (art. 120, I) e não fundadas na Lei Maria da Penha (art. 120, II), além de carecerem de sustentação na responsabilidade civil, também são destituídas de qualquer fundamentação legal, razão pela qual violam o princípio da legalidade, que deve ser a "válvula motriz" da administração pública, nas palavras de BALERA e AGOSTINHO (2013, p. 178-179).

Conclui-se que as "ações regressivas" previdenciárias não acidentárias e não fundadas na agressão doméstica (de trânsito), além da inconstitucionalidade que lhes informa a instituição – constituem novas fontes de custeio da seguridade social, sem observância dos limites constitucionais formais do poder de arrecadar – ainda acumulam a inconstitucionalidade pela violação do princípio da legalidade (CF, art. 37).

Como se pode ver, as "ações regressivas" previdenciárias não podem, de fato, serem admitidas. Seu intuito é meramente arrecadatório, ainda que o discurso oficial busque justificá-las com argumentos mais nobres, como o da prevenção e o do desestímulo econômico aos atos ilícitos.

Dessa maneira, o objeto das "ações regressivas", caso ainda persistam, deve se limitar às acidentárias e de violência doméstica ou familiar contra a mulher, as quais, ao menos, detêm respaldo legal (art. 120 da Lei 8.213/1991).

4.8. A CARÊNCIA DE INTERESSE PROCESSUAL PARA O PEDIDO REGRESSIVO

O pedido condenatório formulado nas ações "regressivas" acidentárias é juridicamente impossível, pois não há, *a priori*, direito de regresso, nem responsabilidade civil ligando a empresa culpada pelo acidente de trabalho e a autarquia previdenciária. O que o art. 120 da Lei 8.213/1991 faz, ao menos em relação às "regressivas acidentárias" e "regressivas Maria da Penha", é criar uma nova fonte de custeio para a seguridade social, o que, como se viu, viola a Constituição Federal. O texto constitucional permite a instituição de outras fontes destinadas a garantir a manutenção ou expansão da seguridade social (CF, art. 195, §4º), mas para isso deve ser editada lei complementar (CF, art. 195, §4º, combinado com art. 154, I), o que não se deu no caso.

Assim sendo, do ponto de vista processual, a petição inicial de uma ação "regressiva" previdenciária proposta pelo INSS, seja qual for a amplitude de seu objeto, seria considerada inepta, dado que qualquer pedido, nesse sentido, seria *juridicamente impossível*, atraindo a regra contida no art. 295, I, e parágrafo único, III do CPC/1973.

A possibilidade jurídica do pedido, como condição da ação,[33] foi, no entanto, abolida do Código de Processo Civil 2015, permanecendo apenas o interesse processual e a legitimidade *ad causam* (arts. 17, 330 e 485, VI).

Dessa forma, os casos que anteriormente eram tratados como hipóteses de *impossibilidade jurídica do pedido*, agora devem ser tratados como hipóteses de *carência de interesse processual*, dado que ao se demonstrar que o pedido jamais poderia ser outorgado por falta de amparo no direito substancial, isso revelaria falta de interesse no respectivo provimento jurisdicional, uma vez que esse não poderia ser concedido para debelar a situação lamentada (MARINONI; ARENHART; MITIDIERO, 2015, p. 119-121).

Com esse novo desenho processual, a petição inicial de uma "ação regressiva previdenciária" deve ser indeferida de plano, porquanto o autor (o INSS) *carece de interesse processual*, nos termos do art. 330, III, do CPC, levando à extinção do processo,

33. Parte significativa da doutrina processual vem defendendo que a categoria das *condições da ação* não foi recepcionada pelo Código de Processo Civil 2015. Confira-se, por exemplo, MARINONI, ARENHART e MITIDIERO (2015, p. 119-121) e DIDIER JUNIOR (2018, p. 358-361).

sem resolução de mérito, forte no art. 485, I, do mesmo diploma legal.

Caso a fase de controle da admissibilidade da petição inicial já tenha se exaurido, com a citação do réu, o processo deve ser extinto, sem resolução de mérito, por *carência de interesse processual,* nos termos do art. 485, VI, do CPC, a qualquer tempo e em qualquer grau de jurisdição (CPC, art. 485, §3º).

A postulação de ressarcimento aos cofres públicos por prestações previdenciárias regularmente pagas ao trabalhador acidentado ou à vítima da violência doméstica não encontra respaldo na ordem jurídica, sejam quais forem os fatos alegados pela Procuradoria Federal que represente a autarquia previdenciária. Não há direito regressivo possível, nem se apresentam os pressupostos da responsabilidade civil extracontratual. O art. 120 da Lei 8.213/1991 não trata de responsabilidade civil. O que esse dispositivo legal autoriza, repita-se, é uma nova fonte de recursos destinada a garantir a manutenção ou expansão da seguridade social. No entanto, essa arrecadação suplementar esbarra na Constituição, reforçando a impossibilidade jurídica do pedido condenatório e a consequente carência de interesse processual no respectivo provimento judicial.

Se há algum escopo punitivo ou preventivo nessas ações condenatórias, isso não tem o condão de alterar a natureza arrecadatória da regra que lhe dá suporte. Mesmo os tributos *extrafiscais,* cujos objetivos são regulatórios, não deixam de serem tributos e de se submetem às limitações constitucionais do poder de tributar. O pedido que o INSS formula nessas ações é tipicamente condenatório, no sentido de angariar dinheiro para a seguridade social.

Quando o INSS afirma, nas suas petições iniciais, que a empresa ré causou, por negligência na observância das normas de segurança do trabalho, dano ao trabalhador, ele está deduzindo os pressupostos de responsabilidade civil da empresa para com o próprio trabalhador. A afirmação de que, em função do acidente, o INSS está pagamento prestações previdenciárias ao trabalhador segurado do RGPS, não tem nexo causal com a conduta da empresa.

Igualmente, a violência doméstica se trata de ilícito desprendido da concessão de benefício por incapacidade à vítima ou de pensão por morte aos seus dependentes, porquanto o fundamento da prestação previdenciária encontra guarida na própria jusfundamentalidade do acesso à previdência social e no princípio da solidariedade constitucional (SERAU JUNIOR, 2015, p. 31-32).

O que causa o pagamento dos benefícios e serviços previdenciários é o preenchimento de todos os requisitos legais de cada prestação, nem todos dizendo respeito ao acidente em si. De outro lado, como tal pagamento decorre da própria função constitucional da seguridade social, não há dano a ser reparado. Em outras palavras, toda a causa de pedir das "ações regressivas" do INSS não se enquadra nos pressupostos da responsabilidade civil para gerar o direito ao ressarcimento. Por isso, o pleito condenatório visa, diretamente, a angariar fundos para a seguridade social, usando-se o subterfúgio legal da regressividade. Qualquer evocação de atuação preventiva é meramente reflexa.

4.9. REVENDO A NATUREZA DA AÇÃO: DE AÇÕES REGRESSIVAS PREVIDENCIÁRIAS PARA AÇÕES DE RESSARCIMENTO *SUI GENERIS*

Não obstante tudo o que se disse, as "ações regressivas", em sua grande maioria "acidentárias", continuam a proliferar na Justiça Federal, que tem acatado a possibilidade jurídica desses pedidos e o respectivo interesse processual.

Apenas por essa razão pragmática é que este livro segue em frente, para analisar os aspectos processuais dessas ações.

Mas, antes, é preciso encontrar *uma* "natureza jurídica" para as ações fundadas no art. 120 da Lei 8.213/1991, sem a qual não é possível avaliar as demais consequências jurídicas, dentre as quais o seu regime processual.

Considerando todas as imprecações doutrinárias formuladas contra essas ações, o melhor método é o *eliminatório*, partindo-se da exclusão daquilo que, definitivamente, não condiz com a natureza dessas ações, para se chegar a alguma possibilidade mais razoável ou aceitável.

Assim, procedendo-se à eliminação, conforme tudo o que já foi exposto, tem-se que tais ações, forjadas a partir do art. 120 da Lei 8.213/1991:

1. Não constituem ações de responsabilidade civil e, portanto, nada tem a ver com pleitos de indenização;
2. Também não dizem respeito ao direito de regresso, instituto veiculado à responsabilidade civil e que possui pressupostos próprios, também não atendidos pela causa de pedir dessas ações.
3. Por ausência de dano ao erário, não se pode falar em ofensa ao direito difuso à higidez do patrimônio público, nem aplicar as disposições pertinentes ao Direito Processual Coletivo.
4. Por outro lado, havendo efetiva responsabilidade civil da empresa pelo acidente de trabalho, que possibilitaria reparação de danos pela via indenizatória individual, eventual pagamento de prestações previdenciárias pelo INSS somente daria ensejo à ação do art. 120, inciso I, da Lei 8.213/1991 em caso de *dolo*, direto ou indireto, do empregador, dado que esse risco anormal não estaria coberto pelo SAT, como não estaria coberto por qualquer seguro privado.
5. Além disso, as "ações regressivas" previdenciárias não fundadas em incidente de acidente de trabalho ou violência doméstica(como a *de trânsito*) devem ser excluídas, por completo, do âmbito de possibilidade jurídica/interesse processual, dado que, além dos demais obstáculos jurídicos, sequer ostentam respaldo legal.

Feitas essas exclusões, concluiu-se que o art. 120 da Lei 8.213/1991 criou, na verdade, duas obrigações *ex lege* e *atípicas* de ressarcimento ao erário.

As obrigações consistem em ressarcir os cofres da Previdência Social de todo o quanto foi pago ao trabalhador acidentado, ou a seus dependentes, a título de prestações previdenciárias (benefícios e serviços), quando houver *dolo* do responsável pela ocorrência do acidente de trabalho, igualmente ao quanto foi pago à mulher incapacitada ou aos seus dependentes em decorrência da prática de violência doméstica ou familiar.

As obrigações são *ex lege*, simplesmente porque criadas por lei. Não derivam de ajuste de vontades, negócio jurídico ou de atos unilaterais.

As obrigações são *atípicas* porque não conseguem se enquadrar em nenhum padrão ou instituto jurídico conhecido. Não é responsabilidade civil, não é direito de regresso, não é direito tributário, nem direito coletivo ou previdenciário. Nenhum ramo do Direito consegue fornecer *uma* natureza jurídica para essas ações. O legislador da Lei dos Benefícios Previdenciários de 1991 emprestou do Direito Civil a denominação "ação de regresso" por não encontrar outra melhor: mas o *nomen juris* associado à ação, sabe-se há muito, não é suficiente para definir a sua natureza.[34]

As novas obrigações impostas aos responsáveis pelo acidente de trabalho, ou violência doméstica ou familiar, apesar de atípicas, *são legais*, o que tem salvado a sua existência (SAVARIS, 2013, p. 478-479). Seria suficiente para respaldar as ações da Previdência Social, não fosse a inconstitucionalidade

34. O Des. Fed. José Germano da Silva, do TRF4, no sempre citado julgamento da Arguição de Inconstitucionalidade do art. 120 da Lei 8.213/1991, reconheceu essa circunstância: "Então, se o legislador chamou de ação regressiva o que não é ação regressiva, isso não importa. O que parece é que está claro para todos que há uma obrigação de quem foi negligente em indenizar o segurador público." (ANEXO 2: TRF4, INAC 1998.04.01.023654-8, Corte Especial, Relator p/ Acórdão Manoel Lauro Volkmer de Castilho, DJ 13/11/2002).

formal já denunciada neste livro: a obrigação cria uma nova fonte de custeio para a seguridade social, sem a edição de lei complementar.

Portanto, as obrigações *ex lege* e *atípicas* do art. 120 da Lei 8.213/1991 são inconstitucionais.

Não obstante, os tribunais não têm reconhecido essa inconstitucionalidade.[35]

Abstraindo-se esse vício, o que sobra é uma *ação de ressarcimento sui generis*.

Essa nova fonte de custeio da seguridade social se baseia no ressarcimento das prestações previdenciárias vertidas para o trabalhador acidentado ou à vítima de atos de violência doméstica. É *ressarcimento*, e não outra coisa, porque seu objeto mediato é limitado ao dinheiro que corresponda exatamente ao que foi e ao que será pago ao trabalhador acidentado ou à mulher prejudicada pela violência.

Esse ressarcimento é *sui generis* porque a obrigação que lhe dá origem é *atípica*. Tal obrigação de ressarcir não deriva do Direito Civil, nem de qualquer outro ramo jurídico. Está contida na legislação previdenciária, mas não é, propriamente, instituição de Direito Previdenciário.

A *pretensão ressarcitória sui generis,* fulcrada no art. 120 da Lei 8.213/1991, será exercida pela Previdência Social.

Tal pretensão ressarcitória será deduzida em juízo através da *ação de ressarcimento sui generis*.

Esse inédito *nomen juris* expressa, mais adequadamente, a "natureza jurídica" dessas ações, sem apego à literalidade do dispositivo legal, que tantos equívocos doutrinários e jurisprudenciais provocou.

35. Vide ANEXO 2: TRF4, INAC 1998.04.01.023654-8, Corte Especial, Relator p/ Acórdão Manoel Lauro Volkmer de Castilho, DJ 13/11/2002.

Assim, toda a reflexão processual que será iniciada a seguir partirá do princípio que as "ações regressivas previdenciárias" são, na verdade, *ações de ressarcimento sui generis*, derivadas da obrigação atípica criada pelo art. 120 da Lei 8.213/1991, desligada da responsabilidade civil.

Os pressupostos para esse ressarcimento público atípico abrirão o próximo capítulo.

5

ASPECTOS PROCESSUAIS DA AÇÃO DE RESSARCIMENTO *SUI GENERIS* ("AÇÃO REGRESSIVA PREVIDENCIÁRIA")

5.1. PRESSUPOSTOS, CAUSA DE PEDIR E INTERESSE PROCESSUAL

Segundo DIDIER JUNIOR (2018, p. 638), "a causa de pedir é o fato ou conjunto de fatos jurídicos (fato(s) da vida juridicizado(s) pela incidência da hipótese normativa) e a relação jurídica, efeito daquele fato jurídico, trazidos pelo demandante como fundamento do seu pedido."

Partindo da abstração de que as ações de ressarcimento *sui generis*, sucedâneas das "ações regressivas previdenciárias" são possíveis e constitucionais, é necessário externar-lhes, dentro de uma perspectiva crítica, os pressupostos gerais que comporão a sua causa de pedir.

Em primeiro lugar, repita-se, apenas as "ações regressivas" expressamente fundadas no art. 120 da Lei 8.213/91 podem ser admitidas, isto é, apenas aquelas calcadas na "negligência quanto às normas padrão de segurança e higiene do trabalho indicadas para a proteção individual e coletiva" (inciso I) e na "violência doméstica e familiar contra a mulher, nos termos da Lei nº 11.340, de 7 agosto de 2006" (inciso II). As demais modalidades de ações "regressivas", como as de trânsito, sequer ostentam fundamento legal autorizador, não havendo como evocar os institutos da responsabilidade civil para amparar essas impossíveis pretensões arrecadatórias..

No que tange às ações de ressarcimento *sui generis* "acidentárias", extraem-se do próprio art. 120, inciso I, da Lei 8.213/1991 os seus pressupostos, dado que não se trata de hipótese de responsabilidade civil.

Não são os elementos do direito regressivo ou da responsabilidade civil que deverão ser evocados. À exaustão se procurou mostrar que o Direito Civil não ampara as pretensões "regressivas" propostas pelo INSS. A nova, embora inconstitucional, fonte de custeio para a seguridade social, instituída pelo art. 120 da Lei de Benefícios, exige pressupostos próprios, como uma obrigação *ex lege*, atípica, sem qualquer correlato no sistema jurídico nacional.[1]

É do próprio art. 120, inciso I, que deverão, portanto, exsurgir os pressupostos para as ações de ressarcimento acidentárias da Previdência Social: "nos casos de negligência quanto às normas padrão de segurança e higiene do trabalho indicados para a proteção individual e coletiva, a Previdência Social proporá ação regressiva contra os responsáveis."

Quando esse dispositivo da legislação previdenciária fala em "ação de regresso"/"ação regressiva" não está tratando da ação *in rem verso* do direito civil. A expressão, na lei, é utilizada apenas para referir a possibilidade, *sui generis*, da Previdência Social se ressarcir com um terceiro daquilo que regularmente pagou para o trabalhador acidentado. Como se viu, não se trata de dano ao patrimônio público, nem de ato ilícito praticado *contra* a

1. Por isso não tem razão MARQUES (1996, p. 478), quando arrola pressupostos das ações regressivas, forjados na responsabilidade civil: "a) ação ou omissão de pessoas detentora do dever legal de evitar o resultado, que ocorrendo, provoca um prejuízo ao erário público [sic]; b) a responsabilidade objetiva da autarquia que indeniza o acidente do trabalho, provocado por negligência da empresa; c) desfalque do patrimônio público, em razão da outorga de qualquer tipo de benefício, devendo-se reintegrar o patrimônio ao *satus quo ante*." Note-se que o autor confunde Direito Civil com Direito Previdenciário e encara o pagamento de benefícios previdenciários como indenização.

seguridade social. Aqui o dispêndio financeiro, passível de ressarcimento, é decorrência do próprio sistema de seguridade social fundado com a Constituição Federal.

Dessa forma, o primeiro pressuposto das ações de ressarcimento *acidentárias*, sem o qual haverá carência de ação por falta de interesse de agir, é a regular concessão *e o pagamento*, ao trabalhador ou aos seus dependentes, de qualquer prestação previdenciária (benefícios ou serviços), em decorrência do acidente de trabalho *lato sensu* (típico ou equiparado). Esse pressuposto essencial deverá ser comprovado de plano, por meio de prova documental anexada à petição inicial. Quando a Previdência Social prova que começou a pagar a prestação acidentária, resta afirmada a existência do próprio acidente de trabalho, fato sem o qual o benefício não seria pago. Como salienta MARTINEZ (2011, p. 125), "dada a sua natureza, a ação regressiva não diz respeito ao acidente do trabalho, mas ao infortúnio laboral que seja possível atribuir-se culpa pela ocorrência à empresa, ônus jurídico caracterizado pelo uso da expressão legal "negligência"".

O segundo pressuposto é a responsabilidade do terceiro-réu pela ocorrência do acidente de trabalho. O art. 120, inciso I, apenas autoriza o ressarcimento *sui generis* quando houver um responsável pelo acidente de trabalho, que contribuiu decisivamente para o evento danoso (dano para o trabalhador), ante a sua "negligência quanto às normas padrão de segurança e higiene do trabalho indicados para a proteção individual ou coletiva."

Se o acidente de trabalho se deu por obra do acaso, por caso fortuito, ou por culpa exclusiva da vítima, a ação ressarcitória atípica não tem cabimento, mesmo se admitindo a sua possibilidade jurídica/interesse processual.

Em caso de culpa concorrente entre empresa e trabalhador, deve-se reduzir proporcionalmente o valor do ressarcimento.[2]

---

2. Nesse sentido: ADMINISTRATIVO. AÇÃO REGRESSIVA DE INDENIZAÇÃO. CULPA CONCORRENTE COMPROVADA. RESPONSABILIZAÇÃO DA EMPRESA NO LIMITE DA SUA CULPA. O artigo 120 da Lei nº 8.213/91 é claro ao vincular o direito de regresso da au-

Mas não basta qualquer patamar de *culpa* pelo acidente de trabalho para autorizar tão excepcional ação.

O art. 120, inciso I, quando fala de *negligência*, não está se referindo às expressões da culpa simples ou *stricto sensu*, ao lado da imperícia e da imprudência. *Mais uma vez*: esse dispositivo legal não trata de responsabilidade civil! Essa nova fonte de custeio visa a atingir, exclusivamente, os responsáveis pela *omissão* (daí o termo "negligência") *deliberada* em observar as normas padrão de segurança e higiene de trabalho, indicados para a proteção individual e coletiva, que exponha o trabalhador a um risco anormal, exagerado, sem respaldo atuarial, fora da cobertura do SAT, como já se viu (IBRAHIM, 2012, p. 72-75).

A cobertura securitária obrigatória tem que fazer essa diferença.

E, como em qualquer tipo de seguro, público ou privado, obrigatório ou facultativo, a cobertura somente não abrange o risco exagerado e completamente imprevisível.

Por essas razões é que se pode crer que o inciso do dispositivo legal está se referindo ao *dolo* e não à culpa simples. Tanto o dolo direto como o dolo indireto ou eventual.

Repita-se: havendo responsabilidade civil da empresa pelo acidente de trabalho, eventual ressarcimento *sui generis* de prestações previdenciárias somente daria ensejo à "ação regressiva" em caso de dolo, direto ou indireto, do empregador ou terceiro, dado que esse risco anormal não estaria coberto pelo SAT, como não estaria coberto por qualquer seguro privado (COL, 2005, p. 326).

---

tarquia previdenciária à comprovação da negligência por parte do empregador quanto às normas padrão de segurança e higiene do trabalho, indicadas para a proteção individual e coletiva. Comprovada a culpa do trabalhador, mas também a culpa concorrente da empresa, que deixou de cumprir diversas normas regulamentadoras referentes à segurança e saúde do trabalhador, devendo ressarcir metade do valor despendido pelo INSS a título de benefício previdenciário. (TRF4, APELREEX 5008930-78.2012.404.7104, 3ª Turma, Relatora p/ Acórdão Salise Monteiro Sanchotene, juntado aos autos em 12/12/2014).

Para a típica ação de responsabilidade civil do trabalhador acidentado contra a empresa, vale dolo e culpa *stricto sensu*. Para a anômala ação de ressarcimento *sui generis* da Previdência Social vale apenas dolo, ante a cobertura securitária oficial para as demais hipóteses.

Em suma, os pressupostos legais que comporão a causa de pedir das ações de ressarcimento *sui generis* acidentárias são dois: a) concessão e pagamento de prestação acidentária ao trabalhador ou a seus dependentes; b) responsabilidade *dolosa* do empregador ou de terceiro pela ocorrência do acidente de trabalho que corresponde à prestação concedida e paga.

Outrossim, as ações regressivas fundadas na ocorrência de violência doméstica também comportam pressupostos próprios. Necessário aquilatar, primeiramente, que o inciso II do art. 120 da Lei de Benefícios confere um cabimento limitado à esta modalidade de *ação regressiva,* na medida em que aduz que o INSS poderá pleitear judicialmente verbas ressarcitórias especificamente nos casos de "violência doméstica e familiar contra a mulher, *nos termos da Lei no 11.340 de 7 de agosto de 2006*" (grifos acrescentados).

Lançando mão de uma interpretação restritiva do dispositivo legal, não raro adotada em se tratando de normas jurídicas de caráter sancionatório,[3] é possível identificar que o direito ao

3. A título de ilustração, o Superior Tribunal de Justiça já fixou entendimento de que "as normas que restringem direitos devem ser interpretadas restritivamente, o que, aplicado ao caso concreto, recomenda que o impedimento parcial do exercício da advocacia incida apenas em relação aos servidores ativos" (STJ, REsp 1.471.391/SC, Rel. Min. Heman Benjamin, Segunda Turma, julgado em 18/11/2014, DJe. 26/11/2014); de que "em se tratando de norma que limita o exercício do direito de cobrança por parte dos conselhos profissionais, reveste-se de caráter excepcional, razão pela qual se impõe sua interpretação restritiva" (STJ, REsp 1.597.524/SP, Rel. Min. Mauro Campbell Marques, Segunda Turma, julgado em 17/05/2016, DJe. 23/05/2016); e, na égide do antigo CPC, de que "a parte final do parágrafo único do art. 538 do CPC, que condiciona ao prévio depósito de multa 'a interposição de qualquer outro recurso', deve ser interpretado restritivamente, alcançando apenas 'qualquer outro recurso' da mesma cadeia recursal. É que a sanção prevista pela norma tem a evidente finalidade de inibir a reiteração de recursos sucessivos sobre a questão já decidida no pro-

ressarcimento do INSS somente exsurge com a constatação das formas de violência especificamente tipificadas na Lei Maria da Penha. Quer dizer, para que os valores prestados a título de auxílio-doença, aposentadoria por invalidez ou pensão por morte sejam ressarcidos ao INSS, é necessário que a agressão subjacente à ação regressiva se subsuma especificamente às ilicitudes tipificadas na Lei Maria da Penha.

Ocorre que os ilícitos descritos no referido diploma legal possuem uma série de peculiaridades, de modo que não se confundem com os "crimes contra a vida" ordinários, muito menos com as ações ou omissões comumente elencadas no campo da responsabilidade civil.

Com efeito, para que um ato ilícito se enquadre nos contornos jurídicos da Lei Maria da Penha, não basta a constatação de violência física ou psicológica, eis que o bem jurídico resguardado pela Lei 11.340/06 não é tão somente a integridade física da mulher (que é tutelada pelos próprios arts. 121 e 129 do Código Penal), mas, sim, a proteção da "sua situação de vulnerabilidade em um contexto social que a subordina" (MELLO; PAIVA, 2019, p. 72). Doravante, a Lei 11.340/06 trata de uma modalidade de violência direcionada, especificamente, à vulneração e submissão da vítima, de modo a tolher o seu desenvolvimento, autodeterminação e, ao fim, a própria dignidade (MELLO; PAIVA, 2019, p. 68-75).[4]

Por isso, conforme assevera LIMA, a constatação de violência contra a mulher, nos moldes fixados pela Lei Maria da Penha, demanda "a presença alternativa de um dos incisos do art. 7º, em combinação alternativa com um dos pressupostos do art. 5º

cesso. Não é legítima, portanto, a sua aplicação à base de interpretação ampliativa, para inibir também a interposição de recursos contra novas decisões que venham a ser proferidas no processo (STJ, REsp 1.129.590/MS, Rel. Min. Teori Albino Zavascki, Primeira Turma, julgado em 20/10/2011, DJe. 25/10/2011).

4. No mesmo sentido, entende Renato Brasileiro de LIMA: "(...) o objetivo da Lei Maria da Penha não foi o de conferir uma proteção indiscriminada a toda e qualquer mulher, mas apenas àquelas que efetivamente se encontrarem em uma situação de vulnerabilidade" (2016, p. 903).

(âmbito da unidade doméstica, âmbito da família ou em qualquer relação íntima de afeto)" (2016, p. 911).

A incidência da Lei 11.340/06 está condicionada à existência de violência dentro de um contexto de submissão, em que a mulher ocupa uma posição de vulnerabilidade em relação ao agressor (LIMA, p. 901-902). Tal vulnerabilidade é presumida nos casos em que a violência ocorre no ambiente doméstico (art. 5º, I), no ambiente familiar (art. 5º, II) ou em relação íntima de afeto (art. 5º, III). Em contrapartida, "se a mulher for vítima de determinada violência, mas o delito não tiver sido executado no ambiente doméstico, familiar ou em qualquer relação íntima de afeto (v.g. briga entre vizinhos), afigura-se indevida a aplicação da Lei 11.340/06" (LIMA, p. 901).

Todos esses fatores geram relevante repercussão na propositura da ação regressiva pelo INSS. De modo semelhante às ações regressivas acidentárias, é elementar que a petição inicial da "*ação regressiva Maria da Penha*" esteja acompanhada de comprovante do pagamento de benefício previdenciário à vítima da agressão – informação que deve ser subvencionada por prova documental. Possível cogitar, inclusive, que tal elemento de prova perfaz espécie de *documento fundamental* para o ajuizamento da demanda (art. 320 do CPC),[5] de modo que, na sua ausência, impor-se-á a emenda à petição inicial e, caso não sanado o defeito, o seu indeferimento (art. 321 do CPC).

Entretanto, diversamente da dinâmica das ações regressivas acidentárias, a juntada do comprovante referente à prestação do benefício por incapacidade à vítima, ou da pensão por morte aos seus dependentes, não é capaz, por si só, de substanciar a validade do ressarcimento postulado pela autarquia previdenciária. Isso porque, no contexto ora analisado, a existência da agressão doméstica não possui qualquer correlação para com a concessão da benesse previdenciária; tratam-se de fatos

5. Para MARINONI, ARENHART e MITIDIERO, os *documentos fundamentais* "são aqueles que dizem com a prova das alegações da causa de pedir" (2018, p. 442).

totalmente independentes e que demandam, por isso, comprovação autônoma.

Assim, quando da propositura da ação, além da prova documental referente ao pagamento da prestação previdenciária à vítima da agressão doméstica, é necessário que o INSS junte toda a documentação necessária para evidenciar que o ilícito cometido se encaixa nos liames da Lei Maria da Penha, incumbindo-o da apresentação de prova da agressão física (art. 7º, I) e/ou da agressão psicológica (art. 7º, II), bem como de prova de que o ilícito se deu no âmbito da unidade doméstica (art. 5º, I), no âmbito da família (art. 5º, II), no bojo de qualquer relação íntima de afeto (art. 5º, III) ou em qualquer outro contexto em que a mulher se encontrava em situação de vulnerabilidade.[6]

Para tanto, é possível cogitar dois cenários distintos. Em caso de manejo da ação regressiva após a responsabilização definitiva do agressor na instância criminal, bastará ao INSS juntar a sentença ou o acórdão do respectivo processo penal para demonstrar a procedência de seu pleito, vez que, uma vez assentada a existência da agressão doméstica no juízo criminal, não é mais possível questionar a existência do fato ou quem foi o seu autor, conforme expressa disposição do art. 935 do CC.

Situação diversa configurar-se-á, porém, se inexistir qualquer decisão penal ou civil prévia atestando a violência doméstica. Nesse caso, forçoso reconhecer que a demanda terá de comportar ampla dilação probatória, porquanto, de um lado, o INSS terá de juntar conjunto probatório robusto para convencer o julgador sobre a culpa do agressor e, de outro, o suposto autor do ilícito

6. Neste particular, vale relembrar a já citada lição de LIMA de que a identificação da violência descrita na Lei Maria da Penha demanda "a presença alternativa de um dos incisos do art. 7º, em combinação alternativa com um dos pressupostos do art. 5º (âmbito da unidade doméstica, âmbito da família ou em qualquer relação íntima de afeto)" (2016, p. 911). Vale rememorar, também, que a necessidade de afinamento específico do ilícito suscitado pelo INSS para com as condutas descritas na Lei Maria da Penha deriva da literalidade do próprio inciso II do art. 120 da Lei 8.213/91, o qual dispõe que a ação regressiva somente se mostra cabível nos casos de violência doméstica prevista *nos termos da Lei 11.340/06*.

poderá vindicar todos os meios de prova garantidos em direito para subsidiar sua defesa, gozando das prerrogativas elencadas no art. 369 do CPC e no art. 5º, LVI da CF.[7] No ato postulatório inicial, portanto, o INSS deverá juntar todas as provas tidas como pertinentes e relevantes para a comprovação da agressão doméstica – sem se olvidar do contexto em que ocorreu o ato ilícito (se no âmbito da residência, de relação familiar ou de relação afetiva) –, bem como requerer a produção de provas complementares aptas a elucidar os fatos litigiosos (*v.g.* prova testemunhal e prova pericial), na forma do art. 319, VI, do CPC.[8]

Em síntese, o cabimento e o interesse de agir da *ação regressiva previdenciária* subvencionada pelo inciso II do art. 120 da Lei 8.213/91 estão condicionados à: a) presença de violência psicológica ou física, nos moldes definidos pelo art. 7º, incisos I e II, da Lei Maria da Penha; b) identificação de um contexto de vulnerabilidade da vítima em relação ao agressor, conforme preleciona o art. 5º da Lei Maria da Penha; e c) correlação da agressão suportada pela segurada para com o fato gerador da prestação previdenciária concedida (*v.g.*, incapacidade laborativa temporária, incapacidade laborativa permanente ou óbito).

Caso o autor público, na sua petição inicial, afirme que nenhum pagamento ainda foi vertido para o trabalhador ou para a vítima da agressão, a petição inicial poderá, desde logo, ser indeferida, por falta de interesse processual[9] (CPC, art. 330, III); eventualmente, o juiz da causa poderá suspender o processo, por, no máximo, um ano, até que se comprove o efetivo desembolso financeiro, caso já tenha concedido o benefício (CPC, art. 313, V, *b*, e §4º). Na hipótese de se afirmar, em causa de pedir remota, que

---

7. É a célebre tese do direito fundamental à prova, extraído da interpretação *a contrario sensu* do art. 5º, inciso LVI, da CF: "Ao afirmar que 'são inadmissíveis, no processo, provas obtidas por meios ilícitos' (art. 5º, LVI), nossa Constituição assevera que, desde que admissíveis, há direito fundamental à prova no processo civil" (MARINONI; ARENHART; MITIDIERO, 2018, p. 499).
8. Acerca das problemáticas envolvendo a dinâmica probatória das ações regressivas fundadas na Lei Maria da Penha, remete-se o leitor para o item 5.5 desta obra.
9. Dada a abolição da *possibilidade jurídica do pedido* pelo CPC 2015.

o acidente de trabalho foi causado por culpa simples do réu, em qualquer das suas espécies (negligência, imprudência ou imperícia), a petição igualmente deverá ser indeferida, também por carência de interesse processual (dado que o pedido é juridicamente impossível), uma vez que não se amolda no permissivo legal do art. 120 da lei 8.213/1991, sistematicamente interpretado (o ressarcimento exige conduta omissiva dolosa, ainda que eventual).

5.2. OBJETO, PEDIDO E EXTENSÃO

5.2.1. Objeto

O objeto das ações de ressarcimento *sui generis* é *dinheiro*.

Por meio delas se busca fazer caixa para a seguridade social, visando a preservar o equilíbrio financeiro e atuarial da previdência social. Para tanto, aposta-se na recomposição dos cofres públicos de tudo o quanto foi ou será pago aos segurados do RGPS, a título de prestações previdenciárias, expressas em benefícios e serviços, decorrentes de acidentes de trabalho para os quais tenham concorrido dolosamente os terceiros responsáveis.

O objeto imediato dessas ações é, portanto, a tutela jurisdicional de natureza condenatória. O objeto mediato é o dinheiro que corresponda exatamente ao que foi e ao que será pago ao trabalhador acidentado e àquelas que suportam a violência doméstica.

Note-se que, em princípio, não há postulação de nenhuma outra espécie de tutela jurisdicional apta a proteger o meio ambiente de trabalho ou a saúde ou segurança do trabalhador ou, ainda, a integridade física, psicológica, patrimonial, moral e sexual da mulher. Nenhum pedido de tutela específica[10] é sequer cogitado. Não se pede ordem para obrigar o réu a fazer ou deixar de fazer algo em prol do trabalhador ou a mulher agredida – inclusive, nos casos em que se pretende romper o contato do perpetrador da violência doméstica com a vítima, compete aos Juizados de

10. *Tutela específica* no sentido contrário à *tutela pelo equivalente monetário*.

Violência Doméstica e Familiar contra a Mulher fixar as medidas protetivas de urgência discriminadas nos artigos 22 e 23 da Lei 11.340/06, diligência que escapa ao feixe de pretensões da Procuradoria Federal. A pretensão é apenas condenatória, pois se pretende apenas título apto a aparelhar a execução forçada.

O art. 120 da Lei 8.213/1991, ao autorizar o ressarcimento *sui generis,* permite que a Previdência Social, através do seu órgão legitimado, obtenha o reembolso de todos os valores despendidos com o trabalhador acidentado e com a vítima da agressão, respeitada a prescrição, que será tratada adiante.

Assim, nesse valor incluem-se não só os pagamentos com benefícios acidentários e previdenciários, de natureza continuativa, como aposentadoria por invalidez, auxílio-doença, pensão por morte e auxílio-acidente, como também os gastos com a reabilitação profissional, incluindo o fornecimento de aparelho de prótese,[11] órtese[12] e instrumentos de auxílio para locomoção, além da reparação e substituição desses aparelhos desgastados pelo uso normal ou por ocorrência estranha à vontade do beneficiário (Lei 8.213/1991, art. 89, parágrafo único, *a* e *b*). O transporte do beneficiário(a), quando necessário, à custa da Previdência Social, também integra esse montante (Lei 8.213/1991, art. 89, parágrafo único, *c*).

Mas é indispensável que o autor público, ao comprovar os dispêndios com as prestações acidentárias, os *individualize* perfeitamente, de modo a vincular o seu pedido aos extratos montantes utilizados no acobertamento da intercorrência suportada pelo segurado(a).

Não é admissível, no âmbito desse ressarcimento, pleitear o pagamento de despesas gerais com a manutenção de benefícios ou serviços (despesas com pessoal, uso de equipamentos,

---

11. Aparelho ou dispositivo destinado a substituir um órgão, de um membro ou parte do membro destruído ou gravemente acometido.
12. Aparelho destinado a suprir ou corrigir a alteração morfológica de um órgão, de um membro ou de um segmento de um membro, ou a deficiência de uma função.

tratamento da vítima da agressão doméstica pelo SUS, instalação de equipamentos de monitoramente da residência da vítima etc.), que não tenham relação direta com a mulher e o trabalhador vitimados. Essas despesas gerais, com comprovação genérica e não nominal, devem ser suportadas pelo sistema de seguridade social, abastecido financeiramente pelo SAT (nos casos de acidente de trabalho) e por outras fontes de custeio.

5.2.2. Pedido condenatório e sua extensão

Em relação ao ressarcimento dos benefícios pagos em prestações periódicas, o pedido condenatório abrangerá parcelas vencidas e parcelas vincendas. As parcelas *vencidas* são compostas pelos pagamentos já realizados pelo INSS ao segurado(a), até o momento da propositura da ação. As *vincendas* correspondem aos pagamentos que forem se realizando após a propositura da ação.

O pedido deverá ser certo e determinado em relação às parcelas vencidas (CPC, arts. 322 e 324), ou seja, expresso e líquido (DIDIER JUNIOR, 2018, p. 655), sob pena de indeferimento da petição inicial por *inépcia* (CPC, art. 330, I, §1º, II) e extinção do processo, sem resolução de mérito (CPC, art. 485, I).

As parcelas vincendas constituem *pedido implícito,* dado que o art. 323 do CPC estabelece que " na ação que tiver por objeto cumprimento de obrigação em prestações sucessivas, essas serão consideradas incluídas no pedido, independentemente de declaração expressa do autor, e serão incluídas na condenação, enquanto durar a obrigação, se o devedor, no curso do processo, deixar de pagá-las ou de consigná-las." Trata-se de *pedido condenatório para o futuro,* abarcando não apenas as parcelas que se vencerem no curso do processo, como também as vencidas posteriormente ao trânsito em julgado da sentença condenatória (MARINONI; ARENHART, 2004, p. 111).

Assim, enquanto o *benefício estiver ativo,* a condenação se protrairá no tempo, até mesmo para além do trânsito em julgado; não há, ao que parece, razão suficiente para fazer cessar os efeitos da condenação pelo advento de certa idade do segurado, nos benefícios para ele pagos (ZIMMERMANN, 2014, p. 91).[13] Enquanto perdurarem os pagamentos dos benefícios acidentários e previdenciários, perdurará a condenação.

Note-se que, ao contrário do que defende ZIMMERMANN (2014, p. 95), ainda sob a égide do código processual revogado, não se admite, na hipótese, o *pedido genérico* do art. 286, II, do CPC1973, dado que, conforme já se defendeu nesta obra, a ação de ressarcimento *sui generis* não se confunde com ação indenizatória por ato ilícito. Nem mesmo sob a vigência do atual código isso será possível, conforme se extrai do art. 324, §1º, II, do CPC, dado que o pedido sempre deve ser certo quanto aos valores fixos já desembolsados, como próteses, órteses e outros aparelhos de reabilitação, e parcelas vencidas de benefícios periódicos. As parcelas vincendas constituem pedido implícito legalmente autorizado pelo art. 323 do CPC, não se confundindo com pedido genérico.

A cessação dos pagamentos pelo INSS faz cessar a obrigação do réu em ressarcir. Não importa a razão da cessação: esgotamento natural, cancelamento, reuperação da capacidade laborativa etc. Se o INSS não mais verte prestações previdenciárias para o trabalhador ou para a vítima da agressão doméstica, nada mais tem a cobrar do condenado (MARTINEZ, 2011, p. 126). Eventual suspensão de benefícios também implica suspensão da execução da sentença. É dever do INSS comunicar, ao juízo ou ao próprio obrigado, a cessação ou suspensão do benefício, para evitar ressarcimentos indevidos (MARTINEZ, 2011, p. 126), o que geraria a obrigação de restituir (CC, art. 876), além de perdas e danos.

5.2.3. Benefícios sucessivos e a impossibilidade de pedido condicional

Por outro lado, a eventual *sucessão de benefícios* decorrentes do mesmo acidente de trabalho ou do mesmo contexto de

13. Nesse sentido: TRF4, AC 1998.04.01.023654-8, Terceira Turma, Relatora Marga Inge Barth Tessler, DJ 02/07/2003.

violência doméstica[14] não pode ser considerada pedido implícito, albergada pelo art. 323 do CPC. Aliás, nem pedido pode ser, dada a inexistência de suporte fático para tanto. Pedir ressarcimento de benefício que eventualmente possa vir a ser pago em sucessão ao benefício atual é pedir *sentença condicional,* vedada pelo parágrafo único do art. 492 do CPC,[15] o que denota pedido juridicamente impossível, gerando falta de interesse processual e indeferimento da petição inicial nesse particular.[16] Como advertem MARINONI e ARENHART (2004, p. 458), "não é possível que a sentença condicione sua eficácia a *evento futuro e incerto por ela mesma criado.*" Os mesmos autores afirmam que "*é nula a sentença que condiciona a eficácia da condenação ao preenchimento de certos requisitos.*" (2004, p. 459). Assim, a sentença não poderá acolher pedido para condenar o réu a ressarcir a Previdência Social de benefício futuro e que, eventualmente, possa ser pago. Essa sentença é nula porque condiciona o ressarcimento a fatos futuros, como a superveniência da incapacidade definitiva ou a redução da capacidade laboral. Por criar condições ou requisitos para a produção, ainda que parcial, de seus efeitos condenatórios, essa sentença é incerta e, portanto, nula. Note-se, como arremate dessa conclusão, que o réu se defende, durante o processo, contra uma causa de pedir, que inclui determinado benefício que está sendo pago à vítima da agressão ou ao trabalhador, submetido a requisitos próprios: o auxílio-doença, por exemplo, não exige os mesmos requisitos da aposentadoria por invalidez;

---

14. Muito embora a *habitualidade* dos atos de violência não se trate de requisito necessário para a incidência da Lei 11.340/06 (vide LIMA, 2016, p. 911), é certo que a constância de agressões à mulher pode gerar danos de maior gravidade e, inclusive, sequelas aptas a acarretar a sua incapacidade laborativa permanente.

15. Art. 492. (...). Parágrafo único. A decisão deve ser certa, ainda que resolva relação jurídica condicional.

16. Nesse sentido, de nada adianta a orientação de ZIMMERMANN (2012, p. 188), no sentido de que o INSS "deve requerer especificamente a condenação do responsável ao pagamento de todas as despesas já efetuadas e todas as que ainda serão efetuadas, *mesmo que a títulos distintos,* desde que devidamente comprovadas." A parcela do pedido de ressarcimento de despesas futuras com benefícios sucessivos é juridicamente impossível e gerará o indeferimento parcial (senão total!) da petição inicial por falta de interesse processual.

o auxílio-acidente apresenta pressupostos diferentes do auxílio--doença. Dessa forma, a sentença que condena a prestações sucessivas futuras e incertas viola os princípios do contraditório e da ampla defesa.

5.2.4. Benefícios sucessivos e pedido revisional

Essa impossibilidade de pedido e de sentença condicional em relação aos benefícios sucessivos não implica dizer que o ressarcimento *sui generis* dessas novas parcelas é vedado. Essa possibilidade existe, mas exige a *ação revisional* do art. 505, I, do CPC.[17] Essa revisão, fundada na cláusula *rebus sic stantibus*, é necessária porque exsurge, após a coisa julgada, uma alteração de fato que implica na formação de uma *nova causa de pedir* (MARINONI; ARENHART, 2004, p. 689-690) para o ressarcimento. Em outras palavras, "novos fatos dão origem a uma nova situação litigiosa – que requer de seu turno nova disciplina jurisdicional." (MARINONI; MITIDIERO, 2014, p. 452). Isso se dá, pois, ainda que não ocorra novo acidente de trabalho ou agressões domésticas supervenientes, *novo* será o benefício a ser pago pela Previdência Social, submetido a novos requisitos legais (e certamente com *novo* e *aumentado* valor do ressarcimento), os quais precisam passar pelo controle do contraditório e da ampla defesa. O réu tem o direito fundamental de participar e de influir na formação do novo conteúdo da condenação, por isso a necessidade da ação revisional proposta pela Previdência Social, perante o juízo de primeiro grau, sem prevenção do juízo da causa-fonte,[18] embora podendo se dar nos mesmos autos da ação original.[19] Sonegar ao réu a possibilidade de defesa em ação revisional para modificar

---

17. Art. 505. Nenhum juiz decidirá novamente as questões já decididas relativas à mesma lide, salvo: I- se, tratando-se de relação jurídica de trato continuado, sobreveio modificação no estado de fato e de direito, caso em que poderá a parte pedir a revisão do que foi estatuído na sentença; II- (...).
18. Em sentido análogo: STJ, REsp 24.045/RJ, Rel. Ministro CESAR ASFOR ROCHA, QUARTA TURMA, julgado em 10/11/1997, DJ 16/03/1998, p. 133.
19. Nesse sentido: STJ, REsp 651.260/SP, Rel. Ministro GILSON DIPP, QUINTA TURMA, julgado em 02/05/2006, DJ 29/05/2006, p. 287.

as características originais do ressarcimento equivale à privação de bens sem o devido processo legal, o que agride a garantia constitucional insculpida no art. 5º, LIV, da Constituição. Mais do que isso, equivale a conceder ao INSS a liberdade ilegítima de moldar a execução para ressarcimento de acordo com seus próprios critérios de concessão ou conversão de benefícios, sem qualquer controle por parte do executado.

A lógica da necessidade de ação revisional para possibilitar o ressarcimento *sui generis* das prestações previdenciárias novas por sucessão é a mesma da ação de alimentos. Com o trânsito em julgado da sentença condenatória de alimentos, fixa-se a obrigação de alimentar, dada a relação jurídica alimentícia reconhecida entre autor e réu. No entanto, a superveniência de fatos novos, que modifiquem o binômio possibilidade-necessidade, autoriza o juiz a decidir novamente sobre a obrigação alimentar, aumentando, diminuindo e, até mesmo, eliminando os alimentos. O mesmo se dá com o ressarcimento *sui generis das ações regressivas*: a sentença condenatória transitada em julgado fixa a obrigação do réu em ressarcir os cofres públicos dos valores pagos ao trabalhador e à mulher vitimada pela agressão doméstica a título de prestação previdenciária. Havendo a superveniência de fatos novos, não discutidos ou considerados na lide original, como incapacidade definitiva, morte ou redução da capacidade laboral, haverá a consequente transmudação de benefícios, o que ensejará a alteração do espectro valorativo e temporal dos dispêndios previdenciários. O ressarcimento desses novos valores, a novos títulos de prestações previdências, com nova amplitude temporal, exige *nova disciplina jurisdicional,* após contraditório e ampla defesa.

Na ação revisional, como se sabe, não se discutirá o que foi acobertado pela coisa julgada, como a conduta dolosa do réu, a presença de vulnerabilidade da vítima no contexto de violência doméstica, ou o acidente de trabalho em si. O objeto da revisional serão os fatos novos que ensejaram os novos benefícios, com novos valores e nova amplitude de pagamento durante o tempo. O pedido será de ressarcimento dos novos valores. A contestação poderá objetar todos os requisitos para a concessão do novo benefício, visando a evitar a majoração quantitativa ou temporal do ressarcimento. Não haverá qualquer prejuízo econômico para a Previdência Social, dado que a procedência do pedido revisional incluirá prestações vencidas e vincendas do novo benefício. Em contrapartida, estar-se-á prestigiando os princípios componentes do devido processo legal, hoje mais propriamente concebido como *direito fundamental ao justo processo* (DIDIER JUNIOR, 2018, p. 88), com mais democracia e menos arbítrio.

5.2.5. Reestabelecimento de benefício cessado e pedido revisional

A ação revisional é o mesmo caminho a ser trilhado para a hipótese de benefícios cessados, mas posteriormente restabelecidos em decorrência de recaída ou de qualquer outra causa que não permita o retorno ao trabalho. A revisão é possível, para reestabelecer o ressarcimento, dado que o fato gerador ainda é o mesmo (o acidente de trabalho ou a violência doméstica). Mas não é possível sequer cogitar na inclusão desse pedido completamente remoto e imprevisível na petição inicial das ações de ressarcimento *sui generis*, ao contrário do que propõe ZIMMERMANN (2012, p. 189).

5.2.6. Correção monetária e juros incidentes sobre parcelas vencidas

Como o condenado nas ações ressarcitórias atípicas não é a Fazenda Pública, inaplicáveis as disposições do art. 1º-F da Lei 9.494/1997, com a redação dada pela Lei 11.960/2009,[20] para balizar correção e juros das prestações vencidas.

20. Art. 1º-F. Nas condenações impostas à Fazenda Pública, independentemente de sua natureza e para fins de atualização monetária, remuneração do capital e compensação de mora, haverá a incidência uma única vez, até o efetivo pagamento, dos índices oficiais de remuneração básica e juros aplicados à caderneta de poupança." O Supremo Tribunal Federal, no entanto, reconheceu a inconstitucionalidade parcial do dispositivo legal, com fulcro nas seguintes teses: "1) O art. 1º-F da Lei no 9.494/97, com a redação dada pela Lei no 11.960/09, na parte em que disciplina os juros moratórios aplicáveis a condenações da Fazenda Pública, é inconstitucional ao incidir sobre débitos oriundos de relação jurídico-tributária, aos quais devem ser aplicados os mesmos juros de

Quanto à correção monetária, ela é devida desde a data em que houve o desembolso efetivo da prestação previdenciária ao trabalhador. Como se trata de ação cível *lato sensu*, sem natureza previdenciária ou alimentar, são aplicáveis os índices oficiais de correção monetária para ações condenatórias cíveis, como o Índice Nacional de Preços ao Consumidor Amplo (IPCA), calculado pelo IBGE, tal qual consta do Manual de Cálculos da Justiça Federal, editado pelo Conselho da Justiça Federal.[21]

No que tange aos juros de mora, a jurisprudência federal continua sem perceber que as ações de ressarcimento *sui generis* (sucedâneas das "ações regressivas acidentárias") não são ações que envolvem responsabilidade civil extracontratual,[22] mas ações fundadas em obrigação civil, atípica e *ex lege* (Lei 8.213/1991, art. 120). Continuam aplicando, indevidamente, os entendimentos

---

mora pelos quais a Fazenda Pública remunera o seu crédito tributário, em respeito ao princípio constitucional da isonomia (CRFB, art. 5º, caput); quanto às condenações oriundas de relação jurídica não-tributária, a fixação dos juros moratórios segundo o índice de remuneração da caderneta de poupança é constitucional, permanecendo hígido, nesta extensão, o disposto no art. 1º-F da Lei no 9.494/97 com a redação dada pela Lei no 11.960; e 2) O art. 1º-F da Lei no 9.494/97, com a redação dada pela Lei no 11.960/09, na parte em que disciplina a atualização monetária das condenações impostas à Fazenda Pública segundo a remuneração oficial da caderneta de poupança, revela-se inconstitucional ao impor restrição desproporcional ao direito de propriedade (CRFB, art. 5º, XXII), uma vez que não se qualifica como medida adequada a capturar a variação de preços da economia, sendo inidônea a promover os fins a que se destina" (STF, RE 870.947/SE, Rel. Min. Luiz Fux, Tribunal Pleno, julgado em 20/09/2017). Posteriormente, quando do julgamento da ADIn 5.348/DF, o Supremo Tribunal Federal sedimentou a inconstitucionalidade do dispositivo, decidindo que "a norma do art. 1º-F da Lei n. 9.494/1997, pela qual se estabelece a aplicação dos índices oficiais de remuneração da caderneta de poupança para atualização monetária nas condenação da Fazenda Pública, configura restrição desproporcional ao direito fundamental de propriedade" (STF, ADI 5.438/DF, Rel. Min. Cármen Lúcia, Tribunal Pleno, julgado em 11/11/2019).

21. https://www2.jf.jus.br/phpdoc/sicom/arquivos/pdf/manual_de_calculos_revisado_ultima_versao_com_resolucao_e_apresentacao.pdf?PHPSESSID=427msnpfj889jo30rmrkeoka22.

22. A título meramente exemplificativo do posicionamento no sentido de que se tratam de ações fundadas em responsabilidade extracontratual, vale conferir: (TRF4, AC 5010768-81.2011.4.04.7107, 4ª TURMA, Relator Ricardo Teixeira do Valle Pererira, juntado aos autos em 20/10/2019).

sobre juros de mora aplicáveis às ações de indenização por atos ilícitos, como a súmula 54 do STJ.[23]

Portanto, a partir do reconhecimento crítico da "natureza" dessas ações, completamente desvinculada da responsabilidade civil, os juros deverão seguir a disciplina geral das ações cíveis de cobrança, segundo o Código Civil: fixados segundo a taxa que estiver em vigor para a mora do pagamento de impostos devidos à Fazenda Nacional (CC, art. 406) e contados desde a citação inicial (CC, art. 405).

O problema é a definição do que seja essa "taxa que estiver em vigor para a mora do pagamento de impostos devidos à Fazenda Nacional."

O Superior Tribunal de Justiça já pacificou o entendimento no sentido que os "juros serão calculados à base de 0,5% ao mês, nos termos do artigo 1.062 do Código Civil de 1916 até a entrada em vigor do Novo Código Civil (Lei nº 10.406/2002). A partir da vigência do Novo Código Civil (Lei nº 10.406/2002), os juros moratórios deverão observar a taxa que estiver em vigor para a mora do pagamento de impostos devidos à Fazenda Nacional (artigo 406). Atualmente, a taxa dos juros moratórios a que se refere o referido dispositivo é a taxa referencial do Sistema Especial de Liquidação e Custódia - SELIC."[24] Nesse sentido também é o Manual de Cálculos da Justiça Federal (CJF).

---

23. Súmula 54: Os juros moratórios fluem a partir do evento danoso, em caso de responsabilidade civil extracontratual. Nesse sentido: TRF4, AC 5004099-46.2010.404.7107, 4ª Turma, Relator p/ Acórdão Marcelo Malucelli, juntado aos autos em 22/08/2014.

24. STJ, EDcl no REsp 922.462/SP, Rel. Ministro RICARDO VILLAS BÔAS CUEVA, 3ª TURMA, julgado em 08/04/2014, DJe 14/04/2014. Nesse sentido: CIVIL. JUROS MORATÓRIOS. TAXA LEGAL. CÓDIGO CIVIL, ART. 406. APLICAÇÃO DA TAXA SELIC. 1. Segundo dispõe o art. 406 do Código Civil, "Quando os juros moratórios não forem convencionados, ou o forem sem taxa estipulada, ou quando provierem de determinação da lei, serão fixados segundo a taxa que estiver em vigor para a mora do pagamento de impostos devidos à Fazenda Nacional". 2. Assim, atualmente, a taxa dos juros moratórios a que se refere o referido dispositivo é a taxa referencial do Sistema Especial de Liquidação e Custódia - SELIC, por ser ela a que incide como juros moratórios dos tributos federais (arts. 13 da Lei 9.065/95, 84

Sabe-se, no entanto, que a taxa SELIC embute, além dos juros, a correção monetária, impossibilitando a adequada separação dessas formas de atualização/remuneração do capital, que podem incidir a partir de momentos distintos. Por isso, alguns tribunais optaram por outra solução, ainda que dissonante com a jurisprudência do STJ: fixação dos juros moratórios em 1% ao mês, na forma do art. 161, §1º, do Código Tributário Nacional (CTN), separadamente, portanto, da correção monetária.[25]

A jurisprudência do STJ, nesse aspecto, deve ser homenageada, pois representa o entendimento que melhor espelha, de fato, o comando da legislação civil sobre a taxa de juros de mora (CC, art. 406): a taxa SELIC é a taxa em vigor, desde 1996, para a mora do pagamento de impostos devidos à Fazenda Nacional. E não parecem existir empecilhos operacionais para sua aplicação: conforme orienta o Manual de Cálculos da Justiça Federal (CJF), a partir da incidência da taxa SELIC, cessa a aplicação do indexador de correção monetária, evitando-se a indesejada cumulação de juros e correção. Assim, para uma hipótese em que os juros começaram a fluir a partir do evento danoso (súmula 54 STJ), apenas a taxa SELIC incidirá, sem a cumulação com qualquer índice de correção monetária. Nesse caso, pode-se apurar a taxa de juros real no período entre o evento danoso e a data em que começa a incidência da correção monetária (a publicação da sentença, por exemplo, no caso de indenização por danos morais), mediante o abatimento dos percentuais de inflação no período.[26] Por outro lado, se os juros iniciaram sua fluência somente a partir da citação, antes desta poderá incidir o índice de correção

da Lei 8.981/95, 39, § 4º, da Lei 9.250/95, 61, § 3º, da Lei 9.430/96 e 30 da Lei 10.522/02). 3. Embargos de divergência a que se dá provimento. (EREsp 727.842/SP, Rel. Ministro TEORI ALBINO ZAVASCKI, Corte Especial , julgado em 08/09/2008, DJe 20/11/2008).

25. Por exemplo: TRF4, AC 5015468-62.2013.404.7000, Quarta Turma, Relator p/ Acórdão Maria Cristina Saraiva Ferreira e Silva, juntado aos autos em 06/10/2014.

26. Nesse sentido: TRF4, AC 5002732-84.2010.404.7204, Terceira Turma, Relator p/ Acórdão Fernando Quadros da Silva, juntado aos autos em 17/10/2013.

(IPCA, por exemplo), o qual não mais será aplicado quando iniciar a contagem dos juros pela taxa SELIC.

Em suma, as prestações vencidas do ressarcimento *sui generis* devem ser corrigidas monetariamente, pelo IPCA, desde a data do efetivo desembolso. A partir da citação válida, sobre tais prestações incidirá, apenas, a taxa SELIC, englobando tanto juros, como correção monetária.[27]

5.2.7. Constituição de capital

O INSS, considerando a condenação em prestações vincendas, tem pleiteado a constituição de capital capaz de suportar a cobrança de eventual não pagamento futuro, nos termos do art. 475-Q do CPC/1973[28], que corresponde ao art. 533 do CPC/2015.[29]

Os empecilhos para o deferimento da constituição de capital nas ações de ressarcimento *sui generis* julgadas procedentes são dois: a) essas ações não tratam de responsabilidade civil, nem cogitam de indenização por ato ilícito; b) ainda que se entenda tratar-se de indenização por ato ilícito, os ressarcimentos não caracterizam *prestação de alimentos*, como parece ser óbvio.

O art. 475-Q do CPC/1973 e o art. 533 do CPC/2015, portanto, são inaplicáveis.[30]

---

27. Como a ação de ressarcimento *sui generis* não trata, propriamente, de matéria previdenciária, não são aplicáveis as súmulas do Superior Tribunal de Justiça que disciplinam ações previdenciárias, como a 148 ("Os débitos relativos a benefício previdenciário, vencidos e cobrados em juízo após a vigência da Lei n. 6.899/81, devem ser corrigidos monetariamente na forma prevista nesse diploma legal") e a 204 ("os juros de mora nas ações relativas a benefícios previdenciários incidem a partir da citação válida"), ainda que as disciplinas possam ser as mesmas.
28. Art. 475-Q. Quando a indenização por ato ilícito incluir prestação de alimentos, o juiz, quanto a esta parte, poderá ordenar ao devedor constituição de capital, cuja renda assegure o pagamento do valor mensal da pensão. (....)
29. Art. 533. Quando a indenização por ato ilícito incluir prestação de alimentos, caberá ao executado, a requerimento do exequente, constituir capital cuja renda assegure o pagamento do valor mensal da pensão. (...)
30. Nesse sentido, sob a égide do CPC1973: PREVIDENCIÁRIO E PROCESSUAL CIVIL. AGRAVO REGIMENTAL NO RECURSO ESPECIAL. DECISÃO MONOCRÁTICA. ART. 557,

Alternativamente, é possível inscrever a sentença condenatória no registro público, como título constitutivo de *hipoteca judiciária*, efeito anexo da própria sentença (MARINONI; MITIDIERO, 2014, p. 445-446), conforme autoriza o art. 495 do CPC.[31]

5.2.8. Honorários advocatícios e valor da causa

Incidem honorários advocatícios de sucumbência nas ações ressarcitórias, inclusive para os procuradores do INSS ou da União, na forma do art. 85, § 19, do CPC.[32] Vencedora ou derrotada a Previdência Social, os honorários advocatícios serão fixados mediante os critérios do art. 85, §§3º a 7º do CPC. Não é aplicável o § 9º do mesmo artigo,[33] pois não se trata de ação de

---

CAPUT, DO CPC. CABIMENTO. AÇÃO REGRESSIVA MOVIDA PELO INSS CONTRA EMPRESA RESPONSÁVEL POR ACIDENTE DE TRABALHO. CONSTITUIÇÃO DE CAPITAL. ART. 475-Q DO CPC. DESNECESSIDADE. PENSÃO POR MORTE. VÍNCULO PREVIDENCIÁRIO. AGRAVO NÃO PROVIDO. 1. (...) 2. Não há falar em constituição de capital previsto no art. 475-Q do CPC - cujo objetivo é garantir o adimplemento da prestação de alimentos -, em ação regressiva movida pela autarquia previdenciária contra a pessoa jurídica responsabilizada pelo acidente de trabalho que vitimou o segurado. Precedentes. 3. Mostra-se impertinente constituir capital para garantir o pagamento da indenização pela circunstância de que eventual interrupção das parcelas indenizatórias de responsabilidade da empresa não teria reflexo sobre a pensão por morte, concedida e mantida pelo INSS em função do vínculo do falecido segurado com a Previdência Social. 4. Agravo regimental não provido. (STJ, AgRg no REsp 1293096/RN, Rel. Ministro ARNALDO ESTEVES LIMA, 1ª TURMA, julgado em 15/10/2013, DJe 23/10/2013).

31. Art. 495. A decisão que condenar o réu no pagamento de uma prestação consistente em dinheiro e a que determinar a conversão de prestação de fazer, de não fazer ou de dar coisa em prestação pecuniária valerão como título constitutivo de hipoteca judiciária. (...)

32. Vale rememorar que a Lei 13.327/2016, especificamente em seu art. 27, previu a possibilidade de deferimento de honorários advocatícios aos cargos de Advogado da União, Procurador da Fazenda Nacional, Procurador Federal e Procurador do Banco Central do Brasil. A constitucionalidade do referido dispositivo legal foi ratificada no julgamento da ADIn 6.053/DF, cujo teor consagrou a tese de que os advogados públicos estão autorizados a auferir honorários sucumbenciais, desde que a soma das verbas de sucumbência e dos subsídios do funcionário público não ultrapasse o teto remuneratório estipulado no art. 37, XI, da CF (STF, ADI 6.053/DF, Rel. Min. Marco Aurélio, Rel. p/ acórdão Min. Alexandre de Moraes, Tribunal Pleno, julgado em 22/06/2020).

33. Art. 85. (...). §9º. Nas ações de indenização por ato ilícito contra pessoa, o percentual dos honorários incidirá sobre a soma das prestações vencidas acrescida de 12 (doze) prestações vincendas.

indenização por ato ilícito contra pessoa, mas ação de ressarcimento *sui generis* em favor da Fazenda Pública.

Cumpre lembrar, por fim, que, tratando-se de ação com prestações periódicas, o *valor da causa* deverá levar em consideração tanto as prestações vencidas como as vincendas; o valor das vincendas será igual a uma prestação anual, se a obrigação for por tempo indeterminado, ou por tempo superior a 1 (um) ano; se, por tempo inferior, será igual à soma das prestações (CPC, art. 292, §§ 1º e 2º).

A esse valor deverão ser somados os valores fixos despendidos pela Previdência Social com o trabalhador acidentado, como é o caso do fornecimento de próteses, órteses e outros aparelhos visando à reabilitação profissional, bem como os valores gastos com a mulher que sofreu violência doméstica ou familiar.

5.3. LEGITIMIDADE

5.3.1. Legitimidade ativa: INSS ou União?

A legitimidade, como se sabe, é a titularidade passiva e ativa da ação (LIEBMAN, 1984, p. 157). Somente tem legitimidade para a causa, "na qualidade de autor, aquele que se diz titular do direito material, podendo ser réu apenas aquele que, no plano do direito material, tem a obrigação correspondente ao direito material afirmado na petição material." (MARINONI; ARENHART, 2004, p. 69).

Não bastassem os sérios problemas na visualização do direito material a respaldar as ações ressarcitórias *sui generis*, novas dúvidas surgem quando o art. 120 da Lei 8.213/1991 legitima a *Previdência Social* a propor ação regressiva contra os responsáveis.

Quem é a *Previdência Social* para fins de legitimidade ativa das "ações regressivas"?

Será mesmo o INSS, como vem entendendo a jurisprudência?

Não será a União, dentro da qual se localizam o Ministério da Economia e a Secretaria Especial da Previdência e Trabalho?

O INSS, quando da sua criação pelo art. 17 da Lei 8.029/1990 e instituição pelo Decreto 99.350/1990, ostentou, dentre suas atribuições, não só a administração das prestações previdenciárias, como, igualmente, a arrecadação de recursos para custear a seguridade social, notadamente as contribuições sociais previstas a partir do art. 11, parágrafo único, alíneas *a*, *b* e *c* da Lei 8.212/1991.

Essa atribuição arrecadatória *simplesmente desapareceu* quando da vigência do Decreto 5.257, de 27 de outubro de 2004, o qual, ao anexar a estrutura regimental do INSS, estabeleceu que "O Instituto Nacional do Seguro Social - INSS, autarquia federal, com sede em Brasília - Distrito Federal, vinculada ao Ministério da Previdência Social, instituída com fundamento no disposto no art. 17 da Lei nº 8.029, de 12 de abril de 1990, tem por finalidade promover o reconhecimento, pela Previdência Social, de direito ao recebimento de benefícios por ela administrados, assegurando agilidade, comodidade aos seus usuários e ampliação do controle social." (art. 1º do anexo 1).

Essa redação permaneceu sem significativas alterações, no Decreto 7.556, de 24 de agosto de 2011. A partir do Decreto 9.746, de 8 de abril de 2019, o INSS passou a se vincular ao Ministério da Economia e a elaboração das suas diretrizes de atuação foram destinadas ao Conselho Nacional de Previdência – não sendo mais discriminadas no próprio ato normativo.

Todas as funções arrecadatórias do INSS, especialmente as relativas à tributação, à fiscalização, à arrecadação, à cobrança e ao recolhimento das contribuições sociais previdenciárias, passaram à Secretaria da Receita Federal do Brasil, consoante as disposições da Lei 11.457/2007, mais conhecida como "Lei da Super Receita" (MACIEL, 2010, p. 69).[34]

34. Segundo o art. 33 da Lei 8.212/1991, com a redação dada pela Lei 11.941/2009, "À Secretaria da Receita Federal do Brasil compete planejar, executar, acompanhar e avaliar as atividades relativas à tributação, à fiscalização, à arrecadação, à cobrança e ao recolhimento das contribuições sociais previstas no parágrafo único do art. 11

Assim sendo, ao INSS, como autarquia previdenciária, compete apenas a administração dos benefícios e serviços previdenciários, sendo que a atividade de arrecadação de fundos para o custeio da seguridade social passou integralmente à Secretaria da Receita Federal do Brasil, desde 2007, órgão componente da estrutura organizacional da União.

Ora, se as ações do art. 120 da Lei 8.213/1991 não têm natureza de ações de responsabilidade civil por ato ilícito, mas natureza de ações de ressarcimento *sui generis,* oriundas de uma obrigação *ex lege,* visando a arrecadar fundos para a previdência social, de modo a preservar o seu equilíbrio financeiro e atuarial (ainda que por isso sejam inconstitucionais), então quer parecer que essas ações deveriam ser encampadas pela União, da qual participa a Secretaria da Receita Federal do Brasil.

O INSS não mais detém competência arrecadatória, nem mais se destina a obter fontes destinadas a garantir a manutenção ou expansão da seguridade social. Sua competência diz respeito aos benefícios, não mais às fontes de custeio.

Ademais, ainda que se considerasse que o pagamento de prestações previdenciárias pelo INSS implicasse em dano ao patrimônio público, não seria o patrimônio do INSS o afetado para legitimar a sua atuação na busca pelo ressarcimento respectivo, pois os recursos para o pagamento dos benefícios do RGPS provêm do *Fundo do Regime Geral da Previdência Social,* constituído pela União, conforme autorização do art. 250 da Constituição[35] e criação pelo art. 68 da Lei Complementar 101/2000.[36] Esse fun-

desta Lei, das contribuições incidentes a título de substituição e das devidas a outras entidades e entes."

35. Art. 250. Com objetivo de assegurar recursos para o pagamento dos benefícios concedidos pelo regime geral de previdência social, em adição aos recursos de sua arrecadação, a União poderá constituir fundo integrado por bens, direitos e ativos de qualquer natureza, mediante lei que disporá sobre a natureza e administração desse fundo (redação dada pela EC 20/1998).

36. Art. 68. Na forma do art. 250 da Constituição, é criado o Fundo do Regime Geral de Previdência Social, vinculado ao Ministério da Previdência e Assistência Social, com a finalidade de prover recursos para o pagamento dos benefícios do regime geral

do é vinculado, atualmente, ao Ministério da Economia, órgão da União, e integra o orçamento da seguridade social (CF, art. 165, §5º, III). Se dano houvesse, seria ao patrimônio da União, e não ao do INSS. Qualquer ressarcimento obtido pelas "ações regressivas" é destinado para o Fundo do Regime da Previdência Social, vinculado à União, e não ao INSS. A propósito, a Portaria Conjunta nº 01/2020 do Ministério da Economia, da Secretaria Especial de Previdência e Trabalho e da Secretaria de Previdência disciplinou minuciosamente a metodologia de cálculo das prestações previdenciárias que comporão o Fundo do Regime Geral da Previdência Social, com vistas a padronizar os contornos monetários assumidos pelas ações regressivas.

De forma mais direta: *quem se ressarce é a União, não o INSS.*

O INSS é apenas o gestor desse fundo (LC 101/2000, art. 68, §2º e Lei 11.457/2007, art. 5º, II), o que não é suficiente para lhe outorgar legitimidade extraordinária para defender o interesse alheio, como parece não ter percebido MACIEL (2010, p. 69-70). A legitimação extraordinária não se presume, precisa ser expressamente autorizada por lei ou pela Constituição (CPC, art. 18), o que não acontece nesse caso.

Por essas razões, a legitimidade ativa para essas ações de ressarcimento *sui generis*, previstas no art. 120 da Lei 8.213/1991, pertence à União, como Previdência Social, e não ao INSS.

Assim é, ao menos desde 2007, quando foi instituída a "Super Receita", muito embora a Lei Complementar que criou o Fundo do Regime Geral da Previdência Social date de 2000 e a supressão de atividades arrecadatórias do INSS venha, ao que se conta, de 2004.

---

da previdência social. § 1º O Fundo será constituído de: I - bens móveis e imóveis, valores e rendas do Instituto Nacional do Seguro Social não utilizados na operacionalização deste; II - bens e direitos que, a qualquer título, lhe sejam adjudicados ou que lhe vierem a ser vinculados por força de lei; III - receita das contribuições sociais para a seguridade social, previstas na alínea *a* do inciso I e no inciso II do art. 195 da Constituição; IV - produto da liquidação de bens e ativos de pessoa física ou jurídica em débito com a Previdência Social;V - resultado da aplicação financeira de seus ativos; VI - recursos provenientes do orçamento da União. § 2º O Fundo será gerido pelo Instituto Nacional do Seguro Social, na forma da lei.

5.3.2. Legitimidade passiva

O art. 120 da Lei 8.213/1991 dirige a ação de ressarcimento *sui generis* contra os "responsáveis".

Na linha do que se defende neste livro, os "responsáveis", com legitimação passiva, são aqueles que, por conduta dolosa, ainda que indireta ou eventual, contribuíram para a ocorrência do acidente de trabalho que vitimou o trabalhador ou a mulher, nos casos de violência doméstica ou familiar, ensejando o pagamento de prestação previdenciária pelo INSS. As condutas simplesmente culposas por parte fo empregador, frise-se, são cobertas pelo SAT.

Mas o cuidado que se deve ter na avaliação da legitimação passiva *ad causam* se refere justamente à "natureza" dessas ações: não são ações de responsabilidade civil, mas ações baseadas na obrigação de ressarcimento *ex lege*, contida no art. 120 da Lei 8.213/1991. Assim, não são evocáveis para tal tarefa, as regras pertinentes à responsabilidade civil contidas no Código Civil (arts. 927-943).

Quem, portanto, tem a obrigação atípica de ressarcir?

Em primeiro lugar, abstraído o elemento subjetivo pressuposto dessa obrigação (o *dolo*), o empregador ou a empresa empregadora, *caso o acidente de trabalho tenha ocorrido na sua sede*, "de vez que o ambiente inseguro é de sua única responsabilidade." (MARTINEZ, 2011, p. 124).

Caso o empregador seja pessoa natural, como o empregador doméstico, a legitimação passiva dependerá da descrição da sua conduta pessoal que gerou o acidente (por exemplo, o empregador doméstico determina a limpeza das janelas do apartamento, sem qualquer tipo de equipamento de segurança e proteção, e o empregado doméstico acaba caindo). O empregador doméstico agora recolhe o SAT (após a LC 150/2015), o que lhe ressalta a responsabilidade civil pelo acidente de trabalho, em caso de dolo ou culpa (CF, art. 7º, XXVIII), e a obrigação *sui generis* de ressarcir (é "responsável", nos termos do art. 120, *caput*, da Lei 8.213/1991). Essa construção pode ser aplicada, segundo as circunstâncias do caso concreto, às firmas individuais (empresa e empresário se confundem) e às empresas individuais de responsabilidade limitada ("EIRELI", conforme art. 980-A do Código Civil).

Na hipótese de pessoas jurídicas empregadoras, há a regra geral de que "obrigam a pessoa jurídica os atos dos administradores, exercidos nos limites de seus poderes definidos no ato constitutivo" (CC, art. 47). Além disso, cabe às empresas "cumprir e fazer cumprir as normas de segurança e medicina do trabalho, além de instruir os empregados, através de ordens de serviço, quanto às precauções a tomar no sentido de evitar acidentes de trabalho ou doenças ocupacionais." (CLT, art. 157, I e II). É evidente que se o acidente de trabalho ocorre no interior da empresa empregadora, esta responde tanto pela indenização devida ao trabalhador, como pelo ressarcimento *sui generis* aos cofres federais.

Em se tratando de terceirização de serviços,[37] a empresa *tomadora* dos serviços não se livra da obrigação *ex lege* de

---

37. Os contornos atuais da terceirização foram delimitados pela Lei 13.429/2017, cuja constitucionalidade foi reiterada pelo Supremo Tribunal Federal no julgamento da ADPF 324 e do Recurso Extraordinário 958.252/MG – decisões emblemáticas, sobretudo, por terem autorizado a terceirização das assim chamadas "atividades-fim" exercidas pela empresa tomadora de serviços.Os limites jurídico-laborais da terceirização de serviços ou de mão de obra são objeto da súmula 331 do Tribunal Superior do Trabalho: CONTRATO DE PRESTAÇÃO DE SERVIÇOS. LEGALIDADE (nova redação do item IV e inseridos os itens V e VI à redação) - Res. 174/2011, DEJT divulgado em 27, 30 e 31.05.2011 I - A contratação de trabalhadores por empresa interposta é ilegal, formando-se o vínculo diretamente com o tomador dos serviços, salvo no caso de trabalho temporário (Lei nº 6.019, de 03.01.1974). II - A contratação irregular de trabalhador, mediante empresa interposta, não gera vínculo de emprego com os órgãos da Administração Pública direta, indireta ou fundacional (art. 37, II, da CF/1988). III - Não forma vínculo de emprego com o tomador a contratação de serviços de vigilância (Lei nº 7.102, de 20.06.1983) e de conservação e limpeza, bem como a de serviços especializados ligados à atividade-meio do tomador, desde que inexistente a pessoalidade e a subordinação direta. IV - O inadimplemento das obrigações trabalhistas, por parte do empregador, implica a responsabilidade subsidiária do tomador dos serviços quanto àquelas obrigações, desde que haja participado da relação processual e conste também do título executivo judicial. V - Os entes integrantes da Administração Pública direta e indireta respondem subsidiariamente, nas mesmas condições do item IV, caso evidenciada a sua conduta culposa no cumprimento das obrigações da Lei n.º 8.666, de 21.06.1993, especialmente na fiscalização do cumprimento das obrigações contratuais e legais da prestadora de serviço como empregadora. A aludida responsabilidade não decorre de mero inadimplemento das

ressarcir, uma vez que o acidente de trabalho ocorre nas suas instalações, nas quais o meio ambiente laboral se revelou inseguro.[38] A responsabilidade *trabalhista* das empresas tomadoras é subsidiária, mas a obrigação *ex lege* de ressarcir é direta, desde que comprovada a "responsabilidade" da tomadora pelo acidente de trabalho (MARTINEZ, 2011, p. 124).

Muito embora a empresa *cedente* da mão de obra seja a empregadora do trabalhador acidentado, o acidente de trabalho ocorre, em regra, no recinto da empresa tomadora. Nesse caso, somente haverá obrigação de ressarcir para a cedente se esta foi conivente e colaborou, de alguma forma, com a conduta da empresa tomadora dos serviços. A obrigação *ex lege* da empresa cedente não pode ser presumida, nem é solidária. Quem mantém o meio ambiente do trabalho é a empresa tomadora, não a cedente. Aqui não se trata de responsabilidade civil pelo acidente de trabalho, para indenizar o trabalhador, caso em que se justifica a solidariedade entre cedente e tomador da mão de obra, com base nos artigos 927, 932 e 942 do Código Civil.

Da mesma forma deve ser enfrentada a legitimidade passiva das ações ressarcitórias acidentárias envolvendo *grupos econômicos* (CC, art. 1.097 e Lei 6.404/1976, art. 265 e seguintes). Esse conceito serve bem aos seus propósitos quando se trata de responsabilidade trabalhista (CLT, art. 2º, §2º[39]) ou tributária (Lei 8.212/1991, art. 30, IX). Mas de pouca serventia tem para o ressarcimento *sui generis* do art. 120 da Lei 8.213/1991. Apenas a empresa responsável pelo acidente de trabalho tem legitimidade

---

obrigações trabalhistas assumidas pela empresa regularmente contratada. VI – A responsabilidade subsidiária do tomador de serviços abrange todas as verbas decorrentes da condenação referentes ao período da prestação laboral.

38. Nesse sentido: TRF5, AC 200981000057574, Desembargador Federal Edílson Nobre, 4ª Turma, DJE 04/10/2012 – p. 895.

39. Art. 2º. (...). §2º. Sempre que uma ou mais empresas, tendo, embora, cada uma delas, personalidade jurídica própria, estiverem sob a direção, controle ou administração de outra, ou ainda quando, mesmo guardando cada uma sua autonomia, integrem grupos econômicos responsáveis solidariamente pelas obrigações decorrentes da relação de emprego.

passiva para constar nas ações ressarcitórias. A formação, de direito ou de fato, do grupo econômico não compromete a personalidade jurídica das empresas agrupadas ou coligadas. A obrigação *ex lege* de ressarcir somente pode atingir aquela empresa na qual o acidente de trabalho ocorreu e na qual, por consequência, o meio ambiente do trabalho foi comprometido.

Note-se que a legitimidade passiva *ad causam* dessas dependerá, bastante, das peculiaridades do caso concreto, das asserções sobre a efetiva e real "responsabilidade" pelo acidente de trabalho acontecido.

Essa conclusão é bem aplicável ao ressarcimento *sui generis* envolvendo infortúnios decorrentes de obras de construção civil, pois várias são as possibilidades quanto ao regime jurídico de contratação dessas obras, com disciplinas variadas quanto à responsabilidade civil, trabalhista[40] e tributária. Tributariamente, por exemplo, o proprietário, o incorporador, o dono da obra e o condômino são solidários com o construtor (Lei 8.212/1991, art. 30, VI). Mas quanto à obrigação *ex lege* do art. 120 da Lei 8.213/1991, que não trata de nenhuma dessas espécies de responsabilidade, é preciso afirmar a "responsabilidade" direta e efetiva de qualquer uma dessas partes envolvidas na construção civil para incluí-la no polo passivo da ação atípica. Não é possível, portanto, afirmar, em abstrato, como faz BRAMANTE (2011, p. 30), a legitimidade passiva do dono da obra para as essas ações, sem pesquisar sua real contribuição para o acidente de trabalho. Mais uma vez deve ser lembrado que a responsabilidade civil pelo acidente de trabalho é diferente do ressarcimento *sui generis* para a previdência social.

40. Segundo a Orientação Jurisprudencial 191, da Seção de Dissídios Individuais 1 (SDI-1) do TST, "CONTRATO DE EMPREITADA. DONO DA OBRA DE CONSTRUÇÃO CIVIL. RESPONSABILIDADE. (nova redação) - Res. 175/2011, DEJT divulgado em 27, 30 e 31.05.2011 Diante da inexistência de previsão legal específica, o contrato de empreitada de construção civil entre o dono da obra e o empreiteiro não enseja responsabilidade solidária ou subsidiária nas obrigações trabalhistas contraídas pelo empreiteiro, salvo sendo o dono da obra uma empresa construtora ou incorporadora."

E se a responsabilidade pelo acidente de trabalho for do próprio trabalhador segurado da previdência social que recebe a prestação previdenciária? Em princípio, até mesmo havendo culpa *stricto sensu* do trabalhador pelo acidente, ele continuará fazendo jus às prestações previdenciárias. O empregador ou o terceiro não responderão por qualquer ressarcimento, porquanto não figuram como "responsáveis". E o próprio trabalhador não será demandado "regressivamente" porque seria um contrassenso lógico: receber o benefício da previdência e devolver pela ação "de regresso" acidentária.

Na hipótese de responsabilidade concorrente entre empregador e empregado, haverá necessidade de cotejar a conduta do empregador, pois, como já afirmado, apenas a dolosa gerará a obrigação de ressarcimento *sui generis*. Em havendo a concorrência efetiva, a quantia a ser ressarcida deverá guardar proporção no que concerne à efetiva participação do empregador.

Sabendo da responsabilidade concorrente entre empregador e empregador, é dever do proponente da ação de ressarcimento *sui generis*, em atenção ao princípio da boa-fé processual (CPC, art. 5º), expor tais fatos na petição inicial, de modo a permitir a adequada e proporcional tutela jurisdicional.

Consigna-se, mais uma vez, que não basta a simples inobservância das normas padronizadas de segurança e higiene do trabalho para gerar qualquer tipo de obrigação de ressarcir. Essa omissão, por si só, sujeita a empresa à fiscalização trabalhista, com possibilidade de autuação e multa administrativa (CLT, art. 626 e seguintes), além da incidência de maiores exações a título de SAT (Lei 10.666/2003, art. 10) e da atuação do Ministério Público do Trabalho.

Em relação à delimitação do polo processual passivo das ações regressivas discriminadas no art. 120, inciso II, da Lei 8.213/91, não remanesce maiores controvérsias. É pouco mais que evidente que a obrigação atípica de ressarcir terá como destinatário o autor da violência doméstica, isto é, o sujeito ativo da agressão física ou psicológica contra a mulher.

Embora os episódios mais comuns de violência doméstica mostrem o homem como autor do ilícito e a mulher como vítima, imperioso consignar que o intuito da Lei Maria da Penha é o de resguardar *objetivamente* as mulheres de toda a forma de negligência, discriminação, exploração, violência, crueldade e opressão (art. 3º, § 1º). Logo, o âmbito protetivo da lei não se limita a erradicar e inibir os atos de violência decorrentes da específica relação de vulnerabilidade vislumbrada entre homens e mulheres; mais do que isso, o referido diploma visa a tolher "uma forma de violência estruturada na sociedade por meio da linguagem e de práticas que são potencialmente reproduzidas por todos em uma cultura patriarcal, independentemente de seu gênero" (MELLO; PAIVA, 2019, p. 68).

Assim, desde que identificado o dolo específico de vulneração ou submissão da vítima, nada impede que a Lei Maria da Penha incida em contextos nos quais a figura masculina se encontra ausente, como em uniões homoafetivas nas quais uma companheira viola a integridade física e psicológica da outra com o objetivo de torná-la submissa (LIMA, 2016, p. 905) ou nas situações em que a mãe reprime a sua filha com atos de violência física, acompanhado dos dizeres de que "sair a esta hora não é digno de uma mulher de respeito" (MELLO; PAIVA, 2019, p. 69-70).

Em suma, qualquer pessoa que cometa agressão física, psicológica, patrimonial, moral ou sexual descrita no art. 7º da Lei Maria da Penha, dentro do âmbito familiar, do âmbito doméstico, ou em relação íntima de afeto, conforme estipula o art. 5º do mesmo diploma, poderá figurar como parte legítima para integrar o polo processual passivo da ação de regressiva previdenciária.

5.3.3. Denunciação da lide

Por fim, não há óbices para a denunciação da lide à seguradora contratada pelo empregador para cobrir os riscos atinentes à sua atividade, nos casos em que figura como polo passivo da ação regressiva acidentária. A denunciação do art. 125, II do CPC tem exatamente essa finalidade: impor àquele que estiver obrigado, pela lei ou pelo contrato, a indenizar, em ação regressiva, o prejuízo do que for vencido no processo. Com a denunciação, não se forma processo novo, muito embora se introduza uma nova ação, com ampliação objetiva ulterior do mesmo processo (DIDIER JUNIOR, 2018, p. 571).

Não obstante, costumam-se levantar dois obstáculos à denunciação da lide à seguradora: a) comprometimento da duração razoável do processo, dado o tumulto processual que poderá ser causado com a introdução da lide secundária; b) incompetência da Justiça Federal para apreciar a denunciação que envolve o réu denunciante (empregador) e o terceiro denunciado (seguradora).

No que tange ao primeiro obstáculo, improcede, na medida em que não se trata de ação envolvendo a vítima do acidente de trabalho, que poderia ser diretamente afetada pela demora no processo. Por outro lado, admitindo-se a denunciação da lide, elimina-se mais um litígio, por meio de um único processo, contribuindo para diminuir o número de demandas judiciais existentes. Ademais, esse argumento justificaria a abolição do próprio instituto da denunciação da lide, uma vez que, de forma inarredável, sempre haverá um *plus* de tempo com o processamento lateral dessa intervenção de terceiro.

O segundo obstáculo, inobstante prestigiado pela jurisprudência, também não procede. Apesar de a denunciação caracterizar ação e lide novas, pelas quais o denunciante visa ao ressarcimento pelo denunciado de eventuais prejuízos que porventura venha a sofrer em razão do processo pendente (DIDIER JUNIOR, 2018, p. 572), a jurisprudência do Superior Tribunal de Justiça tem redimensionado esse instituto a fim de permitir a formação de litisconsórcio passivo entre denunciante e denunciado, permitindo a condenação direta e solidária de ambos, em caso de procedência do pedido.[41] Nesse sentido se orientou o art. 128, parágrafo úni-

41. Nesse sentido: STJ, REsp 699.680/DF, Rel. Ministro FERNANDO GONÇALVES, 4ª TURMA, julgado em 29/06/2006, DJ 27/11/2006, p. 288.

co, do Código de Processo Civil 2015.[42] Ora, assim sendo, a lide secundária (proveniente da denunciação) mescla-se com a lide principal (o ressarcimento *sui generis*), justificando a unidade de jurisdição. Do ponto de vista da pretensão ressarcitória, essa nova conformação da denunciação da lide é interessante, porquanto amplia o espectro subjetivo do próprio ressarcimento.

Quanto às ações regressivas fundadas nas disposições previstas na Lei 11.340/06, não vislumbramos a possibilidade de denunciação à lide. Embora conhecida a relativa autonomia existente entre a responsabilidade civil e a responsabilidade penal (VENOSA, 2013, p. 201-202), é impossível - ou, ao menos, demasiadamente dificultoso - desvincular o dever ressarcitório insculpido no art. 120, II, da Lei 8.213/91 do tipo penal correspondente à violência doméstica (arts. 121 e 129 do CP c/c art. 5º e 7º da Lei 11.340/06).

Tendo em vista a profunda relação entre o tipo penal e o fato gerador do dever de ressarcimento, necessária a aplicação do *princípio da não transcendência da pena* (art. 5º, XLV, da CF e art. 13 do CP), do qual exsurge a noção de que a responsabilidade penal possui cunho estritamente pessoal e, por isso, "exclui qualquer possibilidade de imposição de sanções, principais ou acessórias, a terceiros alheios ao cometimento da conduta punível" (CARVALHO, 2018, p. 428).

Como exposto, o instituto da denunciação à lide pressupõe que um terceiro esteja vinculado ao autor do dano - e ao respectivo dever de indenizar - por meio de lei ou contrato (art. 125, II, do CPC); tal situação, porém, é impossível de se configurar no bojo das ações regressivas fundadas na Lei Maria da Penha, eis que o dever de reparação da vítima desponta como efeito anexo da própria sentença penal (art. 91, I, do CP c/c art. 24, IV, da

42. Art. 128. (...). Parágrafo único. Procedente o pedido da ação principal, pode o autor, se for o caso, requerer o cumprimento da sentença também contra o denunciado, nos limites da condenação deste na ação regressiva.

Lei 11.340/06), tratando-se de incumbência intransmissível por força de disposição constitucional.

5.4. COMPETÊNCIA

5.4.1. Competência absoluta: qual a Justiça competente?

A competência é delimitação normativa do âmbito de atuação do órgão jurisdicional, nas palavras de BOCHENEK e DALAZOANA (2013, p. 36).

Interessa determinar, em primeiro lugar, a *Justiça competente* para as ações de ressarcimento *sui generis* do art. 120 da Lei 8.213/1991, ou seja, o ramo do Poder Judiciário a quem compete processar e julgar tais ações.

Como se sabe, a definição da Justiça competente envolve regras que se submetem ao regime da *competência absoluta,* ou seja, regras inderrogáveis pela vontade das partes, que permitem conhecimento e declaração de ofício pelo juiz e pelos tribunais (CPC, arts. 63 e 64).

A disputa que costuma se apresentar, no campo das *ações regressivas acidentárias* (Lei 8.213/91, art. 120, inciso I), dá-se entre as Justiças Federal, Estadual e Trabalhista.

Para resolver doutrinariamente essa disputa, é preciso retornar à "natureza" dessas ações, aclarada pela crítica: as "ações regressivas *acidentárias*" não são ações de regresso, nem envolvem responsabilidade civil; são ações que buscam um ressarcimento atípico, *ex lege* e, portanto, *sui generis* para os cofres da Previdência Social; esse ressarcimento tem, como causa de pedir remota, a responsabilidade dolosa do empregador ou de terceiro pela ocorrência do acidente de trabalho que corresponde a uma prestação previdenciária concedida e paga.

Nesse contexto, ainda que se fincasse à causa de pedir próxima na responsabilidade civil, ficaria bastante difícil sustentar que tais ações de ressarcimento não sejam *oriundas da relação de trabalho.*

Na relação de trabalho ocorre o acidente de trabalho. Dessa mesma relação, atingida pelo infortúnio, pode se originar a responsabilidade civil do empregador e a pretensão do trabalhador à respectiva indenização, direito social constitucionalmente assegurado (CF, art. 7º, XXVIII). Dessa mesma relação, impactada pelo sinistro, origina-se a obrigação constitucional do sistema de seguridade social, instituído para realizar os objetivos da ordem social brasileira de bem-estar e de justiça sociais, em pagar as prestações previdenciárias devidas ao segurado ou aos seus dependentes, independentemente da averiguação de culpa. Da mesma relação laboral, da qual exsurgiu a obrigação previdenciária do Estado, exsurge a obrigação *ex lege* de ressarcimento.

No primeiro caso, a competência para a ação indenizatória do empregado contra o empregador, fundada no acidente de trabalho, é mesma da Justiça trabalhista, dado que a ela compete processar e julgar "as ações de indenização por dano moral ou patrimonial, decorrentes da relação de trabalho" (CF, art. 114, VI).[43]

No segundo caso, na hipótese de indeferimento injusto da prestação previdenciária pelo acidente de trabalho sofrido, caberá ação do segurado, ou de seus dependentes, contra o INSS, autarquia federal que tem por finalidade promover o reconhecimento de direito ao recebimento de benefícios previdenciários. É a *ação acidentária típica*, fundada no *direito previdenciário* e não no direito do trabalho. Ainda que "a causa remota da ação

43. A súmula 501 do STF tem essa redação: "Compete à Justiça ordinária estadual o processo e o julgamento, em ambas as instâncias, das causas de acidente de trabalho, ainda que promovidas contra a União, suas autarquias, empresas públicas e sociedades de economia mista." Essa súmula foi editada para resolver a dúvida de interpretação surgida com o art. 134, §2º, da Constituição outorgada de 1967, que estabelecia, a par da definição da competência da Justiça do Trabalho, que "os dissídios relativos a acidentes do trabalho são da competência da Justiça ordinária." Quem era a Justiça ordinária? Decidiu-se ser a Justiça dos Estados, ainda que o litígio envolvesse a União ou as entidades federais. Mas os precedentes que deram origem à súmula eram referentes a ações indenizatórias de empregados contra empregadores, de forma que essa súmula não trata de competência envolvendo benefícios acidentários. Assim considerando, a súmula 501 do STF não tem mais aplicabilidade, diante no atual texto constitucional emendado, que remete à Justiça do Trabalho qualquer ação de indenização decorrente da relação de trabalho.

acidentária seja uma relação de trabalho, pois sem esta o acidente de trabalho sequer pode ser caracterizado", a natureza exclusivamente previdenciária dessa ação afasta a competência da Justiça do Trabalho.[44] Afastada a competência da Justiça laboral, afasta-se também a competência da Justiça Federal, não obstante a presença do INSS no polo passivo da ação, uma vez que as causas fundadas em acidentes de trabalho são expressamente excluídas da competência federal, pelo art. 109, I, da Constituição. O art. 129 da Lei 8.213/1991 expressamente atribui à Justiça Estadual e à do Distrito Federal a competência para os litígios e medidas cautelares relativos a acidentes de trabalho.[45] Por essas razões é que o Superior Tribunal de Justiça sumulou o entendimento segundo o qual "compete à Justiça Estadual processar e julgar os litígios decorrentes de acidente de trabalho." (súmula 15). Fica claro que a súmula se refere às *ações acidentárias*, referentes aos benefícios acidentários administrados pelo INSS, e não às ações indenizatórias do empregado contra o empregador pelo mesmo tipo de infortúnio, que são da competência da Justiça do Trabalho.

Ora, se ações acidentárias são excluídas da competência da Justiça Federal porquanto a sua causa de pedir remota diz respeito a acidente de trabalho (muito embora a "natureza" da ação seja previdenciária), não há muito sentido em concluir de forma diferente em relação às ações de ressarcimento *sui generis*, sucedâneas das "ações regressivas acidentárias", fundadas no art.

44. A citação e essa conclusão são extraídas de julgado do Supremo Tribunal Federal, relatado pelo Ministro Carlos Ayres Britto: STF, RE 478472 AgR, 1ª Turma, julgado em 26/04/2007, DJe-028 DIVULG 31-05-2007 PUBLIC 01-06-2007 DJ 01-06-2007 PP-00056 EMENT VOL-02278-05 PP-00935 RDECTRAB v. 14, n. 156, 2007, p. 78-81 RLTR v. 72, n. 1, 2008, p. 97.

45. Art. 129. Os litígios e medidas cautelares relativos a acidentes de trabalho serão apreciados: I – (...); II – na via judicial, pela Justiça dos Estados e do Distrito Federal, segundo o rito sumaríssimo, inclusive durante as férias forenses, mediante petição instruída pela prova de efetiva notificação do evento à Previdência Social, através de Comunicação de Acidente de Trabalho – CAT. Parágrafo único. O procedimento judicial de que trata o inc. II deste artigo é isento do pagamento de quaisquer custas e de verbas relativas à sucumbência.

120, inciso I, da Lei 8.213/91, cuja causa de pedir remota também se funda em acidente de trabalho.

O mesmo tratamento deve ser dado às ações acidentárias típicas e às ações ressarcitórias *sui generis*, pois ambas exibem a mesma causa de pedir remota. Sem acidente de trabalho, oriundo da relação de trabalho, não há nem ação acidentária, nem ação de ressarcimento atípico. Qualquer ação fundada em acidente de trabalho está excluída da competência da Justiça Federal, por ordem expressa da Constituição (art. 109, I).[46] As ações indenizatórias por acidente de trabalho vão para a Justiça do Trabalho. As ações previdenciárias por acidente de trabalho vão para a Justiça Estadual. *As ações de ressarcimento sui generis por acidente de trabalho também devem ir para a Justiça dos Estados.*

Dizer, como diz a jurisprudência federal,[47] que as "ações regressivas" devem ser processadas e julgadas pela Justiça Federal porque a sua natureza é indenizatória, fundada em responsabilidade civil, é ignorar, não só a verdadeira "natureza jurídica" dessas ações, como, pior, ignorar que *a causa de pedir remota é acidente de trabalho*, que não pode ser objeto de análise pela Justiça Federal, por expressa vedação constitucional.

A sujeição das ações acidentárias à Justiça Estadual se dá justamente pela causa de pedir remota (acidente de trabalho), ainda que a "natureza" da ação seja previdenciária. Sujeitar as ações de ressarcimento *sui generis* à Justiça Estadual, que rotineiramente

---

46. A Proposta de Emenda à Constituição 103/19 continha alterações que tendiam a retirar a competência da Justiça Estadual para o processamento e julgamento de demandas envolvendo acidentes de trabalho, de modo a repassar o julgamento de todas as causas previdenciárias à Justiça Federal. No entanto, a referida disposição não foi aprovada, permanecendo inalterada a redação do art. 109, I, da CF.

47. Exemplos: TRF1, 5ª Turma, AG 297038820124010000, Rel. Juiz convocado Evaldo de Oliveira Fernandes Filho, unânime, DJe 16/5/2014; TRF2, 8ª Turma Esp., AG 201202010188457, Rel. Des. Fed. Alexandre Libonati de Abreu, unânime, DJe 11/7/2013; TRF3, 1ª Turma, AI 00010818120084030000, Rel. Des. Fed. Johonsom di Slavo, unânime, DJe 2/9/2009; TRF4, 3ª Turma, AG 00024614420104040000, Rel. Des. Fed. Carlos Eduardo Thompson Flores Lenz, unânime, DJe 12/5/2010; TRF5, 2ª Turma, AG 00130024120124050000, Rel. Des. Fed. Francisco Wildo, unânime, DJe 24/1/2013.

já procede ao julgamento das ações acidentárias, é favorecer a *unidade de jurisdição e de convicção* sobre a matéria acidentária: quem julga se os benefícios acidentários são devidos, deve julgar também o ressarcimento aos cofres públicos por esses mesmos benefícios. Essa repartição não é boa para o sistema de justiça, foi fracionada injustificadamente (e inconstitucionalmente) a convicção sobre a mesma matéria.

Portanto, a Justiça competente para as ações fundadas no art. 120 da Lei 8.213/1991 é a Justiça dos Estados e a do Distrito Federal, dado que qualquer causa fundada em acidente de trabalho – ainda que a sua natureza seja previdenciária ou cível *lato sensu* – está constitucionalmente excluída da competência da Justiça Federal.[48]

Ressalva-se, por fim, que o processamento e julgamento das ações regressivas fundadas na Lei Maria da Penha compete à Justiça Federal, porquanto, ao contrário do caso supramencionado, inexiste qualquer exceção constitucional apta a remeter o feito à Justiça Estadual. Desse modo, aplica-se o regramento geral do art. 109, I, da CF, o qual preceitua que são afetas à competência da Justiça Federal todas as causas que tergiversarem interesse da União, o que é nitidamente o caso das ações regressivas do art. 120, II, da Lei 8.213/91, sobretudo porque o seu intuito principal é o de gerar receita à Previdência Social, cujas secretarias correspondentes são vinculadas ao âmbito federal.

5.4.2. Competência relativa territorial

Definida a Justiça competente, de acordo com as regras de competência absoluta, impende determinar a *competência territorial* ou *de foro*, ou seja, "a que é atribuída aos diversos órgãos jurisdicionais levando em conta a divisão do território nacional em circunscrições judiciárias." (THEODORO JÚNIOR, 2001, p. 152).

48. Nesse sentido há precedente, ainda que mais antigo, do Tribunal Regional Federal da 3ª Região: TRF3, 5ª Turma, REO 00393297219964036100, Rel. Des, Fed. Suzana Camargo, DJU 12/11/2002.

Para as ações de ressarcimento *sui generis* deve prevalecer a regra geral, ou seja, devem ser propostas perante o *foro do domicílio do réu* (CPC, art. 46).

Como não de trata de ação de reparação de dano, não se aplica a regra excepcional contida no art. 53, IV, *a*, do CPC, a qual estabelece como competente o "lugar do ato ou fato para a ação de reparação de dano".[49] Muito menos há espaço para a aplicação do art. 53, V do CPC,[50] pois, além de não se tratar de ação de reparação de dano, mas de ação de ressarcimento *sui generis*, derivada de obrigação *ex lege*.

5.5. ÔNUS DA PROVA

O chamado *ônus da prova* congrega uma série de critérios que permitem resolver a controvérsia quando não resulte provada a existência dos fatos principais, tendo por função estabelecer a parte que deveria provar o fato e determinar as consequências de não tê-lo provado (MARINONI; ARENHART, 2004, p. 315).

O ônus da prova é fixado – de maneira estática, abstrata e apriorística –, pelo art. 373, I e II do CPC: ao autor incumbe provar o fato constitutivo do seu direito; ao réu, incumbe provar os fatos impeditivos, modificativos ou extintivos do direito do autor.

---

49. Para a jurisprudência que considera a ação "regressiva" acidentária como ação de reparação de danos, aplica-se a regra excepcional: AGRAVO EM AGRAVO DE INSTRUMENTO. EXCEÇÃO DE INCOMPETÊNCIA. INSS. AÇÃO REGRESSIVA. ART. 120 E 121 DA LEI 8.213/91. DEMANDA AJUIZADA NO LOCAL DO ATO/FATO DANOSO. INCISO V, 'A', DO ARTIGO 100 DO CPC. PRECEDENTE DA CORTE. 1. A ação regressiva movida pelo INSS encontra previsão nos arts. 120 e 121 da Lei nº 8.213/91 - Lei de Benefícios da Previdência Social, visando ao ressarcimento de valores despendidos com o pagamento de benefícios previdenciários concedidos aos segurados, em face de acidente de trabalho supostamente ocorrido por negligência da empresa ré no cumprimento das normas de segurança e higiene do trabalho. 2. Tratando-se de ação de responsabilidade, com pedido de indenização decorrente de ato danoso imputável à empresa, a questão da competência resolve-se com a aplicação dos ditames do inciso V, 'a', do artigo 100 do Código de Processo Civil [de 1973]. 3. Agravo improvido. (TRF4 5028775-97.2014.404.0000, 3ª Turma, Relator p/ Acórdão Carlos Eduardo Thompson Flores Lenz, juntado aos autos em 27/11/2014).
50. Art. 53. (...). V - de domicílio do autor ou do local do fato, para a ação de reparação de dano sofrido em razão de delito ou acidente de veículos, inclusive aeronaves.

Havendo, portanto, apenas *defesa de mérito direta*, na qual o réu se limita a negar o fato constitutivo do direito do autor, o ônus da prova recairá completamente sobre os ombros do autor. Na hipótese de *defesa de mérito indireta*, que se opera quando o réu, admitindo o fato constitutivo do direito do autor, alega fato novo capaz de impedir, modificar ou extinguir o direito do autor, o ônus da prova passará para o réu.

Mas a par da regra geral fixada pelo CPC, outras leis também fixam, estaticamente, o ônus da prova, mas o fazem de maneira diversa. É a conhecida *inversão legal*, ou *ope legis*, do ônus da prova. Confira-se, por exemplo, o art. 38 da Lei 8.078/1990: "o ônus da prova da veracidade e correção da informação ou comunicação publicitária cabe a quem as patrocina."

O ônus da prova é concebido, atualmente, como uma regra híbrida, ao mesmo tempo *regra de procedimento* e *regra de julgamento*: age estimulando as partes a bem desempenharem os seus encargos probatórios, cientes dos riscos a serem suportados no caso de ausência de prova (regra de instrução ou procedimento), bem como orientando o juiz a como proceder para enfrentar o estado de dúvida sobre a existência dos fatos, permitindo-lhe decidir, ainda assim, o mérito da causa (regra de julgamento) (MARINONI; MITIDIERO, 2014, p. 335-336).

Mas ao lado da distribuição *fixa* do ônus da prova, hoje se admite a distribuição *dinâmica* desse ônus, na qual ele é atribuído a partir das peculiaridades do caso concreto, a fim de atender ao princípio processual de paridade de armas (MARINONI; MITIDIERO, 2014, p. 336-338): atribui-se o ônus da prova à parte que, efetivamente, tem as melhores condições de produzi-la.

Dentro dessa inovadora perspectiva, para atender aos reclamos do direito fundamental ao *justo processo*, inclui-se a possibilidade de *inversão do ônus da prova ope judicis*: presentes os pressupostos estabelecidos em lei, o juiz pode inverter o ônus da prova, ficando a parte, que alega o fato, dispensada de prová-lo e a parte contrária acrescida do ônus de provar que tal fato não ocorreu (DIDIER JUNIOR, BRAGA, OLIVEIRA, 2010, p. 82). É o caso do direito básico do consumidor previsto no art. 6º, VIII, da Lei 8.078/1990: se for verossímil a alegação ou caso o consumidor seja hipossuficiente, pode o juiz decidir pela inversão do ônus da prova em favor deste. Essa possibilidade, consoante a jurisprudência do Superior Tribunal de Justiça, é regra de instrução ou procedimento, no que se coaduna com a tendência atual em direção ao modelo cooperativo do processo civil.[51]

Mas a inversão do ônus da prova *ope judicis* ainda remanesce de forma limitada, pois sua aplicação quase sempre se faz restrita às hipóteses previstas em lei, como nas aludidas relações de consumo.

A *distribuição dinâmica do ônus da prova* vai além da concepção atual de inversão *ope judicis* do ônus da prova, permitindo que o juiz, seja por comando legal, seja por respeito às peculiaridades da causa, relacionadas à impossibilidade ou à excessiva dificuldade de cumprimento do ônus da prova estático ou, ainda, da maior facilidade de obtenção da prova do fato contrário, distribua o ônus da prova de modo diverso, sempre como regra de instrução, em decisão anterior fundamentada.

É necessário observar, no entanto, que a distribuição dinâmica do ônus da prova não elimina a distribuição estática. A regra continua – e continuará – a ser a da distribuição estática, a qual, no entanto, em função das peculiaridades do caso concreto, pode ceder a uma nova distribuição do ônus, de modo a preservar a paridade de armas no processo.

---

51. PROCESSUAL CIVIL. FORNECIMENTO DE ENERGIA ELÉTRICA. INVERSÃO DO ÔNUS DA PROVA. REGRA DE INSTRUÇÃO. EXAME ANTERIOR À PROLAÇÃO DA SENTENÇA. PRECEDENTES DO STJ. 1. A jurisprudência desta Corte é no sentido de que a inversão do ônus da prova prevista no art. 6º, VIII, do CDC, é regra de instrução e não regra de julgamento, sendo que a decisão que a determinar deve - preferencialmente - ocorrer durante o saneamento do processo ou - quando proferida em momento posterior - garantir a parte a quem incumbia esse ônus a oportunidade de apresentar suas provas. Precedentes: REsp 1395254/SC, Rel. Ministra NANCY ANDRIGHI, 3ª TURMA, julgado em 15/10/2013, DJe 29/11/2013; EREsp 422.778/SP, Rel. Ministro JOÃO OTÁVIO DE NORONHA, Rel. p/ Acórdão Ministra MARIA ISABEL GALLOTTI, SEGUNDA SEÇÃO, julgado em 29/02/2012, DJe 21/06/2012. 2. Agravo regimental não provido. (STJ, AgRg no REsp 1450473/SC, Rel. Ministro MAURO CAMPBELL MARQUES, 2ª TURMA, julgado em 23/09/2014, DJe 30/09/2014).

O Código de Processo Civil 2015 albergou expressamente a possibilidade de distribuição dinâmica do ônus da prova, estabelecendo que "nos casos previstos em lei ou diante das peculiaridades da causa relacionadas à impossibilidade ou à excessiva dificuldade de cumprir o encargo nos termos do caput ou à maior facilidade de obtenção da prova do fato contrário, poderá o juiz atribuir o ônus da prova de modo diverso, desde que o faça por decisão fundamentada, caso em que deverá dar à parte a oportunidade de se desincumbir do ônus que lhe foi atribuído." (CPC, art. 373, §1º). O novo Código, não obstante, tempera que a distribuição dinâmica do ônus da prova "não pode gerar situação em que a desincumbência do encargo pela parte seja impossível ou excessivamente difícil." (CPC, art. 373, §2º). Além disso, prevê que a definição do ônus da prova deva ser objeto da decisão de saneamento e de organização do processo (CPC, art. 357, III) e que a redistribuição do ônus da prova nos termos do art. 373, §1º, enseja a interposição de agravo de instrumento (CPC, art. 1015, XI).

Nas ações de ressarcimento *sui generis* não há qualquer dispositivo legal que autorize, *a priori*, a inversão do ônus da prova em favor da Previdência Social (União ou mesmo do INSS).

Aplica-se, portanto, a regra geral do CPC acerca da distribuição estática do *onus probandi* (art. 373): à Previdência Social incumbirá a prova dos fatos que autorizam o excepcional ressarcimento *sui generis* (CASTRO; LAZZARI, 2004, p. 501), especialmente a conduta dolosa do legitimado passivo que contribuiu para a ocorrência do acidente de trabalho.

De outro lado, é difícil perceber, ainda que de antemão, justificativas plausíveis para uma diversa distribuição do ônus da prova, considerando a capacidade econômica e técnica dos diversos órgãos ligados à Previdência Social, e das respectivas Procuradorias, especialmente as ligadas ao INSS, em coligir os elementos de prova necessários para formar o convencimento judicial sobre a conduta dolosa do réu em relação ao acidente de trabalho que originou prestações previdenciárias.

Reforça essa convicção, a *hiperssuficiência técnica* das Procuradorias Federais, conforme demonstra a Portaria Conjunta PGF/INSS 06, de 18 de janeiro de 2013, que dispõe sobre as "ações regressivas previdenciárias".[52]

Por meio dessa Portaria, foi instituído, para os órgãos de execução da Procuradoria Geral Federal, o *Procedimento de Instrução Prévia* (PIP), pelo qual se organiza o "levantamento das informações, documentos previdenciários e constituição de prova da ocorrência dos ilícitos tratados nesta portaria, com vistas ao eventual ajuizamento da ação regressiva." (art. 6º).[53]

Instaurado o PIP, as informações previdenciárias podem ser obtidas mediante acesso aos sistemas previdenciários, e os documentos não disponíveis nos sistemas podem ser solicitados diretamente ao INSS (art. 13, *caput*). Dos sistemas previdenciários, além dos dados básicos de concessão, de manutenção e histórico de créditos pelos valores brutos, podem ser extraídas as seguintes informações: no caso de pensão por morte, qualificação do segurado instituidor, dos dependentes e dados de eventual desdobramento do benefício; no caso de benefício por incapacidade: qualificação do segurado, histórico médico e, no caso de acidente de trabalho, extrato da Comunicação de Acidente de Trabalho – CAT (art. 13, § 1º). Na hipótese de reabilitação profissional, podem ser comprovadas as despesas realizadas mediante cópias dos procedimentos de aquisição de bens e serviços, e documentos de disponibilização ao segurado, bem como avaliada a expectativa de despesas futuras (art. 13, §2º).

Além de tudo isso, durante o PIP, o Procurador Federal responsável pode obter provas da ocorrência do ilícito acidentário, sem prejuízo de outros modos determinados pelas circunstâncias

52. Confira-se o ANEXO 1 deste livro.
53. Considerando, nos termos deste trabalho, que a legitimidade ativa para as ações de ressarcimento *sui generis* pertence à União – e não ao INSS – o melhor seria que a regulamentação e a atribuição para o Procedimento de Investigação Prévia (PIP) passasse para a Advocacia-Geral da União e seus órgãos de execução, e não mais à Procuradoria-Geral Federal e seus respectivos Procuradores Federais.

dos fatos, por encaminhamento espontâneo, ou mediante solicitação, de laudo de análise de acidente à Superintendência Regional do Trabalho e Emprego da localidade; por solicitação aos órgãos do Ministério Público Estadual ou do Distrito Federal e Territórios, Ministério Público do Trabalho, Polícia Civil, Fundação Jorge Duprat Figueiredo de Saúde e Segurança do Trabalho - FUNDACENTRO, Sindicatos e outras entidades que porventura disponham de elementos probatórios; e por meio de pesquisas e requerimentos aos órgãos jurisdicionais da Justiça dos Estados ou Distrito Federal e Territórios, ou da Justiça do Trabalho a respeito de eventuais ações de indenização (art. 14).

Não é por outra razão que, depois de finalizado o PIP, a ação ressarcitória somente será proposta se "estiverem presentes os elementos suficientes de prova da ocorrência do ato ilícito, da culpabilidade, do nexo causal e da realização de despesas previdenciárias." (art. 15).

Diante desse quadro administrativo exemplar, propiciando ao autor público um amplo, privilegiado e organizado espectro de possibilidades para a produção das provas dos fatos constitutivos do seu direito ao ressarcimento *sui generis*, parece estar bem garantida a *paridade de armas* na relação processual, não se justificando, ao menos em abstrato, um tratamento diferenciado que excepcione a clássica repartição do *onus probandi*.

Nesse ponto convém repassar, mais uma vez, que ação do art. 120, inciso I, da Lei 8.213/1991 não pode ser confundida com a ação de reparação de danos materiais, morais e estéticos derivados de acidente de trabalho, cuja titularidade é do trabalhador, que investe contra o empregador culpado.

Somente nessa ação de reparação de danos, promovida pelo trabalhador-vítima contra o empregador culpado, é que se pode falar em *culpa contra a legalidade*, conforme expressão de OLIVEIRA, S. G. de (2011, p. 177-193), referindo-se, com isso, que a simples violação de alguma norma legal ou regulamentar sobre segurança, higiene, saúde ocupacional ou meio ambiente do trabalho, havendo dano e nexo causal, pode gerar *presunção de culpa do empregador pelo acidente de trabalho ocorrido*, "uma vez que o descumprimento da conduta normativa prescrita já representa a confirmação da sua negligência, a ilicitude objetiva ou a culpa contra a legalidade." (OLIVEIRA, S. G. de, 2011, p. 177).

Mas não é possível, como o faz MACIEL (2010, p. 79-82), simplesmente transportar essa interpretação adequada ao direito social de proteção do trabalhador (CF, art. 7º, XXVIII) à ação de ressarcimento *sui generis* da Previdência Social, cujo objetivo é, primordialmente, arrecadatório.

A presunção de culpa do empregador, admitida nas ações indenizatórias propostas na Justiça do Trabalho, é incompatível com o ônus da prova que pertine às ações *acidentárias* propostas pela Previdência Social para ressarcimento *sui generis*.

Se a dinamização do ônus da prova já se mostra impertinente nas ações regressivas acidentárias, no campo das ações regressivas fundadas na Lei Maria da Penha, é possível aduzir que tal medida é, de todo, inadequada.

Como já exposto, em que pese a relativa autonomia existente entre os campos da responsabilidade civil e da responsabilidade penal, é certo que o fato subjacente à demanda prevista no art. 120, II, da Lei 8213/91 possui repercussão em ambas as esferas.[54]

Como também já mencionado, o contexto probatório da *ação regressiva Maria da Penha* se subdivide em duas hipóteses distintas: uma primeira na qual a ação regressiva é manejada após a responsabilização definitiva do agressor na instância criminal; uma segunda em que inexiste decisão penal ou civil prévia responsabilizando o autor da agressão doméstica.

---

54. Conforme acentua VENOSA, "o mesmo ato ou a mesma conduta pode constituir crime e ato ilícito passível de indenização. Desse modo, para o mesmo fato ou ato, ou série de atos, podem ocorrer concomitantemente à persecução penal e a ação de ressarcimento. Homicídio, lesões corporais, delitos de automóvel, crimes de colarinho branco com freqüência trazem repercussões simultâneas, tanto para o direito de punir do Estado, como para o interesse de ressarcimento da vítima" (2013, p. 201).

No primeiro caso, não remanescem maiores controvérsias no que tange à dinâmica probatória, uma vez que a sentença condenatória penal se trata de documento apto a evidenciar o crime de violência doméstica, bem como a autoria do ilícito (VENOSA, 2013, p. 202-204). Nessas circunstâncias, desde que juntado pela parte autora o título condenatório criminal, a continuidade do processo em direção à fase instrutória mostrar-se-ia protelatória e ineficiente, razão pela qual o feito comportaria julgamento antecipado do mérito, na forma do art. 355, inciso I, do CPC.

No segundo caso, porém, esquadrinha-se um cenário mais complexo. Conquanto a demanda do INSS não tenha como fundamento imediato a violência doméstica (mas sim o pagamento de prestação previdenciária à vítima da agressão), não se pode olvidar que a procedência de sua pretensão estará condicionada à comprovação de agressão contra a integridade física ou psicológica da mulher, conforme dispõe, expressamente, o art. 120, II, *in fine*, da Lei 8.213/91.[55] Será necessária, portanto, ampla dilação instrutória, para que possibilitar ao INSS a formação de substrato probatório apto a convencer o juiz a respeito da conduta delituosa e para facultar ao réu o exercício do direito à ampla defesa por meio da produção de provas contrárias à tese defendida pela autarquia.[56] Noutros termos, uma vez que a existência do crime de violência doméstica desponte como ponto controvertido do processo,[57] ambas as partes passam a ser abarcadas pelas prerrogativas inerentes ao *direito fundamental à prova* (RAMOS, 2013),

55. Para mais pormenores a respeito do cabimento e do interesse processual das ações regressivas previdenciárias fundadas na Lei Maria da Penha, remete-se o leitor ao item 5.1 desta obra.

56. Para pormenores sobre os contornos do *convencimento judicial*, confira-se: MARINONI; ARENHART, 2018, p. 75-116.

57. A respeito dos conceitos de *ponto controvertido* e de *questão*, DINAMARCO elucida que "cada ponto é uma coluna sobre a qual se apóia a demanda, a defesa ou a sentença. Toda a vez que surge uma *controvérsia* em torno de um ponto – com um dos sujeitos afirmando e outro negando ou cada um deles apresentando sua interpretação fática ou interpretação jurídica diferente – diz-se que esse ponto se erigiu em *questão*" (2002, p. 62).

Com efeito, grande celeuma remanesce sobre o standard de prova exigido para que o juiz repute demonstrada a violência doméstica, isto é, qual seria ao nível mínimo de certeza necessário para que o juízo se convença a respeito da existência da violência doméstica alegada pelo INSS.[58] Isso porque a constatação da existência do crime e da sua autoria é capaz de gerar repercussões extremamente gravosas para o réu da ação regressiva. A título ilustrativo, caso o juiz federal, no curso da ação ressarcitória, identifique efetivo crime de feminicídio (art. 121, § 2º, VI, do CP) ou de lesão corporal (art. 129, § 9º, do CP), será obrigado a remeter os autos ao Ministério Público Estadual, na forma do art. 40 do CPP, para que este proceda à investigação da conduta delituosa e, se necessário, propor denúncia contra o agressor.

Isso posto, necessário reconhecer que, nestes casos, a formação do convencimento judicial deve ser parcimoniosa, dado que a procedência do pedido do INSS acarretará a formação de contundente elemento de prova favorável à condenação criminal do réu. Assente-se, com Danilo KNIJNIK, no sentido de que "é indubitável que a certeza exigida para julgar-se uma indenização por acidente de trânsito não pode e não deve ser a mesma para que se decrete a perda do pátrio poder, que, a sua vez, não pode e não deve ser igual para que se prive alguém da liberdade, que, por fim, não pode ser a mesma quando se trate de condenar alguém criminalmente com base em indícios. Quanto mais grave o efeito do erro judiciário, maior deve ser o cuidado" (2007, p. 42-43).

Necessário pontuar, em complemento, que, "quando se determina o 'módulo de prova', não há como deixar de levar em conta a matéria subjacente ao direito processual, sob pena de os fins do próprio direito material, serem desvirtuados, ou ainda de se

58. De acordo com KNIJNIK, a noção de "*standards de prova*" ou – como prefere o autor – "*modelos de constatação*" nada mais são do que os "critérios pelos quais os juízos de fato são formalizados" (2007, p. 18). Quer dizer, o *standard probatório* se trata de "critérios, pautas objetivas, sujeitas ao controle e à discussão das partes, na constatação de fatos, e auxiliam na evitação do erro ou do arbítrio" (KNIJNIK, 2007, p. 18).

entrar em choque com outros importantes princípios do direito" (MARINONI; ARENHART, 2018, p. 105).

Apesar de não estar diretamente associada ao rito processual penal, é certo o polo processual ativo, na demanda ressarcitória, assume posição análoga a um órgão acusador, razão pela qual é possível aduzir que toda a carga probatória relacionada à existência do crime – e da ausência de causas excludentes de ilicitude, tais como legítima defesa e estado de necessidade – lhe é inteiramente remetida, em razão da incidência da máxima *in dubio pro reo*. Portanto, incumbe à Fazenda Pública demonstrar a existência de violência doméstica em patamar "*acima de qualquer dúvida razoável*" (KNIJNIK, 2007, p. 40-45),[59] de modo semelhante ao que ocorre no processo penal, porquanto, embora a demanda previdenciária não tenha o intuito de promover a persecução penal, esta se trata de efeito imediato da procedência do pleito autoral.

Por tudo isso, resta vedada a dinamização ou inversão do ônus probatório em prol do autor da ação regressiva; caberá ao polo ativo formular substrato probatório robusto, convincente e coerente para evidenciar a existência do crime de violência doméstica ou familiar.

5.6. COISA JULGADA

5.6.1. A coisa julgada nas ações de ressarcimento *sui generis* e sua revisão

A coisa julgada é uma garantia constitucional (CF, art. 5º, XXXVI) atrelada à segurança jurídica e à necessária estabilidade das relações jurídicas.

Denomina-se *coisa julgada material* a autoridade que torna imutável e indiscutível a decisão de mérito não mais sujeita a recurso (CPC, art. 502). Operada a coisa julgada material, a decisão

59. Entende-se, aqui, qualquer dúvida apta a ensejar potencial absolvição do réu por falta de provas. Para maiores informações, confira-se: KNIJNIK, 2007, p. 40.

judicial de mérito não mais poderá ser rediscutida, nem no processo em que foi produzida, nem em qualquer outro (DIDIER JUNIOR, BRAGA, OLIVEIRA, 2010, p. 409). Mas essa indiscutibilidade não é absoluta, pois conhece limites objetivos (apenas a decisão contida no dispositivo transita em julgado - CPC, art. 504) e subjetivos (apenas as partes do processo ficam proibidas de rediscutir a decisão - CPC, art. 506).

É claro que a decisão de mérito definitiva proferida nas ações de ressarcimento *sui generis* produz coisa julgada material, seja de procedência, seja de improcedência do pedido ressarcitório (*pro et contra*). Como não se trata de ação coletiva regida pelo sistema de proteção de direitos coletivos *lato sensu* (Lei da Ação Civil Pública + Título III do Código de Defesa do Consumidor), é inaplicável a formação da coisa julgada *secundum eventum litis et probacionis*, ou seja, haverá coisa julgada material mesmo que o pedido seja julgado *improcedente por falta de provas.*

A decisão que julga total ou parcialmente o mérito tem força de lei nos limites da lide ou da questão principal expressamente decidida (CPC, art. 503). A autoridade da coisa julgada persiste, portanto, enquanto persistirem os elementos fáticos e jurídicos da lide originalmente posta em juízo. Em outras palavras, "enquanto persistir o contexto fático-jurídico que deu lugar à sua formação, persiste a sua autoridade." (MARINONI; MITIDIERO, 2014, p. 451-452).

Por essas razões é que já se defendeu, nesta obra, que a *sucessão de benefícios acidentários ou previdenciários* extrapola a lide original e não está acobertada pela coisa julgada material, exigindo-se, para ressarcimento *sui generis*, pedido revisional amparado pelo art. 505, I, do CPC.

Da mesma forma, quando há o *restabelecimento de benefício acidentário/previdenciário cessado*: a revisão é possível, para restabelecer o ressarcimento, dado que o fato gerador ainda é o mesmo (o acidente de trabalho/o incidente de violência doméstica), muito embora a situação fática relativa à situação de saúde do segurado(a) tenha se alterado.

Havendo modificação superveniente no estado de saúde do segurado(a), após o trânsito em julgado da decisão de mérito de procedência, a justificar a concessão de novo benefício ou serviço previdenciário ou o restabelecimento de benefício anteriormente cessado, opera-se modificação de parte dos fatos jurídicos sobre os quais se pronunciou o órgão jurisdicional, exigindo-se, após o contraditório e a ampla defesa, uma nova disciplina jurisdicional, por meio do pedido revisional, ainda que manejado nos próprios autos em que foram proferidas as decisões de mérito transitadas em julgado.

Caso o benefício concedido ao segurado(a) seja posteriormente cassado, cancelado ou, de qualquer forma, declarado indevido, administrativa ou judicialmente, por ausência de qualquer dos pressupostos para a sua concessão (qualidade de segurado, carência etc.), a *restituição* dos valores pagos em virtude da condenação na ação ressarcitória torna-se devida. Isso porque a concessão e o pagamento de prestação acidentária ao trabalhador ou a seus dependentes, como requisito necessário para a ação de ressarcimento *sui generis*, pressupõe a *licitude* dessa concessão, ou seja, a Previdência Social somente poderá investir contra o empregador, postulando o ressarcimento de valores que eram efetivamente devidos ao trabalhador ou a seus dependentes. Caso contrário, estar-se-ia admitindo que o empregador tivesse que ressarcir, aos cofres da seguridade social, valores que nem sequer deveriam ter sido pagos ao trabalhador/dependentes, em evidente enriquecimento ilícito da previdência pública.

Mas como essa restituição se operaria? Não há dúvida que o melhor caminho seria pelo pleito administrativo junto ao próprio INSS, gestor do respectivo Fundo. Com a cessação do pagamento do benefício, cessa o pagamento da condenação ressarcitória. Como o benefício não era devido desde o início (não havia qualidade de segurado, por exemplo), desde o início a empresa não deveria ter sido compelida a ressarcir. A coisa julgada formada na ação de ressarcimento *sui generis* não é óbice à restituição administrativa, considerando que ela favorece ao próprio ente público, que tem o dever constitucional de probidade e moralidade (CF, art. 37), não podendo se enriquecer indevidamente à custa do contribuinte. Se o benefício era indevido, indevido foi o pedido de ressarcimento. Se houve condenação em seu favor, em razão de benefício que sequer poderia ser pago ao trabalhador, tal condenação implica em enriquecimento injusto do Poder Público, a ensejar a restituição pela própria via administrativa.

A restituição administrativa pressupõe, portanto, o reconhecimento de que o benefício pago ao trabalhador era indevido desde a sua concessão. É o que basta para tanto, pois restará eliminado um dos pressupostos indispensáveis à própria ação de ressarcimento *sui generis*. Para o deferimento dessa restituição não importa se houve culpa do empregador pelo acidente de trabalho. Essa questão se torna irrelevante, a partir do momento em que o benefício previdenciário se constatou indevido. Também não importa se o INSS conseguirá se ressarcir, junto ao próprio trabalhador, quanto às parcelas indevidamente pagas. Indevido o benefício, indevida a cobrança ressarcitória junto ao empregador. Não se pode afirmar que o empregador, pela sua conduta culposa, deu causa ao pagamento do benefício indevido. Se o benefício era mesmo indevido, a responsabilidade pelo pagamento indevido é do próprio INSS, como gestor do sistema de concessão de prestações previdenciárias, que deve arcar com as respectivas consequências da sua falha.

Caso a postulação administrativa de restituição seja indeferida, cabe *pedido revisional*, pelo próprio empregador condenado na ação de ressarcimento *sui generis*, nos termos do art. 505, I, do CPC. O fato novo é o reconhecimento superveniente da concessão indevida do benefício objeto da obrigação de ressarcir. Não há necessidade de ação rescisória para o caso, pois não se trata de defeito na coisa julgada, mas fatos novos a exigirem nova disciplina jurisdicional. Entendimento contrário favorece o enriquecimento injusto do Poder Público, dado que a ação rescisória se submete a prazo decadencial, que pode impedir a restituição posterior (CPC, art. 975), além de exigir depósito liminar de 5% sobre o valor da causa (CPC, art. 968, II). Assim, caso o benefício fosse cassado, posteriormente ao biênio decadencial, não se poderia obter a restituição devida, restando o empregador com um prejuízo injusto.

Com efeito, todo o regramento supramencionado, atinente à revisão da coisa julgada, também se aplica às ações fundadas no art. 120, inciso II, da Lei 8.213/91. Basta relembrar que os requisitos que ensejam a concessão dos benefícios previdenciários decorrentes da agressão doméstica são quase idênticos àqueles decorrentes do acidente de trabalho: para o auxílio-doença (art. 59 da Lei 8.213/91), é necessária a demonstração da incapacidade laborativa temporária e da *qualidade de segurada*; para a aposentadoria por invalidez (art. 42 da Lei 8.213/91), é necessária a incapacidade laborativa permanente e também a *qualidade de segurada*; para a pensão por morte (art. 74 da Lei 8.213/91), é necessária a comprovação do óbito da segurada instituidora e a sua filiação ao INSS à época do fato gerador do benefício.

Logo, quaisquer circunstâncias fáticas supervenientes, aptas a alterar o contexto originário que abarcou a *causa de pedir* da ação regressiva (*v.g.* agravamento da incapacidade laborativa; cessação do benefício previdenciário), poderão ensejar a propositura de ação revisional com o fito de modular a coisa julgada formada no processo pregresso.

No entanto, existe apenas uma peculiaridade que merece destaque. Ocorre que o reconhecimento da violência doméstica, quando evidenciada perante decisão proferida pela jurisdição de competência penal, é passível de desconstituição mediante o ajuizamento de *revisão criminal*, prevista no art. 621 do CPP.[60]

60. Conforme o dispositivo, a *revisão criminal* é cabível nas seguintes hipóteses: quando a sentença condenatória for contrária ao texto expresso da lei penal ou à evidência dos autos (inciso I); quando a sentença condenatória se fundar em depoimentos, exames ou documentos comprovadamente falsos (inciso II); e quando, após a sentença,

Nesse contexto, uma indagação remanesce: se a *revisão criminal* atestasse a inexistência do crime de violência doméstica, poderia o réu requerer a desconstituição da coisa julgada formada nos autos da ação regressiva previdenciária, de modo a ter restituídas as parcelas indevidamente vertidas ao INSS?

Ao que tudo indica, a questão ainda não comportou debate aprofundado, no entanto não há nenhum óbice para que os fundamentos que ensejaram a procedência da *revisão criminal* sejam utilizados como substrato da *causa de pedir* de ação rescisória ajuizada em face da coisa julgada formada nos autos da ação regressiva previdenciária.

De todo o contrário, na realidade, as hipóteses de cabimento da *revisão criminal*, previstas no art. 621 do CPP, amoldam-se perfeitamente aos preceitos descritos nos incisos V, VI e VII do art. 966 do CPC. Quando a sentença condenatória penal é contrária à evidência dos autos (art. 621, I, do CPP), é possível que a sentença cível seja impugnada mediante ação rescisória fundada em erro de fato verificável do exame dos autos (art. 966, VIII, do CPC); por sua vez, quando a sentença condenatória se fundar em depoimentos, exames ou documentos comprovadamente falsos (art. 621, II, do CPP), a sentença cível pode ser inquinada por meio da apresentação da prova falsa ao juízo cível (art. 966, VI, do CPC); e, por fim, quando, após a sentença condenatória, descobrirem-se novas provas de inocência do condenado (art. 621, III, do CPP), a sentença cível torna-se passível de desconstituição com a amostragem da prova nova perante a instância previdenciária (art. 966, VII, do CPC).

Entretanto, nada obstante a disposição do art. 622 do CPP de que "a revisão poderá ser requerida em qualquer tempo, antes da extinção da pena ou após", entendemos que o prazo limite para o ajuizamento da ação rescisória em face da coisa julgada formada na ação regressiva previdenciária é o de 2 (dois) anos,

---

se descobrirem novas provas de inocência do condenado ou de circunstância que determine ou autorize diminuição especial da pena (inciso III).

contados do trânsito em julgado da última decisão proferida no processo, conforme disciplina o art. 975, *caput* do CPC – salvante os casos em que a ação rescisória se funda em prova nova obtida após o julgamento definitivo do processo, ocasião em que a contagem do prazo bienal se iniciará após a descoberta da prova nova, limitado ao lapso de 5 (cinco) anos, em consonância com o art. 975, § 2º, do CPC.

É que, após o exaurimento do prazo para a propositura da ação rescisória (art. 975 do CPC), não há mais possibilidade de desconstituição da sentença cível, independentemente do fundamento utilizado para tanto. Mesmo a *revisão criminal* atestando a inexistência do ato criminoso não é fundamento apto para derrocar a coisa julgada consubstanciada no juízo cível, porquanto o instituto da coisa julgada se presta a finalidades diferentes no processo penal e no processo civil. No processo penal, a coisa julgada serve como uma espécie de *garantia do réu em face do Estado* – concepção carreada, inclusive, no art. 8.4 da Convenção Americana de Direitos Humanos; por isso, é possível concluir que "somente a sentença penal absolutória faz coisa 'soberanamente' julgada, na medida em que a sentença condentória pode ser, a qualquer momento, revista, através da revisão criminal" (LOPES JUNIOR, 2018, p. 920). Em contrapartida, a coisa julgada "constitui expressão no campo do direito processual civil do princípio da segurança jurídica, cujo fundamento reside na própria ideia de Estado Constitucional. (...) A coisa julgada é pressuposto do discurso jurídico – constitui uma regra sobre o discurso. Não admite, nesse sentido, ponderação. Representa evidente agressão ao Estado Constitucional e ao próprio discurso jurídico a tentativa de relativizar a coisa julgada" (MARINONI; ARENHART; MITIDIERO, 2018, p. 637).

Se, no processo penal, a coisa julgada perfaz uma *garantia individual do réu em face da pretensão punitiva estatal* (LOPES JUNIOR, 2018, p. 919); no processo civil, trata-se de uma condicionante do discurso jurídico, que detém o desiderato de estabilizar as relações jurídicas compostas pela jurisdição.

Não é possível misturar o instituto da coisa julgada do processo penal com a coisa julgada do processo civil: a primeira pode ser desconstituída a qualquer tempo em favor da defesa, enquanto a segunda, ao exaurir o prazo referente à propositura da ação rescisória, torna-se imutável.

Portanto, os fundamentos da *revisão criminal* somente podem desconstituir a coisa julgada da ação regressiva previdenciária do art. 120, II, da Lei 8.213/91 enquanto possível o ajuizamento da respectiva ação rescisória. Afora esta hipótese, a coisa julgada cível prevalecerá, podendo o réu utilizar-se da decisão favorável emitida em *revisão criminal* apenas para desconstituir as parcelas vincendas do benefício vertido à vítima da agressão doméstica.

5.6.2. Coisa julgada trabalhista e ações de ressarcimento *sui generis*

Quanto à coisa julgada, cabem algumas anotações sobre a vinculação da coisa julgada trabalhista em relação às discussões travadas nas ações de ressarcimento *sui generis*.

A *coisa julgada trabalhista*, aqui referida, é aquela formada ao redor da decisão final de mérito da ação indenizatória proposta pelo trabalhador, ou pelos seus dependentes, em face do empregador ou empresa empregadora, em função do acidente de trabalho sofrido (direito social do art. 8º, XXVIII, da CF). É a ação julgada pela Justiça do Trabalho, no exercício da competência prevista no art. 114, VI, da Constituição.

Essa ação trabalhista discute a responsabilidade civil do empregador pelo acidente de trabalho. O magistrado trabalhista decidirá sobre a indenização, formando sua convicção acerca das afirmações sobre o ato ilícito, abrangendo conduta, dano, nexo causal e elemento subjetivo (dolo ou culpa). Desse seu convencimento resultará o acolhimento (sentença de procedência) ou a rejeição (sentença de improcedência) do pedido reparatório. Uma vez preclusa a decisão de mérito final, haverá coisa julgada material trabalhista.

As conclusões tiradas pelo juízo trabalhista não afetarão a demanda ressarcitória *sui generis* proposta pela Previdência Social (pela União, ou mesmo pelo INSS), visando a repatriar os valores pagos a título de prestações previdenciárias.

A uma, porque *a verdade dos fatos, estabelecida como fundamento da sentença*, não se torna indiscutível pela superveniência da coisa julgada (*limite objetivo* da coisa julgada material, conforme art. 504, II, do CPC). A duas, porque a União (ou mesmo o INSS), porquanto não tenham sido citados para a ação trabalhista, não ficam proibidos de rediscutir os fatos e as conclusões da causa alheia (*limite subjetivo* da coisa julgada material, conforme art. 506 do CPC).

Assim, mesmo que o pedido indenizatório trabalhista seja julgado *improcedente*, por ausência de culpa do empregador pelo acidente de trabalho (ou por outra razão qualquer), nada impedirá que a Previdência Social proponha a ação ressarcitória do art. 120 da Lei 8.213/1991 contra o mesmo empregador, caso haja o pagamento da prestação previdenciária ao trabalhador e, após o Procedimento de Instrução Prévia (PIP), convença-se que houve ato ilícito doloso praticado por esse empregador.

Da mesma forma, julgado *procedente* o pedido indenizatório trabalhista, isso não significa que o Juiz da causa ressarcitória esteja vinculado a esse resultado, de modo que, ainda assim, poderá rejeitar esse pedido.

Melhor esclarecendo, o réu-empregador, que venceu a demanda trabalhista, não se garante em relação ao sucesso no pleito ressarcitório. Da mesma forma, derrotado na demanda trabalhista, não está, apenas por isso, livre de uma condenação ressarcitória.

Incumbirá ao Juiz Estadual competente (ou Juiz Federal, na linha da jurisprudência até aqui formada) formular novo juízo de valor sobre as alegações do autor e do réu e sobre as provas produzidas para julgar procedente ou não o pedido ressarcitório *sui generis*.

Considerando os limites subjetivos da coisa julgada - desde LIEBMAN bem assentados - não há nenhuma incoerência nessas possibilidades. Se a União (ou mesmo o INSS) não participou como parte da ação trabalhista, não se vincula à coisa julgada lá produzida. Esses limites decorrem da própria estrutura da garantia fundamental do *devido processo legal*, dentro da qual não se concebe como imutável uma decisão perante terceiro, que não teve a oportunidade de participar do processo em que ela foi proferida (TALAMINI, 2004, p. 203).

5.6.3. Coisa julgada penal e ações de ressarcimento *sui generis*

Diversamente do panorama antevisto na coisa julgada trabalhista, impende ressaltar que a coisa julgada formada no juízo penal é apta a defenestrar o pleito ressarcitório movido pelo poder federal com base no art. 120, II, da Lei 8.213/91.

Isso porque, a par de a Procuradoria Federal não ter integrado o processo penal responsável pela apuração da violência doméstica, o art. 935 do Código Civil vincula expressamente o juízo cível à coisa julgada formada no juízo criminal, de modo que, uma vez resolvidas as questões referentes à existência do ato ilícito e de quem seja seu autor na instância penal, resta impossibilitada a reabertura da discussão desses pontos em qualquer demanda superveniente.

Logo, quanto ao pedido formulado pela União com base no art. 120, II, da Lei 8.213/91, "se a sentença criminal definiu que o fato não existiu ou que fulano não é autor da conduta, essas questões não podem ser resolvidas no juízo indenizatório. Desse modo, se a indenização dependia dessas premissas, não há como ser concedida" (VENOSA, 2013, p. 203). Em contrapartida, caso a sentença criminal tenha reconhecido a existência de crime de violência doméstica, bastará ao polo ativo da ação ressarcitória comprovar que verteu benefício previdenciário à vítima da agressão e que o fato gerador desta benesse possui correlação com o ilícito constatado pelo juízo penal.

Ademais, apesar de se tratar de ação de ressarcimento sui generis (não afeta diretamente ao tema da responsabilidade civil), é certo que a pretensão do poder público somente poderá ser deferida caso demonstrada a existência de crime tipificado na Lei Maria da Penha, razão pela qual é impossível descartar a incidência do art. 935 do CC.

Portanto, favorável ou não à autarquia previdenciária, a coisa julgada formada no juízo criminal vincula o resultado da ação ressarcitória sui generis.

5.6.4. Prova emprestada do processo trabalhista

Conforme o art. 372 do CPC, "o juiz poderá admitir a utilização de prova produzida em outro processo, atribuindo-lhe o valor que considerar adequado, observado o contraditório."

Trata-se da positivação processual civil da *prova emprestada*.

Não obstante a decisão final de mérito trabalhista não vincular o resultado da ação de ressarcimento *sui generis*, as provas coligidas no processo trabalhista poderão ser utilizadas no processo ressarcitório (*prova emprestada*), as quais, no entanto, também não possuem eficácia vinculante.[61]

A prova emprestada pode incluir documentos, testemunhas, confissão, depoimento pessoal ou exame pericial, que são trasladados para o novo processo, por meio de certidão extraída do processo onde foram produzidas (DIDIER JUNIOR, BRAGA, OLIVEIRA, 2010, p. 50).

Apesar da Previdência Social não ter participado da ação trabalhista na qual a prova foi produzida, isso, por si só, não torna inadmissível a importação da prova. Caso a prova por empréstimo seja produzida a pedido do autor público, o réu-empregador

61. "A prova emprestada não tem *eficácia vinculante*. O magistrado que admitir a importação da prova tem ampla liberdade para avaliá-la, podendo lhe atribuir valor diverso daquele dado pelo juiz do processo originário – desde que por decisão motivada (art. 131, CPC)." (DIDIER JUNIOR, BRAGA, OLIVEIRA, 2010, p. 53).

pouco poderá argumentar em contrário, uma vez que participou do processo de onde provém a prova (DIDIER JUNIOR, BRAGA, OLIVEIRA, 2010, p. 52). Na hipótese do requerimento de prova emprestada partir do réu-empregador, a admissibilidade dessa prova ficará condicionada ao efetivo contraditório sobre a prova, no processo novo, isto é, com a garantia ao autor público de se insurgir contra prova e de refutá-la adequadamente, em situação na qual se afigurará válido o empréstimo.[62]

Caso requerido o empréstimo de prova oriunda do processo penal responsável pela apuração da violência doméstica, inexistem argumentos capazes de rechaçar o pedido, pois, frise-se uma vez mais, o próprio direito material aduz que as questões já resolvidas na instância criminal não podem ser rediscutidas em processos supervenientes (CC, art. 935). É possível concluir,

---

62. Nesse sentido: CIVIL. EMBARGOS DE DIVERGÊNCIA EM RECURSO ESPECIAL. AÇÃO DISCRIMINATÓRIA. TERRAS DEVOLUTAS. COMPETÊNCIA INTERNA. 1ª SEÇÃO. NATUREZA DEVOLUTA DAS TERRAS. CRITÉRIO DE EXCLUSÃO. ÔNUS DA PROVA. PROVA EMPRESTADA. IDENTIDADE DE PARTES. AUSÊNCIA. CONTRADITÓRIO. REQUISITO ESSENCIAL. ADMISSIBILIDADE DA PROVA. 1. Ação discriminatória distribuída em 3.02.1958, do qual foram extraídos os presentes embargos de divergência em recurso especial, conclusos ao Gabinete em 29.11.2011. 2. Cuida-se de ação discriminatória de terras devolutas relativas a parcelas da antiga Fazenda Pirapó-Santo Anastácio, na região do Pontal do Paranapanema. 3. Cinge-se a controvérsia em definir: i) a Seção do STJ competente para julgar ações discriminatórias de terras devolutas; ii) a quem compete o ônus da prova quanto ao caráter devoluto das terras; iii) se a ausência de registro imobiliário acarreta presunção de que a terra é devoluta; iv) se a prova emprestada pode ser obtida de processo no qual não figuraram as mesmas partes; e v) em que caráter deve ser recebida a prova pericial emprestada. 4. (...). 5. (...). 6. (...) 7. (...) 8. (...). 9. Em vista das reconhecidas vantagens da prova emprestada no processo civil, é recomendável que essa seja utilizada sempre que possível, desde que se mantenha hígida a garantia do contraditório. No entanto, a prova emprestada não pode se restringir a processos em que figurem partes idênticas, sob pena de se reduzir excessivamente sua aplicabilidade, sem justificativa razoável para tanto. 10. Independentemente de haver identidade de partes, o contraditório é o requisito primordial para o aproveitamento da prova emprestada, de maneira que, assegurado às partes o contraditório sobre a prova, isto é, o direito de se insurgir contra a prova e de refutá-la adequadamente, afigura-se válido o empréstimo. 11. Embargos de divergência interpostos por WILSON RONDÓ JÚNIOR E OUTROS E PONTE BRANCA AGROPECUÁRIA S/A E OUTRO não providos. Julgados prejudicados os embargos de divergência interpostos por DESTILARIA ALCÍDIA S/A. (STJ, EREsp 617.428/SP, Rel. Ministra NANCY ANDRIGHI, Corte Especial, julgado em 04/06/2014, DJe 17/06/2014).

inclusive, que é dever das partes e do juiz colacionar aos autos cíveis todo o substrato probatório atinente à ação penal, mormente para que sejam evitadas decisões conflitantes entre ambas as instâncias.[63]

5.7. OUTROS ASPECTOS PROCESSUAIS

5.7.1. Adoção do procedimento comum

A ação de ressarcimento *sui generis* tem a sua fase cognitiva desenvolvida pelo *procedimento comum* (CPC, art. 318)[64], não havendo previsão de procedimento especial.

Assim, o réu será citado para a *audiência de conciliação ou de mediação* prevista no art. 334 do CPC. Não há razão para a dispensa *a priori* da audiência, porque a autocomposição é admitida (CPC, art. 334, §4º, II).

Da audiência de conciliação ou de mediação, sem acordo, é que abrirá o prazo de 15 (quinze) dias *úteis* (CPC, art. 219) para a contestação (CPC, art. 335, I).

Dificilmente haverá espaço para sentença de *improcedência liminar do pedido*, fundada em contrariedade a precedentes obrigatórios, dado que essas ações raramente dispensarão a fase instrutória (CPC, art. 332 *caput*). Mas se pode esperar sentença desse tipo baseada no reconhecimento da *prescrição* (CPC, art. 332, §1º).

Em tese, é cabível o *julgamento antecipado parcial do mérito* (CPC, art. 356), sobretudo quando os pontos controvertidos da causa já tenham sido resolvidos na instância criminal.

---

63. É o que preleciona VENOSA: "A administração da justiça e a jurisdição do Estado entre nós são unas, decorrentes da soberania e exercício do poder. Como regra, a administração da justiça deve zelar para que não existam decisões contraditórias ou antagônicas" (2013, p. 202).

64. O CPC de 2015 aboliu a dicotomia entre procedimento comum *ordinário* e procedimento comum *sumário*.

5.7.2. Regime de custas

Caso a ação de ressarcimento de ressarcimento *sui generis* seja, como deve ser, proposta na Justiça Estadual, não haverá isenção de custas e emolumentos para a União (nem para o INSS), nos termos da súmula 178 do STJ, aplicada analogicamente.[65] Na Justiça Federal, a União e o INSS são isentos de custas processuais (Lei 9.289/1996, art. 4º, I).

5.7.3. Reconvenção

No regime do Código de Processo Civil de 2015, a reconvenção deve ser apresentada *na contestação* (art. 343), não havendo empecilhos para que o réu reconvenha ao autor público nas ações de ressarcimento *sui generis.*

O empregador-réu pode pleitear, por exemplo, em reconvenção, a restituição de valores pagos administrativamente, a título de ressarcimento *sui generis* do art. 120 da Lei 8.213/1991, cumulando pleito indenizatório (danos material e morais) decorrentes do pagamento indevido. Com efeito, a mesma possibilidade se abre para o réu acusado de ter praticado violência doméstica, o qual poderá, inclusive, vindicar ressarcimento por eventuais danos morais, caso comprove a inexistência do ato delituoso, na forma do art. 953 do CC, eis que a falsa imputação de crime qualifica calúnia (CP, art. 138).

5.7.4. Tutela provisória

Segundo o art. 294 do CPC a tutela provisória pode fundamentar-se em urgência ou evidência, sendo que a tutela provisória de urgência pode ser cautelar ou antecipada, concedidas em caráter antecedente ou incidental.

A *tutela provisória de urgência antecipada*, de natureza satisfativa, é, em abstrato, cabível, desde que presentes os pressupostos

65. Súmula 178: O INSS não goza de isenção do pagamento de custas e emolumentos, nas ações acidentárias e de benefícios, propostas na Justiça Estadual.

do art. 300 do CPC, mas dificilmente será deferida nas ações de ressarcimento *sui generis*. Raramente haverá hipótese de *urgência*, fundada no perigo de dano, pois não há justificativa plausível para adiantar o ressarcimento aos cofres públicos pelo desembolso de prestações previdenciárias, considerando o sistema de custeio da seguridade social. O *déficit* nas contas da Previdência Social é estrutural e não será resolvido com essas ações judiciais, muito menos com a tutela antecipada nelas deferida.

Já a *tutela provisória de urgência cautelar*, de natureza não-satisfativa, sempre será possível quando a conduta do réu representar *risco ao resultado útil do processo* (CPC, art. 300), ensejando a sua efetivação mediante arresto, sequestro, arrolamento de bens, registro de protesto contra alienação de bem e qualquer outra medida idônea para asseguração do direito (CPC, art. 301).

A *tutela provisória da evidência*, na qual não se exige demonstração de perigo de dano ou de risco ao resultado útil do processo (CPC, art. 311 caput), será possível quando fundada no abuso do direito de defesa ou no manifesto propósito protelatório da parte (CPC, art. 311, I) ou quando a petição inicial for instruída com prova documental suficiente dos fatos constitutivos do direito do autor (obtidas no *Procedimento de Instrução Prévia - PIP* – ou da sentença penal condenatória proferida pelo juízo criminal, por exemplo), a que o réu não oponha prova capaz de gerar dúvida razoável (CPC, art. 311, I e IV). Em ambos os casos, a liminar somente poderá ser concedida após o contraditório (CPC, art. 311, *parágrafo único*).

As demais hipóteses de tutela da evidência, previstas no art. 311 do CPC, dificilmente se ajustarão às ações de ressarcimento *sui generis*. *Pedido reipersecutório fundado em prova documental adequada ao contrato de depósito* não corresponde à "natureza" das ações em estudo (CPC, art. 311, III). E dificilmente as alegações de fato poderão ser comprovadas *apenas* documentalmente para atrair a hipótese do art. 311, II, do CPC, a qual também exige a pré-existência de tese firmada em julgamento de casos repetitivos ou em súmula vinculante.

5.7.5. Imprescindibilidade da audiência de saneamento e de organização do processo

Dadas as intensas controvérsias de fato e de direito que marcam tais ações, é imprescindível a designação da *audiência de saneamento e de organização do processo*, prevista no art. 357, §3º do CPC.

Essa audiência serve para que o juiz, em diálogo cooperativo com as partes e seus procuradores, *saneie* o processo, resolvendo as pendências processuais, inclusive em relação à distribuição do ônus da prova, *delimite* as questões de fato controvertidos, sobre as quais deverá recair a atividade probatória, especificando os meios de prova admitidos, e *delimite*, também, as questões de direito relevantes para a decisão de mérito. Nessa audiência, em razão da cooperação processual (CPC, art. 6º), o juiz poderá *convidar* as partes e seus procuradores a *integrar* ou *esclarecer* suas alegações, de maneira a tornar as postulações mais claras e objetivas, facilitando a compreensão da lide e a própria decisão de mérito.

É oportuno lembrar que o compromisso com a qualidade da prestação jurisdicional e com a duração razoável do processo exige respeito ao princípio da oralidade em todas as suas dimensões. Dispensar indevidamente audiências é conspirar contra a oralidade processual e contra as promessas constitucionais de tutela jurisdicional adequada, efetiva e tempestiva.

6

PRESCRIÇÃO DAS AÇÕES DE RESSARCIMENTO *SUI GENERIS* (AÇÕES REGRESSIVAS PREVIDENCIÁRIAS)

6.1. AS AÇÕES DE RESSARCIMENTO *SUI GENERIS* SÃO PRESCRITÍVEIS

Toda pretensão condenatória, na qual se pretende algum tipo de prestação por parte do sujeito passivo (devedor/réu), se submete à prescrição, que a extingue (CC, art. 189).

A ação de ressarcimento *sui generis*, prevista no art. 120 da Lei 8.213/1991, por veicular pretensão condenatória, também se submete aos prazos prescricionais.

O art. 37, §5º, da Constituição[1] não alberga a tese de que essas ações seriam *imprescritíveis*.[2] Isso porque não é qualquer ação que vise ao ressarcimento ao erário que se apresenta imprescritível, mas apenas aquelas que correspondam aos ilícitos praticados por agentes públicos, servidores ou não, que causem

1. Art. 37. (...). §5º. A lei estabelecerá os prazos de prescrição para ilícitos praticados por qualquer agente, servidor ou não, que causem prejuízos ao erário, ressalvadas as respectivas ações de ressarcimento.

2. Prevalece no Supremo Tribunal Federal a interpretação de que as ações de ressarcimento ao erário são imprescritíveis, dada a ressalva final do art. 37, §5º, da CF (nesse sentido: STF, AI 712435 AgR, Relator(a): Min. ROSA WEBER, 1ª Turma, julgado em 13/03/2012, ACÓRDÃO ELETRÔNICO DJe-071 DIVULG 11-04-2012 PUBLIC 12-04-2012 RTJ VOL-00222-01 PP-00603 RT v. 101, n. 921, 2012, p. 670-674). No entanto, a *extensão* dessa imprescritibilidade, para além das ações envolvendo improbidade administrativa, está com repercussão geral reconhecida, ainda sem pronunciamento do Pretório Excelso (STF, RE 669069, Relator(a): Min. TEORI ZAVASCKI, julgado em 02/08/2013, DJe-166 DIVULG 23-08-2013 PUBLIC 26-08-2013).

prejuízos ao patrimônio público: são os atos de improbidade administrativa categorizados pela Lei 8.429/1992.[3] Como a imprescritibilidade é exceção, não se pode dar à regra constitucional uma interpretação ampliativa para também abranger as ações de ressarcimento *sui generis* do art. 120 da Lei 8.213/1991 (ROCHA; BALTAZAR JUNIOR, 2014, p. 499).

6.2. O "PRIMEIRO PAGAMENTO" COMO TERMO INICIAL DA PRESCRIÇÃO

O início do prazo prescricional ocorre com o surgimento da pretensão, que decorre da exigibilidade do direito subjetivo.[4] Assim sendo, o *termo inicial* para a fluência do prazo prescricional das ações de ressarcimento *sui generis* é o *pagamento, para o trabalhador acidentado para os seus dependentes, de qualquer das prestações previdenciárias* (ALVES, 2011, p. 226).[5] Igualmente,

---

3. Essa lei regula os parágrafos 4º e 5º do art. 37 da Constituição. Segundo ela, "os atos de improbidade praticados por qualquer agente público, servidor ou não, contra a administração direta, indireta ou fundacional de qualquer dos Poderes da União, dos Estados, do Distrito Federal, dos Municípios, de Território, de empresa incorporada ao patrimônio público ou de entidade para cuja criação ou custeio o erário haja concorrido ou concorra com mais de cinquenta por cento do patrimônio ou da receita anual, serão punidos na forma desta lei. Parágrafo único. Estão também sujeitos às penalidades desta lei os atos de improbidade praticados contra o patrimônio de entidade que receba subvenção, benefício ou incentivo, fiscal ou creditício, de órgão público bem como daquelas para cuja criação ou custeio o erário haja concorrido ou concorra com menos de cinquenta por cento do patrimônio ou da receita anual, limitando-se, nestes casos, a sanção patrimonial à repercussão do ilícito sobre a contribuição dos cofres públicos" (art. 1º). Além disso, "reputa-se agente público, para os efeitos desta lei, todo aquele que exerce, ainda que transitoriamente ou sem remuneração, por eleição, nomeação, designação, contratação ou qualquer outra forma de investidura ou vínculo, mandato, cargo, emprego ou função nas entidades mencionadas no artigo anterior (art. 2º). Além disso, "as disposições desta lei são aplicáveis, no que couber, àquele que, mesmo não sendo agente público, induza ou concorra para a prática do ato de improbidade ou dele se beneficie sob qualquer forma direta ou indireta." (art. 3º).
4. Nesse sentido é o Enunciado 14 aprovado na I Jornada de Direito Civil, promovida, em setembro de 2002, pelo Centro de Estudos Judiciários (CEJ) do Conselho da Justiça Federal (CJF).
5. "Quando a pretensão de ressarcimento do INSS envolver a cobrança de aquilo que se gastou com um serviço previdenciário, o termo inicial da prescrição será a data

nos casos de pagamento de benefício por incapacidade à mulher agredida, ou de pensão por morte aos seus dependentes, a cadência da prescrição tem início na data do pagamento da primeira prestação previdenciária. Antes disso, nada se pode exigir do empregador/terceiro responsável pelo acidente de trabalho, ou do responsável por perpetrar a violência doméstica. Do acidente de trabalho em si (como afirma PULINO, 1996, p. 10), da Comunicação de Acidente de Trabalho (CAT), do desfecho da ação reparatória trabalhista, da instauração de investigação preliminar relacionada à violência doméstica, ou a denúncia proposta pelo Ministério Público, nenhuma pretensão nasce para a Previdência Social em termos de ressarcimento *sui generis*, pois a concessão do benefício previdenciário não é automática, demandando a análise, pela autarquia previdenciária, dos respectivos requisitos legais. Note-se que também não é a *data da concessão* do benefício que deve marcar o *dies a quo* do prazo prescricional (como parece defender ZIMMERMANN, 2012, p. 184-185), porque nenhum desembolso financeiro ainda ocorreu. Somente com o efetivo pagamento da prestação previdenciária é que nascerá a pretensão ressarcitória *sui generis* passível de prescrição.

A contar da data do *primeiro pagamento* de benefício previdenciário ao trabalhador acidentado/vítima da violência doméstica ou a seus dependentes, começa a correr o prazo prescricional para a propositura da ação de ressarcimento *sui generis*,[6] o qual, uma vez transcorrido, extingue a pretensão ressarcitória estatal. A concessão posterior de outros benefícios, originados do mesmo acidente de trabalho, ou do mesmo ato de violência doméstica, não altera o marco inicial da prescrição.[7]

---

em que o serviço foi efetivamente prestado ao trabalhador vítima do acidente de trabalho." (ALVES, 2011, p. 228).

6. Nesse sentido: TRF4, APELREEX 5000387-86.2012.404.7201, 4ª TURMA, Relator p/ Acórdão MARCELO MALUCELLI, juntado aos autos em 06/08/2014.

7. Nesse sentido: ADMINISTRATIVO. AÇÃO REGRESSIVA DE INDENIZAÇÃO. PRESCRIÇÃO. APLICAÇÃO DO PRAZO QUINQUENAL. TERMO INICIAL. INÍCIO DO PRIMEIRO BENEFÍCIO ACIDENTÁRIO. 1. A prescrição, nas ações regressivas de que trata o art. 120 da Lei 8.213/91, atinge o próprio fundo de direito e tem como marco inicial a data do

6.3. A PRESCRIÇÃO ATINGE O FUNDO DE DIREITO

A prescrição da pretensão ressarcitória *sui generis*, uma vez iniciada e consumada, *atinge o próprio fundo de direito,* pois, ao contrário do que pode parecer, não está em jogo uma relação jurídica de trato sucessivo, a impor a prescrição apenas das prestações vencidas antes do prazo prescricional verificado anteriormente à propositura da ação.

A prescrição atinge o fundo de direito quando a pretensão é dirigida a uma *situação jurídica fundamental*, da qual, naturalmente, podem surgir efeitos pecuniários que se prolongam pelo tempo. Mas tais efeitos, ou prestações, dependem, necessariamente, da definição dessa situação jurídica fundamental.

De outro lado, a prescrição somente atingirá as remotas prestações vencidas anteriormente à propositura da ação (prescrição de trato sucessivo) quando a pretensão não se dirigir à causa dessas prestações (a situação jurídica fundamental), mas ao valor das prestações em si.[8]

---

início do primeiro benefício. O fato de posteriormente ter havido a concessão de outros benefícios, com origem no mesmo fato, não tem o condão de alterar a data em que o INSS teve ciência do suposto descumprimento, pelo empregador, das normas de segurança indicadas para a proteção individual e coletiva, qual seja, a data da concessão do primeiro auxílio-doença. 2. Não se cogita reconhecer a alegada imprescritibilidade das ações de ressarcimento de danos ao erário, com base no § 5º do art. 37 da CF, pois não se trata de ilícito praticado por agente público (servidor ou não), e tampouco por ocasião de prestação de serviço ao Poder Público. (TRF4, APELREEX 5001222-33.2010.404.7108, 3ª Turma, Relatora p/ Acórdão Marga Inge Barth Tessler, juntado aos autos em 05/05/2014).

8. Esse entendimento já foi consagrado no âmbito do Supremo Tribunal Federal: "O ATO ADMINISTRATIVO NORMATIVO QUE ALTERA O PERCENTUAL DE GRATIFICAÇÃO DEVIDA PELA PRESTAÇÃO DE SERVIÇO NOTURNO DIZ RESPEITO, NÃO AO DIREITO DE RECEBER ESSA VANTAGEM (NO CASO, INCONTROVERSO), MAS AO VALOR DELA E, COMO ESTE NÃO CONCERNE AO FUNDO DE DIREITO (O DE PERCEBER A GRATIFICAÇÃO POR PRESTAR O SERVIÇO), MAS A SUA CONSEQUENCIA (SABER SE O MONTANTE E MAIOR OU MENOR), A PRESCRIÇÃO ATINGE APENAS AS PARCELAS VENCIDAS. RECURSO EXTRAORDINÁRIO DE QUE NÃO SE CONHECE, NO TOCANTE A ALEGADA PRESCRIÇÃO, POR NÃO SE ACHAR CONFIGURADA A DIVERGENCIA COM A SÚMULA 443, VENCIDO NESSE PONTO O RELATOR, E POR NÃO HAVER SIDO PREQUESTIONADO O TEMA RELATIVO AO ART. 116 DA CONSTITUIÇÃO DE 1967 (EMENDA N. 1-69) NEM CONTRARIADO O ART. 8, Q DA MESMA CARTA (AUTONO-

Quando a súmula 85 do STJ[9] faz referência às relações jurídicas de trato sucessivo nas quais a Fazenda Pública seja devedora, ressalva expressamente que não se contará a prescrição de trato sucessivo quando tenha sido negado o próprio direito reclamado (a prescrição atingirá o fundo de direito). Da mesma forma, mas em sentido mais genérico, é a súmula 443 do STF.[10]

Em outras palavras, sempre que a pretensão veiculada na ação disser respeito ao próprio direito em si (situação jurídica fundamental), haverá prescrição do fundo de direito. Se, de outro lado, o direito em si não é objeto da ação, mas apenas as prestações dele decorrentes, que se renovam de tempos em tempos, a prescrição somente atingirá as prestações remotas.

É indispensável ter presente essa diferença elementar para não supor que qualquer pretensão que envolva prestações periódicas se beneficia da prescrição de trato sucessivo ou que as súmulas 85 do STJ e 443 do STF atendem a todas essas pretensões (nessa confusão incorrem as doutrinas de ALVES, 2011, p. 227-229; ZIMMERMANN, 2012, p. 182; e MACIEL, 2010, p. 77-78).

Como bem salientam PEREIRA e MENDES (2007, p. 4), apoiados na jurisprudência do Supremo Tribunal Federal, "as obrigações de trato sucessivo são aquelas decorrentes de uma situação jurídica fundamental já reconhecida.". Nas questões envolvendo direitos de servidores públicos, essa diferenciação fica mais explícita e compreensível: "os aspectos relacionados ao *quantum*, como, por exemplo, o relativo a pagamento a menor de certa vantagem pecuniária, dizem respeito à prescrição de trato

---

MIA UNIVERSITARIA)." (STF, RE 110419, Relator(a): Min. OCTAVIO GALLOTTI, Tribunal Pleno, julgado em 08/03/1989, DJ 22-09-1989 PP-14833 EMENT VOL-01556-02 PP-00227).

9. Súmula 85 STJ – Nas relações jurídicas de trato sucessivo em que a Fazenda Pública figure como devedora, quando não tiver sido negado o próprio direito reclamado, a prescrição atinge apenas as prestações vencidas antes do quinquênio anterior à propositura da ação.

10. Súmula 443 STF – A prescrição das pretensões anteriores ao período previsto em lei não ocorre, quando não tiver sido negado, antes daquele prazo, o próprio direito reclamado, ou a situação jurídica que ele resulta.

sucessivo. Se, todavia, pleiteia-se o próprio reconhecimento do direito à vantagem, aplica-se a prescrição de fundo de direito." (PEREIRA; MENDES, 2007. p. 6).

Nas ações do art. 120 da Lei 8.213/1991 discute-se o próprio direito ao ressarcimento do erário. Para que essa pretensão seja acolhida, mister se faz a comprovação dos seus respectivos pressupostos, especialmente a responsabilidade dolosa do empregador pelo acidente de trabalho ocorrido ou, alternativamente, a existência de violência doméstica concernente aos contornos da Lei 11.340/06. Além disso, pode-se discutir a própria possibilidade jurídica do pedido ressarcitório, sem esquecer a constante imputação de inconstitucionalidade desse artigo de lei ordinária. O direito ao ressarcimento *sui generis* é uma situação jurídica fundamental, altamente controversa, sem a qual não pode haver qualquer expectativa de recebimento dos valores pagos a título de prestações previdenciárias.

Em outras palavras, não se trata de obrigação de trato sucessivo, a reclamar a prescrição de trato sucessivo, porque não se parte de uma situação jurídica fundamental *já reconhecida.* A controvérsia jurídica incide sobre a própria situação jurídica fundamental ou sobre o próprio direito ao ressarcimento *sui generis,* pelo que incide a fulminante prestação do fundo de direito (ROCHA; BALTAZAR JUNIOR, 2014, p. 501).[11]

11. Nesse sentido parece ter vergado a jurisprudência federal, a exemplo dos seguintes extratos, bem atuais: TRF2, AC 200951020014765, Desembargadora Federal CARMEN SILVIA LIMA DE ARRUDA, 6ª TURMA ESPECIALIZADA, E-DJF2R – Data 21/08/2014; TRF3, APELREEX 00022357820104036107, Desembargador Federal COTRIM GUIMARÃES, 2ª TURMA, e-DJF3 Judicial 1 Data:16/10/2014; TRF4, APELREEX 5013783-85.2011.404.7001, 4ªTURMA, Relatora p/ Acórdão VIVIAN JOSETE PANTALEÃO CAMINHA, juntado aos autos em 02/10/2014; TRF5, APELREEX 200981000160658, Desembargador Federal JOSÉ MARIA LUCENA, 1ª TURMA, DJE - Data: 26/09/2013 – Página 191.

6.4. O PRAZO PRESCRICIONAL ANUAL DAS AÇÕES "REGRESSIVAS" ACIDENTÁRIAS

Qual é o prazo prescricional das ações de ressarcimento *sui generis,* fundadas no art. 120 da Lei 8.213/1991?

O Código Civil, em seu art. 205, estabelece o *prazo comum ou ordinário de dez anos* para as pretensões condenatórias. Esse prazo, no entanto, cede lugar a *prazos menores fixados em lei,* seja no próprio Código Civil (art. 206), seja na legislação esparsa, inclusive na Constituição.

No plano constitucional, não se aplica aqui o disposto no art. 7º, XXIX, da Constituição para o caso das ações regressivas acidentárias,[12] uma vez que diz respeito à prescrição especial das reclamatórias trabalhistas, como direito social do trabalhador urbano e rural (COUTINHO, 2013, p. 616).

O art. 120, do qual brota a obrigação atípica de ressarcir, está contido na Lei 8.213/1991, que estabelece os Planos de Benefícios da Previdência Social, local em que se deve buscar, no plano infraconstitucional, regra específica para a prescrição dessas ações.

Nesse diploma legal encontra-se a prescrição quinquenal do art. 104, para as pretensões de haver prestações previdenciárias e acidentárias (benefícios e serviços) em face do INSS.[13] Como a pretensão ressarcitória *sui generis* não se confunde com as pretensões acidentárias do trabalhador por benefícios (PULINO, 1996, p. 10), tampouco com o requerimento administrativo da vítima da violência doméstica ou de seus dependentes no

12. Art. 7º. (...). XXIX – ação, quanto a créditos resultantes das relações de trabalho, com prazo prescricional de cinco anos para os trabalhadores urbanos e rurais, até o limite de dois anos após a extinção do contrato.

13. Art. 104. As ações referentes à prestação por acidente de trabalho prescrevem em 5 (cinco) anos, observado o disposto no art. 103 desta Lei, contados da data: I- do acidente, quando dele resultar a morte ou a incapacidade temporária, verificada esta em perícia médica a cargo da Previdência Social; ou II- em que for reconhecida pela Previdência Social, a incapacidade permanente ou o agravamento das sequelas do acidente.

sentido de obter prestação previdenciária, essa regra prescricional não é aqui aplicável. Da mesma forma, não serve o art. 103 da mesma Lei (com nova redação dada pela Lei 13.846/19),[14]. O qual, pelo seu *caput*, disciplina o prazo decadencial para a revisão do ato de concessão de benefícios previdenciários, e, pelo seu parágrafo único, disciplina o prazo prescricional para as pretensões do segurado contra o INSS, para haver prestações pretéritas relacionadas aos benefícios previdenciários. Igualmente não resolve o problema o art. 103-A da Lei de Benefícios,[15] que regula o prazo decadencial de dez anos para que o INSS anule atos administrativos favoráveis aos segurados e beneficiários da Previdência Social.[16]

---

14. Art. 103. O prazo de decadência do direito ou da ação do segurado ou beneficiário para a revisão do ato de concessão, indeferimento, cancelamento ou cessação de benefício e do ato de deferimento, indeferimento ou não concessão de revisão de benefício é de 10 (dez) anos, contado: I – do dia do primeiro mês subsequente ao do recebimento da primeira prestação ou da data em que a prestação deveria ter sido paga com o valor revisto; ou II – do dia em que o segurado tomar conhecimento da decisão de indeferimento, cancelamento ou cessação do seu pedido de benefício ou da decisão de deferimento ou indeferimento de revisão de benefício no âmbito administrativo. Parágrafo único. Prescreve em cinco anos, a contar da data em que deveriam ter sido pagas, toda e qualquer ação para haver prestações vencidas ou quaisquer restituições ou diferenças devidas pela Previdência Social, salvo o direito dos menores, incapazes e ausentes, na forma do Código Civil. **Vale ressalvar que o Supremo Tribunal Federal, no julgamento da ADIn 6.096, reconheceu a inconstitucionalidade parcial deste dispositivo, sob o fundamento de que "admitir a incidência do instituto [decadência] para o caso de indeferimento, cancelamento ou cessação importa ofensa à Constituição da República e ao que assentou esta Corte em momento anterior, porquanto, não preservado o fundo de direito na hipótese em que negado o benefício, caso inviabilizada pelo decurso do tempo a rediscussão da negativa, é comprometido o exercício do direito material à sua obtenção" (STF, ADI 6.096/DF, Rel. Min. Edson Fachin, julgado em 13.10.2020).**
15. Art. 103-A. O direito da Previdência Social de anular os atos administrativos de que decorram efeitos favoráveis para os seus beneficiários decai em dez anos, contados da data em que foram praticados, salvo comprovada má-fé. §1º. No caso de efeitos patrimoniais contínuos, o prazo decadencial contar-se-á da percepção do primeiro pagamento. §2º. Considera-se exercício do direito de anular qualquer medida de autoridade administrativa que importe impugnação à validade do ato.
16. O art. 54 da Lei 9.784/1999, que regula o procedimento administrativo no âmbito da Administração Pública Federal, tem redação praticamente idêntica ao art. 103-A da Lei 8.213/1991, este inserido pela Lei 10.839/2004.

Os dispositivos da Lei 8.213/1991, que tratam de prescrição, não atendem à natureza da ação proposta pela Previdência Social contra as empresas culpadas por acidentes de trabalho, de que decorram prestações previdenciárias. Esses dispositivos tratam, apenas, das relações jurídicas entre a Previdência Social e os seus beneficiários.

A segunda tentativa pode ser feita na Lei 8.212/1991, que organiza a Seguridade Social e institui o respectivo Plano de Custeio. Mas aqui a tentativa também resta frustrada. São inaplicáveis os revogados arts. 45 e 46 dessa Lei, porque estes se destinavam, respectivamente, à decadência e à prescrição de créditos advindos, especificamente, das contribuições sociais (PULINO, 1996, p. 10).[17] Por extensão, o art. 88 da mesma Lei 8.212/1991[18] também não ajuda no desiderato de encontrar o prazo prescricional das ações de ressarcimento *sui generis*, eis que destinado ao regramento do regime tributário da seguridade social.

A legislação previdenciária – de benefícios e de custeio – não contém qualquer regra que contemple o prazo prescricional das atípicas ações ressarcitórias.

Fora dessa legislação específica, donde se insere o artigo fundante das ações em estudo, poder-se-ia buscar resposta em algumas disposições que envolvem a prescrição e a Fazenda Pública.

Em primeiro lugar, a regra geral do Decreto 20.910/1932, que regula a prescrição quinquenal das ações contra a Fazenda Pública.[19] Mesmo considerando a natureza *sui generis* do pedido

---

17. Revogados pela Lei Complementar 128/2008, após declaração de inconstitucionalidade pelo Supremo Tribunal Federal, conforme, inclusive, a Súmula Vinculante 8: "são inconstitucionais o parágrafo único do artigo 5º do Decreto-Lei 1.569/1977 e os artigos 45 e 46 da Lei 8.212/1991, que tratam de prescrição e decadência de crédito tributário."

18. Art. 88. Os prazos de prescrição de que goza a União aplicam-se à Seguridade Social, ressalvado o disposto no art. 46.

19. Art. 1º. As dívidas passivas da União, dos Estados e dos Municípios, bem assim todo e qualquer direito ou ação contra a Fazenda federal, estadual ou municipal, seja qual for a sua natureza, prescrevem em 5 (cinco) anos contados da data do ato ou fato do qual se originaram. Art. 2º. Prescrevem igualmente no mesmo prazo todo o direito e

ressarcitório baseado no art. 120 da Lei 8.213/1991, que nada tem a ver com responsabilidade civil, não se mostra aplicável a prescrição especial criada por esse Decreto, pois ela foi concebida apenas para as pretensões dirigidas *contra* a Fazenda Pública e não para as por ela patrocinadas.[20]

Em segundo lugar, tem-se a prescrição quinquenal do art. 1º-C da Lei 9.494/1997,[21] mas que também não se revela aplicável, uma vez que trata da prescrição das pretensões de responsabilidade civil *contra* o Estado, por danos causados *por seus agentes*. As ações em análise, nem tratam de responsabilidade civil, nem dizem respeito a danos causados pela própria Fazenda Pública ou por suas entidades delegadas.

Fora do Código Civil, portanto, nenhuma regra especial foi encontrada para definir o prazo prescricional das ações de ressarcimento *sui generis*. Nem mesmo a Lei 8.213/1991 oferece regra a respeito.

Incursionando no Código Civil, desde logo deve ser descartada a prescrição trienal, do art. 206, §3º, V, desse estatuto, porquanto não se trata de *pretensão de reparação civil*, conforme exaustivamente se procurou mostrar neste livro. Repita-se: o ato ilícito perpetrado pelo empregador/terceiro *causa dano ao trabalhador/mulher ou a seus dependentes*, não à Previdência Social; o desembolso de prestações previdenciárias *não representa dano ao patrimônio público*, mas atendimento à própria missão constitucional da seguridade social; a responsabilidade civil do empregador é apurada na Justiça do Trabalho e a responsabilidade

---

as prestações correspondentes a pensões vencidas ou por vencerem, ao meio soldo e ao montepio civil e militar ou a qualquer restituições ou diferenças.

20. O Superior Tribunal de Justiça consagrou o entendimento, na sistemática de recursos especiais repetitivos (CPC, art. 543-C), de que persiste a aplicação do Decreto 20.910/1932 para qualquer ação proposta *contra* a Fazenda Pública, inclusive as de natureza reparatória: STJ, REsp 1251993/PR, Rel. Ministro MAURO CAMPBELL MARQUES, 1ª SEÇÃO, julgado em 12/12/2012, DJe 19/12/2012.

21. Art. 1º-C. Prescreverá em cinco anos o direito de obter indenização dos danos causados por agentes de pessoas jurídicas de direito público e de pessoas jurídicas de direito privado prestadoras de serviços públicos.

civil, por sua vez, na Justiça Criminal, motivo pelo qual o ressarcimento pretendido pela ação atípica não decorre de responsabilidade civil, mas de uma obrigação *ex lege*.

Por outro lado, para os que defendem que as "ações regressivas previdenciárias" envolvem os elementos da responsabilidade civil, é realmente difícil afastar a prescrição trienal. Se a responsabilidade civil evocada é a do Código Civil, conforme arts. 186 e 927, não há porque afastar a prescrição trienal, específica para as pretensões de reparação civil, prevista nesse mesmo Código. Qualquer ação reparatória envolvendo a Fazenda Pública se baseia nesses artigos da legislação civil, independentemente da natureza dos recursos a serem repostos ao erário. Não há motivo para *forçar*, nesse caso, a aplicação do Decreto 20.910/1932, que sempre disciplinou a prescrição quinquenal das pretensões *contra* a Fazenda Pública. PULINO (1996, p. 10), ainda sob a égide do Código Civil de 1916, defendia "que desimporta, para buscar-se a lei aplicável à prescrição dos créditos em exame, tratar-se de Fazenda Pública (INSS), já que estará ela na condição de autora, com o que se afasta a aplicação do Decreto n. 20.910/32. E, conforme nos ensina *Hely Lopes Meirelles*, a "*prescrição das ações da Fazenda Pública contra o particular* é a comum da lei civil ou comercial, conforme a natureza do ato ou contrato a ser ajuizado."" [22]

E, com a devida vênia, evocar o princípio da *isonomia* ou qualquer tipo de *simetria* entre Estado e particular, para justificar a aplicação do Decreto 20.910/1932 às ações propostas pela Fazenda Pública *contra* o particular (como as de ressarcimento *sui generis*), é ignorar por completo as diversas diferenças, traduzidas por prerrogativas e privilégios jurídico-processuais estatais, que separam Estado e particulares.[23]

---

22. Nesse sentido é parte da jurisprudência federal atual: TRF3, AC 000398057201040 36119, DESEMBARGADOR FEDERAL ANTONIO CEDENHO, 2ª TURMA, e-DJF3 Judicial 1, DATA:18/12/2014; TRF2, AC 200950010060016, Desembargador Federal GUILHERME COUTO, SEXTA TURMA ESPECIALIZADA, E-DJF2R – Data 07/10/2014.

23. Infelizmente, assim se tem conduzido a jurisprudência do Superior Tribunal de Justiça: AGRAVO REGIMENTAL NO AGRAVO EM RECURSO ESPECIAL. PREVIDENCIÁRIO. AÇÃO DE REGRESSO MOVIDA PELO INSS. PRAZO. PRINCÍPIO DA ISONOMIA. AGRAVO

Sabe-se que a prescrição quinquenal do Decreto de 1932, até hoje vigente, – não obstante seus notórios propósitos políticos, do início do Governo Provisório de Getúlio Vargas, pós-Revolução de 1930 – acabou por criar um privilégio estatal em relação aos particulares, os quais, à época do Código Civil de 1916, se submetiam, em regra, à prescrição vintenária. As ações pessoais prescreviam em vinte anos, mas, *contra* a Fazenda Pública, essas ações, ou quaisquer outras, prescreviam em cinco anos. A *supremacia do interesse público* sempre justificou a manutenção dessa regra discriminatória, perpassando, com o mesmo vigor, todas as Constituições republicanas desde então. De lá pra cá, diversos outros privilégios e discriminações positivas foram se somando: a Fazenda Pública conta com prazos privilegiados (CPC, art. 183), com isenção de custas processuais e de preparo recursal (CPC, art. 1007, §1º), com reexame necessário quando é derrotada (CPC, art. 496), com execução especial (CPC, art. 534), com a não incidência do efeito material da revelia (CPC, art. 345, II) etc.

O que viola o princípio da isonomia é impor tratamento igualitário a quem é desigual. A igualdade material, consagrada constitucionalmente, significa isonomia como "garantia de condições idênticas asseguradas ao sujeito de direito em igualdade de condições com outro."; para que se possa dar tratamento diferenciado "é necessário que a discriminação guarde compatibilidade com o conteúdo do princípio", ou, em outros termos, "uma discriminação será arbitrária quando não seja possível encontrar, para a diferenciação legal, alguma razão adequada que surja da natureza das coisas ou que, de alguma forma, seja concretamente compreensível."[24]

INTERNO. DECISÃO. FUNDAMENTOS NÃO IMPUGNADOS. 1. (...). 2. Pelo princípio da isonomia, o prazo para o ingresso da ação regressiva pelo ente previdenciário deve observar aquele relativo à prescrição nas ações indenizatórias ajuizadas contra a Fazenda Pública. Precedentes. 3. Agravo regimental a que se nega provimento. (STJ, AgRg no AREsp 523.412/RS, Rel. Ministro OG FERNANDES, 2ª TURMA, julgado em 16/09/2014, DJe 26/09/2014).

24. Todas as citações do parágrafo foram extraídas do voto do Min. Eros Grau, no julgamento da ADIn 3.305-DF (STF, Pleno, Rel. Min. Eros Grau, j. 13/9/2006, DJU 24/11/2006).

Ora, a Fazenda Pública é juridicamente mais forte em relação ao particular. Ela conta com todo esse aparelhamento infindável de prerrogativas e privilégios jurídicos, materiais e processuais, ainda que criados para otimizar a proteção do interesse público.

Se o ordenamento jurídico atual prevê prazo de prescrição menor para a Fazenda Pública acionar o particular, não há violação do princípio da isonomia, porque o particular, em comparação, é desprovido dessas mesmas singulares prerrogativas. É "concretamente compreensível" essa discriminação.

Essa disparidade de tratamento legal quanto à prescrição, ao menos no que toca às reparações de dano, atua de forma a equilibrar forças no plano jurídico, pelo que não viola a isonomia, nem a razoabilidade. O fato de o particular propor ação contra a Fazenda Pública no prazo prescricional de cinco anos (Decreto 20.910/1932), enquanto a Fazenda Pública propõe ação contra o particular, em matéria de reparação de danos, no prazo prescricional de três anos (CC, art. 206, §3º, V), ao invés de violar, vem para cumprir, materialmente, o princípio constitucional da isonomia.[25] Quando a jurisprudência, inclusive do Superior Tribunal de Justiça, desconsidera essa diferença contida na legislação ordinária, para igualar o prazo prescricional para as pretensões indenizatórias, fixando-o em cinco anos, *contra ou a favor* da Fazenda Pública, acaba por dar tratamento igualitário aos desiguais, em franca violação ao princípio da isonomia, a ser corrigida – espera-se! – pela jurisdição constitucional do Supremo Tribunal Federal.

Portanto, caso se adote a concepção de que as ações de ressarcimento *sui generis* têm natureza de reparação civil, então as buscas por uma regra que defina o respectivo prazo prescricional estão encerradas: o prazo é de três anos, a contar do primeiro

25. Ao que parece, nunca se objetou, eficazmente, que, contra a Fazenda Pública, o particular tivesse que enfrentar prazo prescricional quinquenal, bem menor que o fixado para as ações contra si propostas. Agora que o particular recebe um contrapeso, contando com prazo prescricional trienal contra si, a jurisprudência evoca o princípio da isonomia para eliminar a diferença e colocar o particular em pé de igualdade com o Estado!

pagamento de prestação previdenciária, na forma do art. 206, §3º, V, do Código Civil. Não é aplicável a prescrição quinquenal do Decreto 20.910/1932, pois não se trata de ação *contra* a Fazenda Pública e a diferença entre os prazos prescricionais contra e a favor da Fazenda Pública não viola o princípio da isonomia.

Mas insistindo-se na natureza desvinculada da responsabilidade civil dessas ações, é preciso prosseguir nas buscas, ainda dentro da legislação civil codificada.

As ações de ressarcimento *sui generis* veiculam uma pretensão da Previdência Social, que é a *seguradora pública* dos trabalhadores urbanos e rurais e de seus dependentes. Seja a União, seja o INSS, a legitimação ativa dessas ações pertence, inequivocamente, a uma seguradora.

Há um seguro legalmente obrigatório pago pelos empregadores (SAT), através do qual são custeadas as prestações acidentárias.

Como já foi exposto nesta obra, o SAT (ou RAT) é seguro público e social, que não ostenta as mesmas características dos seguros privados, *mas nem por isso deixa de ser seguro*.[26] O art. 7º, XXVIII, da Constituição exige *seguro*, a expensas do empregador. Assim considerado, o Código Civil é expresso em determinar que as regras sobre os contratos de seguro privado, nele previstas, são aplicáveis, no que couber, aos seguros regidos por leis próprias (CC, art. 777), como é o caso do SAT.

Importante notar que, nos termos do art. 21 do Decreto-Lei 73/1966, "nos casos de seguros legalmente obrigatórios, o

---

26. Mais uma vez vale a pena trazer a lição doutrinária de Sílvio RODRIGUES (2007, p. 335), segundo a qual se pode separar "os *seguros sociais* dos *seguros privados*. Estes visam ao interesse dos indivíduos *ut singoli* e são, em regra, facultativos. Aqueles, em geral obrigatórios, visam proteger determinadas categorias de pessoas contra a velhice, a invalidez, acidentes de trabalho, desemprego etc., fornecendo-lhe aposentadoria, assistência ou indenização. Em rigor, nem sempre a natureza do seguro social é idêntica à do seguro privado. Mas isso, entretanto, ocorre na hipótese do seguro contra acidentes de trabalho, em que todos os elementos do contrato de seguro privado se encontram presentes."

estipulante equipara-se ao segurado para os efeitos de contratação e manutenção do seguro."

Ora, se no caso do SAT, a empresa se assemelha ao *estipulante*, obrigada pela Constituição e pela lei a custear o seguro, pode-se dizer que, nos termos desse Decreto, a empresa é *segurada por equiparação*. A empresa não recebe indenização alguma, nem se livra da responsabilidade civil direta, mas, em compensação, participa do financiamento direto da cobertura de sinistros por acidente de trabalho sofrido, dentre outros, *por seus próprios empregados*. A empresa também é segurada.

Assim colocado em termos, quando nas ações de ressarcimento *sui generis*, a Previdência Social formula pedido ressarcitório contra a empresa culpada pelo acidente de trabalho, pode-se dizer que, o que se tem, é um pleito da *seguradora* contra o *segurado*.

Esse pleito ressarcitório tem completa conexão com a relação securitária existente entre a Previdência Social (a seguradora), que paga os benefícios em caso de sinistro do trabalhador, e a empresa empregadora (a segurada), que fica coberta pelo seguro, caso algum dos seus empregados sofra acidente de trabalho. No entanto, conforme se defendeu neste livro, ficam excluídas da cobertura securitária as hipóteses em que a empresa age com dolo, direto ou eventual, em relação ao sinistro, *ensejando o direito da seguradora em se ressarcir pelos desembolsos financeiros realizados com o trabalhador.*

Por esses fundamentos, pode-se abstrair que as ações de ressarcimento *sui generis* ("ações regressivas previdenciárias") veiculam uma *pretensão do segurador contra o segurado*, atraindo o *prazo prescricional de 1 (um) ano*, previsto no art. 206, §1º, II, *b*, do Código Civil.[27] Por conseguinte, como o SAT não é seguro de

27. Art. 206. Prescreve: §1º. Em 1 (um) ano: I-(...); II- a pretensão do segurado contra o segurador, ou a desde contra aquele, contado o prazo: a) para o segurado, no caso de seguro de responsabilidade civil, da data em que é citado para responder à ação de indenização proposta pelo terceiro prejudicado, ou da data que a este indeniza, com

responsabilidade civil, o prazo prescricional é contado "da ciência do fato gerador da pretensão" pela a Previdência Social, vale dizer, da data do *primeiro pagamento* de benefício previdenciário ao trabalhador acidentado ou a seus dependentes.

Não atraem, por outro lado, o prazo trienal do art. 206, §3º, IX do Código Civil,[28] pois não se trata de pretensão do *beneficiário contra o segurador* ou a do *terceiro prejudicado*, no caso de *seguro de responsabilidade civil obrigatório*, como é o caso do seguro DPVAT, conforme reconhecido pela súmula 405 do STJ.[29]

Assim, como pode ser encontrado, no próprio Código Civil, prazo prescricional menor para as pretensões ressarcitórias *sui generis* (1 ano), afasta-se o *prazo comum ou ordinário de dez anos* para as pretensões condenatórias em geral (CC, art. 205).

É importante asseverar que os prazos prescricionais previstos no Código Civil sobre pretensões securitárias não abrangem apenas os seguros privados, formalizados em contratos escritos (apólices), mas também os seguros públicos obrigatórios, como o DPVAT, conforme visto (CC, art. 206, §3º, IX).

Pragmaticamente, não há porque objetar essa resposta ao problema da prescrição das pretensões ressarcitórias *sui generis*. É preciso observar que o prazo de um ano, aparentemente exíguo, somente começa a fluir quando do *primeiro pagamento* do benefício ao trabalhador, após o INSS averiguar todos os requisitos para a respectiva concessão. Assim, quando o prazo prescricional começa a correr, o INSS já conta com vários elementos de convicção reunidos. Depois disso, a União, ou o próprio INSS, disporá de mais um ano para somar os demais elementos de prova sobre o dolo do empregador, visando a propor a ação. E, em termos atuais,

---

a anuência do segurador; b) quanto aos demais seguros, da ciência do fato gerador da pretensão.

28. Art. 206. Prescreve: (...) §3º. Em 3 (três) anos: I-(...); IX - a pretensão do beneficiário contra o segurador, e a do terceiro prejudicado, no caso de seguro de responsabilidade civil obrigatório.

29. Súmula 405 STJ – A ação de cobrança do seguro obrigatório (DPVAT) prescreve em três anos.

a Previdência Social, com as suas respectivas Procuradorias, dispõe de uma suficiente rede organizacional para coligir todos os dados complementares e para propor a ação dentro desse prazo prescricional. Logo, em vista do vínculo securitário formado entre a empresa o poder público, aplica-se o prazo prescricional de 1 (um) ano, conforme a disposição do art. 206, § 1º, II, b, do CC.

Inobstante, tal conclusão não pode ser assumida em se tratando de ação regressiva ajuizada com fulcro no art. 120, II, da Lei 8.213/91. Nesta hipótese, inexiste qualquer elemento legal do qual possa se extrair uma relação securitária entre o autor da violência doméstica e o INSS. De fato, trata-se de uma obrigação ressarcitória totalmente atípica – ou, nos termos definidos neste estudo, *sui generis* –, que não se assemelha a qualquer vínculo jurídico antevisto pelo legislador.

Como já exposto, é o intuito arrecadatório que enseja a pretensão movida pelo polo ativo da ação regressiva previdenciária, de modo que nenhum dos fatos jurídicos correlatos a prazos específicos de prescrição (*v.g.* pretensão de reparação civil, pretensão de ressarcimento de enriquecimento sem causa) são subsumíveis ao pretexto do art. 120, II, da Lei 8.213/91. Na ausência de previsão específica acerca do prazo prescricional da ação de ressarcimento fundada nos atos de violência doméstica, aplica-se o regramento geral estipulado no art. 205 do Código Civil.

Portanto, às ações regressivas dispostas no inciso II do art. 120 da Lei 8.213/91, entendemos que incide o prazo prescricional de 10 (dez) anos, cujo *dies a quo*, como já assentado anteriormente, corresponde à data do pagamento do primeiro benefício à vítima da violência doméstica.

7

CONCLUSÕES

Este capítulo final concentra as principais propostas deste livro, oferecido como um meio mais direto e acessível de consulta. As conclusões são apresentadas analiticamente, com o essencial de fundamentação, quando necessária. Os fundamentos completos de cada proposta encontram-se no próprio texto da obra. As obviedades não precisam ser ditas novamente.

Assim, **quanto ao cabimento das ações regressivas previdenciárias,** afirma-se:

1. A "ação regressiva da Previdência Social", prevista no art. 120 da Lei 8.213/1991, não constitui ação de responsabilidade civil e, portanto, nada tem a ver com pleitos de indenização;

2. Essa ação também não diz respeito ao direito de regresso, instituto veiculado à responsabilidade civil e que possui pressupostos próprios, também não atendidos pela causa de pedir dessas ações.

3. Por ausência de dano ao erário, não se pode falar em ofensa ao direito difuso à higidez do patrimônio público, nem aplicar as disposições pertinentes ao Direito Processual Coletivo.

4. Havendo efetiva responsabilidade civil da empresa pelo acidente de trabalho, que possibilitaria reparação de danos pela via indenizatória individual, eventual pagamento de prestações previdenciárias pelo INSS somente daria ensejo à ação do art. 120, inciso I, da Lei 8.213/1991 em caso de *dolo*, direto ou indireto, do empregador, dado

que esse risco anormal não estaria coberto pelo SAT, como não estaria coberto por qualquer seguro privado.

5. O art. 120, inciso I, da Lei 8.213/1991 acaba por instituir uma fonte de custeio da seguridade social, a cargo da empresa, sem previsão no art. 195, I, da Constituição. Apesar de a própria Constituição permitir que a lei possa instituir outras fontes destinadas a garantir a manutenção ou expansão da seguridade social (CF, art. 195, § 4º), ela exige a edição de lei complementar (CF, art. 154, I). Como a Lei 8.213/1991, contendo o art. 120 das "ações de regresso", é lei ordinária, padece de inconstitucionalidade formal a nova forma de arrecadação fundos encampada pela Previdência Social.

6. Assim sendo, a petição inicial de uma "ação regressiva previdenciária" deve ser indeferida de plano, porquanto o autor público *carece de interesse processual*, nos termos do art. 330, III, do CPC, dado que ao se demonstrar que o pedido jamais poderia ser outorgado por falta de amparo no direito substancial, isso revelaria falta de interesse no respectivo provimento jurisdicional, levando à extinção do processo, sem resolução de mérito, forte no art. 485, I, do mesmo diploma legal.

   Caso a fase de controle da admissibilidade da petição inicial já tenha se exaurido, com a citação do réu, o processo deve ser extinto, sem resolução de mérito, por *carência de interesse processual*, nos termos do art. 485, VI, do CPC, a qualquer tempo e em qualquer grau de jurisdição (CPC, art. 485, §3º).

7. As "ações regressivas" fundadas em substrato fático não correspondente ao acidente de trabalho ou à violência doméstica (como as *de trânsito*), devem ser excluídas, por completo, do âmbito de possibilidade jurídica, dado que, além dos demais obstáculos jurídicos, sequer ostentam respaldo legal.

8. As "ações regressivas previdenciárias" são incabíveis, senão inconstitucionais. As razões evocadas para sua justificação – direito de regresso e responsabilidade civil – não se ajustam à natureza de cada qual. Ainda que se admitisse a responsabilidade civil das empresas em ressarcir a Previdência Social (no caso específico do art. 120, I, da Lei 8.213/91), a cobertura do SAT limitaria o ressarcimento às hipóteses de dolo. Em função da desconstrução dos argumentos fundados no Direito Civil, fica patente a finalidade arrecadatória de tais ações, o que esbarra nos limites constitucionais para o poder exacional do Estado.
9. Abstraído o patente vício de inconstitucionalidade, pode-se dizer que o art. 120 da Lei 8.213/1991 criou, na verdade, duas obrigações *ex lege* e *atípicas* de ressarcimento ao erário, consistente em recompor os cofres da Previdência Social de todo o quanto foi pago ao trabalhador acidentado e à vítima da violência doméstica, ou a seus dependentes, a título de prestações previdenciárias (benefícios e serviços).
10. O legislador da Lei dos Benefícios Previdenciários de 1991 emprestou do Direito Civil a denominação "ação de regresso", mas tal *nomen juris* não define a verdadeira natureza dessa ação.
11. A ação preconizada pelo art. 120 da Lei 8.213/1991 é mais bem definida pelo *nomen juris* de *ação de ressarcimento sui generis*, como nova fonte de custeio da seguridade social, ainda que inconstitucional.
12. É *ação de ressarcimento* porque seu objeto mediato é limitado ao dinheiro que corresponda exatamente ao que foi e ao que será pago ao trabalhador acidentado ou à mulher que suportou a violência.
13. É *sui generis* porque a obrigação que lhe dá origem é *atípica*. Tal obrigação de ressarcir não deriva do Direito

Civil, nem de qualquer outro ramo jurídico. Está contida na legislação previdenciária, mas não é, propriamente, instituição de Direito Previdenciário.

14. A *pretensão ressarcitória sui generis,* fulcrada no art. 120 da Lei 8.213/1991, será exercida pela Previdência Social, deduzida em juízo através da *ação de ressarcimento sui generis.* Uma vez admitidas as ações de ressarcimento *sui generis*, como sucedâneas das "ações regressivas previdenciárias", **quanto aos seus aspectos processuais,** afirma-se:

15. A causa de pedir das ações de ressarcimento *sui generis* é composta de duas alegações: a) concessão e pagamento de prestação acidentária ao trabalhador, de prestação previdenciária à mulher vítima de agressão doméstica, ou aos seus respectivos dependentes; b) responsabilidade *dolosa,* ainda que eventual, do empregador ou de terceiro pela ocorrência do acidente de trabalho ou, alternativamente, responsabilidade pessoal do autor da agressão doméstica; c) correspondência entre o acidente de trabalho e o fato gerador do benefício acidentário concedido ao trabalhador ou a correspondência entre o incidente de violência doméstica e o fato gerador do benefício previdenciário concedido à vítima.

16. O objeto imediato dessas ações é a tutela jurisdicional de natureza condenatória; o objeto mediato é o dinheiro que corresponda exatamente ao que foi e ao que será pago ao trabalhador acidentado/vítima da agressão doméstica. Não há postulação de nenhuma outra espécie de tutela jurisdicional apta a proteger o meio ambiente de trabalho ou a saúde ou segurança do trabalhador, ou a integridade física, psicológica, moral, patrimonial e sexual da mulher.

17. No pedido condenatório incluem-se não só os pagamentos com benefícios acidentários, de natureza continuativa

(aposentadoria por invalidez, auxílio-doença, pensão por morte e auxílio-acidente), como também os gastos com a reabilitação profissional, incluindo o fornecimento de aparelho de prótese, órtese e instrumentos de auxílio para locomoção, além da reparação e substituição desses aparelhos desgastados pelo uso normal ou por ocorrência estranha à vontade do beneficiário. O transporte do segurado(a), quando necessário, à custa da Previdência Social, também integra esse montante.

18. É indispensável que a Previdência Social, ao comprovar os dispêndios com as prestações previdenciárias ou acidentárias, os *individualize* perfeitamente, de modo a vincular o pagamento com o trabalhador acidentado/vítima da agressão por responsabilidade do réu. Não é admissível, no âmbito desse ressarcimento, pleitear o pagamento de despesas gerais com a manutenção de benefícios ou serviços (despesas com pessoal, uso de equipamentos etc.), que não tenham relação direta com o trabalhador vitimado, tampouco com a mulher que suportou a agressão doméstica.

19. Em relação ao ressarcimento dos benefícios acidentários de trato sucessivo, o pedido condenatório abrangerá parcelas vencidas e parcelas vincendas. As parcelas *vencidas* são compostas pelos pagamentos já realizados pelo INSS ao trabalhador ou à vítima da violência doméstica, até o momento da propositura da ação. As *vincendas* correspondem aos pagamentos que forem se realizando após a propositura da ação.

20. Enquanto o *benefício estiver ativo*, a condenação se protrairá no tempo, até mesmo para além do trânsito em julgado; enquanto perdurarem os pagamentos do benefício acidentário, perdurará a condenação (*condenação para o futuro*).

21. Não se admite *pedido genérico*, dado que a ação de ressarcimento *sui generis* não é ação indenizatória por ato

ilícito e a Previdência Social, através do *Procedimento de Instrução Prévia (PIP)*, sempre pode determinar, desde logo, as consequências do ato ou do fato (CPC, art. 324, §1º, II).

22. A cessação dos pagamentos pelo INSS faz cessar a obrigação do réu em ressarcir, não importando a razão da cessação (esgotamento natural, cancelamento, recuperação da capacidade laborativa etc.). Eventual suspensão de benefícios também implica a suspensão da execução da sentença. É dever do INSS comunicar, ao juízo ou ao próprio requerido, a cessação ou suspensão do benefício para evitar ressarcimentos indevidos, o que geraria a obrigação de restituir, além de perdas e danos.

23. A *sucessão de benefícios* decorrentes do mesmo acidente de trabalho, ou do mesmo incidente de violência doméstica, não pode ser considerada pedido implícito. Assim, a sentença não poderá acolher pedido para condenar o réu a ressarcir a Previdência Social de benefício futuro e que, eventualmente, possa ser pago ao segurado(a). Essa sentença é nula porque condiciona o ressarcimento a fatos futuros, como a superveniência da incapacidade definitiva ou a redução da capacidade laboral. Por criar condições ou requisitos para a produção, ainda que parcial, de seus efeitos condenatórios, essa sentença é incerta e, portanto, nula.

24. A impossibilidade de pedido e de sentença condicional em relação aos benefícios sucessivos não implica dizer que o ressarcimento *sui generis* dessas novas parcelas é vedado. Essa possibilidade existe, mas exige a *ação revisional* do art. 505, I, do CPC. Essa revisão, fundada na cláusula *rebus sic stantibus*, é necessária porque exsurge, após a coisa julgada, uma alteração de fato que implica na formação de uma *nova causa de pedir* para o ressarcimento. Ainda que não ocorra novo acidente de trabalho ou novo incidente de violência domiciliar, *novo* será

o benefício a ser pago pela Previdência Social, submetido a novos requisitos legais, os quais precisam passar pelo controle do contraditório e da ampla defesa. O réu tem o direito fundamental de participar e influir na formação do novo conteúdo da condenação, por isso a necessidade da ação revisional proposta pelo INSS, perante o juízo de primeiro grau, sem prevenção do juízo da causa-fonte, embora podendo se dar nos mesmos autos da ação original.

25. A ação revisional é cabível também para a hipótese de benefícios cessados, mas posteriormente restabelecidos em decorrência de recaída ou de qualquer outra causa que não permita o retorno ao trabalho. Não é possível, sem violação do devido processo legal, incluir esse pedido completamente remoto e imprevisível na petição inicial das ações de ressarcimento *sui generis*.

26. Quanto à correção monetária das prestações vencidas, ela é devida desde a data em que houve o desembolso efetivo da prestação previdenciária ao segurado(a). São aplicáveis os índices oficiais de correção monetária para ações condenatórias cíveis, como o Índice Nacional de Preços ao Consumidor Amplo (IPCA), calculado pelo IBGE, tal qual consta do Manual de Cálculos da Justiça Federal, editado pelo Conselho da Justiça Federal.

27. Quanto aos juros de mora das prestações vencidas, deverão seguir a disciplina geral das ações cíveis de cobrança, calculados à base de 0,5% ao mês, nos termos do artigo 1.062 do Código Civil de 1916, até a entrada em vigor do novo Código Civil, quando deverão observar a taxa que estiver em vigor para a mora do pagamento de impostos devidos à Fazenda Nacional, ou seja, a taxa referencial do Sistema Especial de Liquidação e Custódia – SELIC, contados desde a citação inicial, pois não de trata de ação de responsabilidade civil extracontratual (inaplicável a súmula 54 do STJ). Conforme orienta o Manual de Cálculos

da Justiça Federal (CJF), a partir da incidência da taxa SELIC, cessa a aplicação do indexador de correção monetária, evitando-se a indesejada cumulação de juros e correção.

28. O art. 533 do CPC, que trata de constituição de capital, é inaplicável às ações de ressarcimento *sui generis*, pois não tratam de responsabilidade civil, nem de indenização por ato ilícito, e, ainda que se entenda tratar-se de indenização por ato ilícito, os ressarcimentos não caracterizam *prestação de alimentos*. Mas é possível inscrever a sentença condenatória no registro público, como título constitutivo de *hipoteca judiciária* (CPC, art. 495).

29. Incidem honorários advocatícios de sucumbência nas ações de ressarcimento *sui generis*. Vencedora ou derrotada a Previdência Social, os honorários advocatícios serão fixados mediante os critérios do art. 85, §§3º a 7º do CPC. Não é aplicável o parágrafo nono do mesmo artigo, pois não se trata de ação de indenização por ato ilícito contra pessoa, mas ação de ressarcimento *sui generis* em favor da Fazenda Pública.

30. O *valor da causa* deverá levar em consideração tanto as prestações vencidas como as vincendas; o valor das vincendas será igual a uma prestação anual, se a obrigação for por tempo indeterminado, ou por tempo superior a 1(um) ano; se, por tempo inferior, será igual à soma das prestações. A esse valor deverão ser somados os valores fixos despendidos pela Previdência Social com o trabalhador acidentado ou com a vítima da agressão doméstica, como é o caso do fornecimento de próteses, órteses e outros aparelhos visando à reabilitação profissional.

31. A legitimidade ativa pertence à União, como Previdência Social, e não ao INSS. À autarquia previdenciária compete apenas a administração dos benefícios e serviços previdenciários, sendo que a atividade de arrecadação de fundos para o custeio da seguridade social passou

integralmente à Secretaria da Receita Federal do Brasil, desde 2007, órgão componente da estrutura organizacional da União. Ainda que se considerasse que o pagamento de prestações previdenciárias pelo INSS implicasse dano ao patrimônio público, não seria o patrimônio do INSS o afetado para legitimar a sua atuação na busca pelo ressarcimento respectivo, pois os recursos para o pagamento dos benefícios do RGPS provêm do *Fundo do Regime Geral da Previdência Social*, constituído pela União (CF, art. 250 e Lei Complementar 101/2000, art. 68). Qualquer ressarcimento obtido por essas ações é destinado para o Fundo do Regime Geral da Previdência Social, vinculado à União, e não ao INSS. Quem se ressarce é a União, não o INSS.

32. O fato do INSS ser gestor desse fundo (LC 101/2000, art. 68, §2º e Lei 11.457/2007, art. 5º, II) não é suficiente para lhe outorgar legitimidade extraordinária para defender o interesse alheio, pois a legitimação extraordinária não se presume, precisa ser expressamente autorizada pelo ordenamento jurídico, o que não acontece nesse caso.

33. A legitimação passiva para as ações de ressarcimento *sui generis* pertence àqueles que, por conduta dolosa, ainda que indireta ou eventual, contribuíram para a ocorrência do acidente de trabalho que vitimou o trabalhador. Também, a legitimação passiva corresponde ao autor de crime apto a ensejar o enquadramento de violência doméstica, nos termos previstos pela Lei 11.340/06, tais como o feminicídio (CP, art. 121, § 2º, VI) e a lesão corporal (CP, art. 129, § 9º). A postulação se torna legítima na medida em que as condutas descritas ensejam o pagamento de prestação previdenciária pelo INSS.

34. Não são evocáveis para a determinação da legitimação passiva, as regras pertinentes à responsabilidade civil contidas no Código Civil (arts. 927-943).

35. Têm legitimidade passiva: o empregador ou a empresa empregadora, caso o acidente de trabalho tenha ocorrido na sua sede; se o empregador for pessoa natural, como o empregador doméstico, a legitimação passiva dependerá da descrição da sua conduta pessoal que gerou o acidente, o que pode ser aplicado às firmas individuais e às empresas individuais de responsabilidade limitada (EIRELI). De outra banda, nas ações regressivas fundadas em incidente de violência doméstica, evidentemente, o autor da conduta criminosa que deterá a legitimidade para integrar o polo processual passivo da ação de regresso.

36. Em se tratando de terceirização de serviços, a empresa *tomadora* dos serviços tem legitimação passiva, uma vez que o acidente de trabalho ocorre nas suas instalações, nas quais o meio ambiente laboral se revelou inseguro. Somente haverá obrigação de ressarcir para a *cedente* se esta foi conivente e colaborou, de alguma forma, com a conduta da empresa tomadora dos serviços. A obrigação *ex lege* da empresa cedente não pode ser presumida, nem é solidária.

37. No caso de *grupos econômicos*, apenas a empresa responsável pelo acidente de trabalho tem legitimidade passiva para constar nas ações ressarcitórias públicas. A obrigação *ex lege* de ressarcir somente pode atingir aquela empresa na qual o acidente de trabalho ocorreu e na qual, por consequência, o meio ambiente do trabalho foi comprometido.

38. Em relação ao proprietário, o incorporador, o dono da obra e o condômino, é preciso afirmar a "responsabilidade" direta e efetiva de qualquer uma dessas partes envolvidas na construção civil para incluí-la no polo passivo da ação de ressarcimento *sui generis*.

39. Se o próprio trabalhador tiver culpa pelo acidente de trabalho, o empregador ou o terceiro não responderão

por qualquer ressarcimento, porquanto não figuram como "responsáveis". O trabalhador não detém legitimidade passiva. Na hipótese de responsabilidade concorrente entre empregador e empregado, haverá necessidade de cotejar a conduta do empregador, pois apenas a dolosa gera a obrigação de ressarcimento *sui generis*. Em havendo a concorrência efetiva, a quantia a ser ressarcida deverá guardar proporção no que concerne à efetiva participação do empregador.

40. É cabível a denunciação da lide à seguradora contratada pelo empregador para cobrir os riscos atinentes à sua atividade, em se tratando do caso específico do art. 120, I, da Lei 8.213/91. Em contrapartida, nas ações ressarcitórias ajuizadas com fulcro no inciso II do art. 120 da Lei 8.213/91, inexiste a possibilidade de denunciação da lide, eis que a responsabilidade do indivíduo que praticou a agressão doméstica é pessoal e intransmissível, conforme apregoa o art. 5º, inciso XLV, da CF.

41. As ações de ressarcimento com substrato em acidente de trabalho são de competência da Justiça Comum dos Estados. Se as ações acidentárias típicas são excluídas da competência da Justiça Federal porquanto a sua causa de pedir remota diz respeito a acidente de trabalho (muito embora a natureza da ação seja previdenciária), deve-se dar mesmo tratamento às ações "regressivas", cuja causa de pedir remota também se funda em acidente de trabalho. Sem acidente de trabalho, oriundo da relação de trabalho, não há nem ação acidentária, nem ação de ressarcimento *sui generis*. Qualquer ação fundada em acidente de trabalho está excluída da competência da Justiça Federal, por ordem expressa da Constituição (art. 109, I). Em se tratando de ação de ressarcimento com fundamento em agressão doméstica, porém, a instância competente para o processamento e o julgamento do feito passa a ser a Justiça Federal, eis que

inexiste qualquer ressalva constitucional apta a remeter o feito à Justiça Estadual.

42. Sujeitar as ações de ressarcimento *sui generis* à Justiça Estadual, que rotineiramente já procede ao julgamento das ações acidentárias, é favorecer a *unidade de jurisdição e de convicção* sobre a matéria acidentária: quem julga se os benefícios acidentários são devidos, deve julgar também o ressarcimento aos cofres públicos por esses mesmos benefícios. Essa repartição não é boa para o sistema de justiça, foi fraciona injustificadamente a convicção sobre a mesma matéria.

43. Quanto à competência territorial, deve prevalecer a regra geral, ou seja, devem ser propostas perante o *foro do domicílio do réu* (CPC, art. 46). Como não de trata de ação de reparação de dano, não se aplica a regra excepcional contida no art. 53, IV, *a*, do CPC, a qual estabelece como competente o foro do lugar do ato ou fato para a ação de reparação de dano. Muito menos há espaço para a aplicação do inciso V do mesmo artigo, pois, além de não se tratar de ação de reparação de dano, mas ação de ressarcimento *sui generis*, derivada de obrigação *ex lege*, não há correlação com *delito* ou *acidente de veículos*.

44. Nas ações de ressarcimento *sui generis* não há qualquer dispositivo legal que autorize, *a priori*, a inversão do ônus da prova em favor da União (ou mesmo do INSS). Aplica-se a regra geral acerca da distribuição estática do *onus probandi*: à Previdência Social incumbirá a prova dos fatos que autorizam o excepcional ressarcimento *sui generis*, especialmente a conduta dolosa do legitimado passivo que contribuiu para a ocorrência do acidente de trabalho ou, alternativamente, para a consumação do crime de lesão ou homicídio subjacente à violência doméstica.

45. Não se apresentam justificativas plausíveis para uma diversa distribuição do ônus da prova, considerando a

capacidade econômica e técnica dos diversos órgãos ligados à Previdência Social, e das respectivas Procuradorias, especialmente as ligadas ao INSS, em coligir os elementos de prova necessários para formar o convencimento judicial sobre a conduta dolosa do réu em relação ao acidente de trabalho que originou prestações previdenciárias. Nos casos em que o polo ativo intenta a demonstração do incidente de violência doméstica, também resta inviabilizada a dinamização do ônus probatório. Isso porque, muito embora o INSS não tenha a pretensão de instaurar a persecução penal em face do agressor, tal medida se trata de uma consequência direta da procedência do pedido da autarquia, em razão da incidência do art. 40 do CPP. Logo, para que logre êxito em obter o ressarcimento almejado, será necessária a formação de farto conjunto instrutório, apto a convencer o juízo sobre a veracidade de sua tese em patamar "*acima de qualquer dúvida razoável*", vez que, apesar de não se tratar de demanda penal, a União assume uma posição análoga ao órgão acusador do processo penal, sendo certa a incidência do postulado do *in dubio pro reo*.

46. Há *hiperssuficiência técnica* das Procuradorias Federais, conforme demonstra a Portaria Conjunta PGF/INSS 06, de 18 de Janeiro de 2013, que dispõe sobre as "ações regressivas previdenciárias" e institui, para os órgãos de execução da Procuradoria Geral Federal, o *Procedimento de Instrução Prévia* (PIP), através do qual se colhem os elementos suficientes de prova da ocorrência do ato ilícito, da culpabilidade, do nexo causal e da realização de despesas previdenciárias. Com isso, resta garantida a *paridade de armas* na relação processual, não se justificando, ao menos em abstrato, um tratamento diferenciado que excepcione a clássica repartição do *onus probandi*.

47. A presunção de culpa do empregador, admitida nas ações indenizatórias propostas na Justiça do Trabalho, é

incompatível com o ônus da prova que pertine às ações propostas pela Previdência Social para ressarcimento *sui generis*. Idêntico raciocínio se aplica às ações regressivas fundadas na Lei Maria da Penha, pois a carga probatória referente à demonstração do delito reside inteiramente sobre o poder público.

48. A decisão de mérito definitiva proferida nas ações de ressarcimento *sui generis* produz coisa julgada material, seja de procedência, seja de improcedência do pedido ressarcitório (*pro et contra*). É inaplicável a formação da coisa julgada *secundum eventum litis et probacionis*, ou seja, haverá coisa julgada material mesmo que o pedido seja julgado improcedente por falta de provas.

49. Caso o benefício concedido ao trabalhador ou à mulher que sofreu agressão doméstica seja posteriormente cassado, cancelado ou, de qualquer forma, declarado indevido, administrativa ou judicialmente, por ausência de qualquer dos pressupostos para a sua concessão (qualidade de segurado, carência etc.), é devida a *restituição* dos valores pagos em virtude da condenação na ação ressarcitória pública.

50. A coisa julgada formada na ação de ressarcimento *sui generis* não é óbice à restituição administrativa, considerando que ela favorece ao próprio ente público, que tem o dever constitucional de probidade e moralidade, não podendo se enriquecer indevidamente a custa do contribuinte. Se o benefício era indevido, indevido foi o pedido de ressarcimento. Se houve condenação em seu favor, em razão de benefício que sequer poderia ser pago ao segurado(a), tal condenação implica enriquecimento injusto do Poder Público, a ensejar a restituição pela própria via administrativa.

51. A restituição administrativa pressupõe o reconhecimento de que o benefício pago ao segurado(a) era indevido desde a sua concessão. Para o deferimento dessa

restituição não importa se houve culpa do empregador pelo acidente de trabalho, tampouco se existiu efetivo crime de violência doméstica. Também não importa se o INSS conseguirá se ressarcir, junto ao próprio segurado(a), quanto às parcelas indevidamente pagas.

52. Caso a postulação administrativa de restituição seja indeferida, cabe *pedido revisional*, pelo próprio empregador condenado na ação de ressarcimento *sui generis*, nos termos do art. 505, I, do CPC.

53. A coisa julgada trabalhista não afeta a demanda ressarcitória *sui generis*. A uma, porque *a verdade dos fatos, estabelecida como fundamento da sentença*, não se torna indiscutível pela superveniência da coisa julgada (*limite objetivo* da coisa julgada material). A duas, porque a União (ou o INSS), porquanto não tenha sido citada para a ação trabalhista, não fica proibida de rediscutir os fatos e conclusões da causa alheia (*limite subjetivo* da coisa julgada material). Quanto à coisa julgada formada em *revisão criminal* favorável ao réu da ação regressiva previdenciária, é possível que os fundamentos da decisão penal sejam utilizados como *causa de pedir* para o ajuizamento de ação rescisória no juízo cível, nos termos do art. 966, incisos V, VI, VII e VIII do CPC. No entanto, nada obstante a disposição do art. 622 do CPP de que "a revisão poderá ser requerida em qualquer tempo, antes da extinção da pena ou após", a ação rescisória deve ser manejada dentro do prazo descrito no art. 975 do CPC, porquanto, após este marco, resta impossibilitada a desconstituição da coisa julgada formada no juízo cível, independentemente dos fundamentos utilizados para tanto.

54. Não obstante a decisão final de mérito trabalhista não vincular o resultado da ação de ressarcimento *sui generis*, as provas coligidas no processo trabalhista poderão ser utilizadas no processo ressarcitório (*prova emprestada*),

as quais, no entanto, também não possuem eficácia vinculante. Quanto às ações de ressarcimento embasadas em atos de violência doméstica, a juntada das provas do processo penal responsável pela apuração do ilícito se trata de dever impingido ao juiz e às partes, pois as questões resolvidas no juízo criminal vinculam a atuação do juízo cível, conforme a expressa disposição do art. 935 do Código Civil.

55. A ação de ressarcimento *sui generis* deve ser processada pelo procedimento comum previsto no CPC, com a citação do réu para a audiência de conciliação ou de mediação. Dificilmente haverá espaço para sentença de *improcedência liminar do pedido*, fundada em contrariedade a precedentes obrigatórios, dado que essas ações raramente dispensarão a fase instrutória (CPC, art. 332 *caput*). Mas se pode esperar sentença desse tipo baseada no reconhecimento da *prescrição* (CPC, art. 332, §1º). Em tese, é cabível o *julgamento antecipado parcial do mérito* (CPC, art. 356), sobretudo nos casos em que os pontos controversos do processo já foram resolvidos no juízo criminal.

56. Caso a ação de ressarcimento *sui generis* seja proposta na Justiça Estadual, não haverá isenção de custas e emolumentos para a União (ou para o INSS), nos termos da súmula 178 do STJ, aplicada analogicamente. Na Justiça Federal, a União e o INSS são isentos de custas processuais.

57. Não há empecilhos para que o réu reconvenha ao autor público nas ações de ressarcimento *sui generis.* O empregador-réu pode pleitear, por exemplo, em reconvenção, a restituição de valores pagos administrativamente, a título de ressarcimento *sui generis,* cumulando pleito indenizatório (danos material e morais) decorrentes do pagamento indevido. A mesma possibilidade se abre para o réu acusado de ter praticado violência doméstica,

que poderá vindicar ressarcimento por eventuais danos morais caso comprove a inexistência do ato delituoso, na forma do art. 953 do CC, pois a falsa imputação de crime qualifica calúnia (art. 138 do CP).

58. A *tutela provisória de urgência antecipada*, de natureza satisfativa, é, em abstrato, cabível, desde que presentes os pressupostos do art. 300 do CPC, mas dificilmente será deferida nas ações de ressarcimento *sui generis*. Raramente haverá hipótese de *urgência*, fundada no perigo de dano, pois não há justificativa plausível para adiantar o ressarcimento aos cofres públicos pelo desembolso de prestações previdenciárias, considerando o sistema de custeio da seguridade social.

59. A *tutela provisória de urgência cautelar,* de natureza não-satisfativa, sempre será possível quando a conduta do réu representar *risco ao resultado útil do processo* (CPC, art. 300), ensejando a sua efetivação mediante arresto, sequestro, arrolamento de bens, registro de protesto contra alienação de bem e qualquer outra medida idônea para asseguração do direito (CPC, art. 301).

60. A *tutela provisória da evidência*, na qual não se exige demonstração de perigo de dano ou de risco ao resultado útil do processo (CPC, art. 311, *caput*), será possível quando fundada no abuso do direito de defesa ou no manifesto propósito protelatório da parte (CPC, art. 311, I) ou quando a petição inicial for instruída com prova documental suficiente dos fatos constitutivos do direito do autor (obtidas no *Procedimento de Instrução Prévia – PIP* – ou cópia da sentença condenatória proferida pelo juízo penal, por exemplo), a que o réu não oponha prova capaz de gerar dúvida razoável (CPC, art. 311, I e IV). Em ambos os casos, a liminar somente poderá ser concedida após o contraditório (CPC, art. 311, *parágrafo único*).

61. As demais hipóteses de tutela da evidência, previstas no art. 311 do CPC, dificilmente se ajustarão às ações de

ressarcimento *sui generis*. *Pedido reipersecutório fundado em prova documental adequada ao contrato de depósito* não corresponde à "natureza" das ações em estudo (CPC, art. 311, III). E dificilmente as alegações de fato poderão ser comprovadas *apenas* documentalmente para atrair a hipótese do art. 311, II, do CPC, a qual também exige a pré-existência de tese firmada em julgamento de casos repetitivos ou em súmula vinculante.

62. Dadas as intensas controvérsias de fato e de direito que marcam tais ações, é imprescindível a designação da *audiência de saneamento e de organização do processo*, prevista no art. 357, §3º do CPC. **Quanto à prescrição da pretensão ressarcitória *sui generis*,** afirma-se:

63. As ações de ressarcimento *sui generis* são prescritíveis.

64. O *termo inicial* para a fluência do prazo prescricional das ações de ressarcimento *sui generis* é o pagamento, para o segurado(a) para os seus dependentes, de qualquer das prestações previdenciárias. A concessão posterior de outros benefícios, originados do mesmo acidente de trabalho, ou do mesmo incidente de violência doméstica ou familiar, não altera o marco inicial da prescrição.

65. A prescrição da pretensão ressarcitória *sui generis*, uma vez iniciada e consumada, *atinge o próprio fundo de direito,* pois se discute o próprio direito ao ressarcimento do erário. Para que essa pretensão seja acolhida, mister se faz a comprovação dos seus respectivos pressupostos, especialmente a responsabilidade dolosa do empregador pelo acidente de trabalho ocorrido ou, alternativamente, a responsabilidade pessoal do autor do crime de agressão doméstica ou familiar. Além disso, pode-se discutir a própria possibilidade jurídica do pedido ressarcitório, sem esquecer a constante imputação de inconstitucionalidade do art. 120 da Lei 8.213/1991. O direito ao ressarcimento *sui generis* é uma situação jurídica fundamental,

altamente controversa, sem a qual não pode haver qualquer expectativa de recebimento dos valores pagos a título de prestações previdenciárias.

66. Quanto ao prazo prescricional, não se aplica o disposto no art. 7º, XXIX, da Constituição, pois diz respeito à prescrição especial das reclamatórias trabalhistas; também não se aplica a Lei 8.213/1991, pelos seus arts. 104 (pretensões de haver prestações acidentárias em face do INSS), 103 (pelo seu *caput*, disciplina o prazo decadencial para a revisão do ato de concessão de benefícios previdenciários, e, pelo seu parágrafo único, disciplina o prazo prescricional para as pretensões do segurado contra o INSS, para haver prestações pretéritas relacionadas aos benefícios previdenciários), ou 103-A (regula o prazo decadencial de dez anos para que o INSS anule atos administrativos favoráveis aos segurados e beneficiários da Previdência Social). Igualmente não se aplica a Lei 8.212/1991 (arts. 45 e 46, já revogados, porque estes se destinavam, respectivamente, à decadência e à prescrição de créditos advindos, especificamente, das contribuições sociais, nem, por extensão, o art. 88, eis que destinado ao regramento do custeio da seguridade social e ao respectivo regime tributário).

67. A regra geral do Decreto 20.910/1932, que regula a prescrição quinquenal das ações contra a Fazenda Pública, não se mostra aplicável, pois ela foi concebida apenas para as pretensões dirigidas *contra* a Fazenda Pública e não para as por ela patrocinadas.

68. A prescrição quinquenal do art. 1º-C da Lei 9.494/1997 também não se revela aplicável, uma vez que trata da prescrição das pretensões de responsabilidade civil *contra* o Estado, por danos causados *por seus agentes.*

69. No Código Civil, desde logo deve ser descartada a prescrição trienal do art. 206, §3º, V, do Código Civil porquanto

não se trata de *pretensão de reparação civil*. Mas, para os que defendem que as "ações regressivas previdenciárias" envolvem os elementos da responsabilidade civil, seria aplicável esse prazo prescricional. É descabida a evocação do princípio da *isonomia* ou qualquer tipo de *simetria* entre Estado e particular, para justificar a aplicação do Decreto 20.910/1932 às ações propostas pela Fazenda Pública *contra* o particular, como as ações de ressarcimento *sui generis*.

70. As ações de ressarcimento *sui generis colacionadas no art. 120, inciso I, da Lei 8.213/91* veiculam uma *pretensão do segurador contra o segurado*, atraindo o *prazo prescricional de 1 (um) ano*, previsto no art. 206, §1º, II, *b*, do Código Civil. Como o SAT não é seguro de responsabilidade civil, o prazo prescricional é contado da ciência do fato gerador da pretensão pela a Previdência Social, vale dizer, da data do *primeiro pagamento* de benefício previdenciário ao trabalhador acidentado ou a seus dependentes.

71. Não se aplica o prazo trienal do art. 206, §3º, IX do Código Civil, pois não se trata de pretensão do *beneficiário contra o segurador* ou a do *terceiro prejudicado*, no caso de *seguro de responsabilidade civil obrigatório*, como é o caso do seguro DPVAT, conforme reconhecido pela súmula 405 do STJ.

72. Devido à inexistência de previsão específica de prazo prescricional para as ações de ressarcimento fundadas na ocorrência de violência doméstica, aplica-se o regramento geral do art. 205 do Código Civil, correspondente ao prazo de 10 (dez) anos, cujo *dies a quo* corresponde à data do pagamento do primeiro benefício previdenciário à vítima da agressão.

8

REFERÊNCIAS BIBLIOGRÁFICAS

ALVES, Marcus Alexandre. A ação regressiva acidentária e a prescrição da pretensão indenizatória do Instituto Nacional do Seguro Social. *Revista da AGU*, Brasília, n. 28, p. 215-242, abr./jun. 2011.

ANDRADE, Érico. *Responsabilidade civil do Estado e o direito de regresso*. São Paulo: IOB Thomson, 2005.

ATAIDE JUNIOR, Vicente de Paula. A representação judicial do INSS por advogados autônomos constituídos. *Revista de Previdência Social*, São Paulo: LTr, n. 249, p. 566-572, ago. 2001.

ATAIDE JUNIOR, Vicente de Paula. *As novas reformas do processo civil*. 3 ed. Curitiba: Juruá, 2012.

ATAIDE JUNIOR, Vicente de Paula. *Elementos de direito processual civil*: à luz da jurisprudência do STJ. Curitiba: Juruá, 2010.

ATAIDE JUNIOR, Vicente de Paula. *Processo civil pragmático*. Curitiba, 2013, 278 p. Tese (Doutorado em Direito) – Pós-Graduação em Direito da Universidade Federal do Paraná.

BALERA, Wagner; AGOSTINHO, Theodoro Vicente. A total antijuridicidade das novas ações regressivas do INSS. *Revista de Direito Previdenciário*, São Paulo: RT, v. 1, nov. 2013.

BASÍLIO, Tarcísio Guedes. Breves considerações sobre o patrimônio imobiliário do fundo do regime geral da previdência social. *Conteúdo Jurídico*, Brasilia-DF, 09 jul. 2013. Disponível em: <http://www.conteudojuridico.com.br/?artigos&ver=2.44316&seo=1>. Acesso em: 11 dez. 2014.

BASTOS, Lucilia Isabel Candini. Acidente de trabalho, responsabilidade do empregador e ação regressiva do INSS. *Juris Plenum,* Caxias do Sul/RS: Editora Plenum, n. 44, p. 63-76, mar. 2012.

BOCHENEK, Antônio César; DALAZOANA, Vinicius. *Competência cível da Justiça Federal e dos Juizados Especiais Federais.* 2. ed. Curitiba: Juruá, 2013.

BRAMANTE, Ivani Contini. Determinantes sociais da incapacidade no direito da seguridade social. *In: MARTINEZ, Wladimir Novaes (orient.); KOSUGI, Dirce Namie (coord). Perícia biopsicossocial ou complexa.* São Paulo: LTr, 2017.

BRAMANTE, Ivani Contini. Fundamentos da ação regressiva acidentária. *Revista Síntese Direito Previdenciário,* São Paulo: Síntese, n. 45, v. 10, p. 9-49, nov./dez. 2011.

CARDOSO, Alessandro Mendes; RODRIGUES, Raphael Silva. Da ilegal utilização da ação regressiva previdenciária como nova fonte de custeio. *Revista Fórum de Direito Tributário – RFDT,* Belo Horizonte, ano 8, n. 48, nov./dez. 2010. Disponível em: <http://www.bidforum.com.br/bid/PDI0006.aspx?pdiCntd=70689>. Acesso em: 6 nov. 2014.

CARVALHO, Alex Jacson. Inexistência de direito de regresso no INSS contra empresas para ressarcimento de valores pagos em benefícios concedidos em decorrência de acidente de trabalho. *Revista de Previdência Social,* São Paulo: LTr, n. 395, p. 879-881, out. 2013.

CARVALHO, Salo de. Comentários ao art. 5º, XLV, da CF. *In:* CANOTILHO, J. J. Gomes; SARLET, Ingo Wolfgang; MENDES, Gilmar Ferreira; STRECK, Lênio Luiz (coords.). *Comentários à Constituição do Brasil.* 2. ed. São Paulo: Saraiva Educação, 2018.

CASTRO, Carlos Alberto Pereira; LAZZARI, João Batista. *Manual de direito previdenciário.* 5. ed. São Paulo: LTr, 2004.

CERQUEIRA, Marcelo Malheiros. A aplicabilidade do microssistema processual coletivo às ações regressivas acidentárias.

Revista Brasileira de Direito Processual RBDPro, Belo Horizonte, ano 18, n. 69, jan./mar. 2010. Disponível em: <http://www.bidforum.com.br/bid/PDI0006.aspx?pdiCntd=65829>. Acesso em: 6 nov. 2014.

CHALHUB, Melhim Namem. Prescrição da pretensão indenizatória em contrato de seguro. *Jus Navigandi,* Teresina, ano 13, n. 1860, 4 ago. 2008. Disponível em: <http://jus.com.br/artigos/11565>. Acesso em: 29 dez. 2014.

CHAVES, Sílvia Fernandes. *Ações regressivas:* o cabimento e a crítica de uma interpretação civil do Direito Previdenciário. São Paulo: LTr, 2018.

COELHO, Fábio Ulhoa. *Curso de direito civil.* 4. ed. São Paulo: Saraiva, 2010.

COL, Helder Martinez dal. *Responsabilidade civil do empregador*: acidentes de trabalho. Rio de Janeiro: Forense, 2005.

COSTA, José Ricardo Caetano. *Perícia biopsicossocial.* São Paulo: LTr, 2018.

COUTINHO, Aldacy Rachid. Comentário ao artigo 7º, inciso XXIX. *In:* CANOTILHO, J. J. Gomes; SARLET, Ingo Wolfgang; MENDES, Gilmar Ferreira; STRECK, Lênio Luiz (coords.). *Comentários à Constituição do Brasil.* São Paulo: Saraiva/Almedina, 2013. p. 613-618.

DIAS, Maria Berenice. *A Lei Maria da Penha na Justiça.* 6. ed. Salvador: Juspodivm, 2019.

DIAS, Maria Berenice. *Manual de direito das famílias.* 13. ed. Salvador: Juspodivm, 2020.

DIDIER JUNIOR, Fredie. *Curso de direito processual civil*: teoria geral do processo e processo de conhecimento. 12. ed. Salvador: JusPodivm, 2010. v. 1.

DIDIER JUNIOR, Fredie. *Curso de direito processual civil*: introdução ao direito processual civil, parte geral e processo de conhecimento. 20. ed. Salvador: JusPodivm, 2018. v. 1.

DIDIER JUNIOR, Fredie; BRAGA, Paula Sarno; OLIVEIRA, Rafael. *Curso de direito processual civil*: teoria da prova, direito probatório, teoria do precedente, decisão judicial, coisa julgada e antecipação dos efeitos da tutela. 5. ed. Salvador: JusPodivm, 2010. v. 2.

DINAMARCO, Cândido Rangel. *Capítulos de sentença*. São Paulo: Malheiros, 2002.

DINAMARCO, Cândido Rangel. *Instituições de Direito Processual Civil*. São Paulo: Malheiros, 2001. v. 1.

DINIZ, Maria Helena. *Código civil anotado*. 17. ed. São Paulo: Saraiva, 2014.

DINIZ, Maria Helena. *Curso de direito civil brasileiro*: teoria das obrigações contratuais e extracontratuais. 27. ed. São Paulo: Saraiva, 2011. v. 3.

DUARTE, Bento Herculano; OLIVEIRA JUNIOR, Zulmar Duarte de. *Princípios do processo civil*: noções fundamentais. São Paulo: Método, 2012.

FARIAS, Cristiano Chaves de; ROSENVALD, Nelson; BRAGA NETTO, Felipe Peixoto. *Curso de direito civil*. Salvador: Editora Juspodivm, 2014. v. 3.

FOLMANN, Melissa; NETO, Antonio Bazilio Floriani. Solidariedade social: para além do conceito reducionista. *In:* FOLMANN, Melissa; SERAU JUNIOR, Marco Aurélio (coords). *Interlocuções entre o direito previdenciário, o direito tributário e a economia*. Porto Alegre: Paixão Editores, 2017.

FOLMANN, Melissa; VIANNA, Cláudia Salles Vilela. *Fator acidentário de prevenção (FAP)*: inconstitucionalidades, ilegalidades e irregularidades. Curitiba: Juruá, 2012.

GONÇALES, Odonel Urbano. *Manual de direito previdenciário*. 12. ed. São Paulo: Atlas, 2007.

GONÇALVES, Carlos Roberto. *Direito civil brasileiro*. 6. ed. São Paulo: Saraiva, 2009. v. 3.

GONÇALVES, Carlos Roberto. *Direito civil brasileiro*. São Paulo: Saraiva, 2007. v. 4.

HORVATH JÚNIOR, Miguel. Ação regressiva em ação acidentária. *Revista de Direito Social*, São Paulo: Notadez, n. 7, p. 34-42, 2002.

IBRAHIM, Fábio Zambitte. Aspectos polêmicos na cobertura de acidentes do trabalho no Brasil. *Revista Magister de Direito Previdenciário*, São Paulo: Magister, n. 8, p. 58-76, abr./mai. 2012.

IGNÁCIO, Adriana Carla Morais. Fundamentos constitucionais da ação regressiva acidentária. *Revista IOB Trabalhista e Previdenciária*, São Paulo: IOB, n. 214, p. 197-201, abr. 2007.

KERTZMAN, Ivan. *Entendendo a reforma da previdência*. Salvador, Juspodivm, 2020.

KNIJNIK, Danilo. *A prova nos juízos cível, penal e tributário*. Rio de Janeiro: Forense, 2007.

LIEBMAN, Enrico Tullio. *Eficácia e autoridade da sentença e outros escritos sobre a coisa julgada*. Tradução de Alfredo Buzaid e Benvindo Aires. Tradução dos textos posteriores à edição de 1945 com notas relativas ao direito brasileiro vigente de Ada Pellegrini Grinover. 4. ed. Rio de Janeiro: Forense, 2007.

LIEBMAN, Enrico Tullio. *Manual de Direito Processual Civil*. Tradução e notas de Cândido Rangel Dinamarco. Rio de Janeiro: Forense, 1984. v. 1.

LIMA, Renato Brasileiro de. *Legislação criminal especial comentada*: volume único. 4. ed. Salvador: Juspodivm, 2016.

LISBOA, Roberto Senise. *Manual de direito civil*. 3. ed. São Paulo: RT, 2004. v. 2.

LÔBO, Paulo. *Direito civil*: famílias. 4. ed. São Paulo: Saraiva, 2011. v. 4.

LOPES JUNIOR, Aury. *Direito processual penal*. 15. ed. São Paulo: Saraiva Educação, 2018.

MACIEL, Fernando. *Ações regressivas acidentárias*. São Paulo: LTr, 2010.

MARINONI, Luiz Guilherme. *A ética dos precedentes*: justificativa do novo CPC. São Paulo: RT, 2014.

MARINONI, Luiz Guilherme; ARENHART, Sérgio Cruz. *Manual do processo de conhecimento*. 3. ed. São Paulo: RT, 2004.

MARINONI, Luiz Guilherme; ARENHART, Sérgio Cruz. *Prova e convicção*. 4. ed. São Paulo: RT, 2018.

MARINONI, Luiz Guilherme; ARENHART, Sérgio Cruz; MITIDIERO, Daniel. *Código de Processo Civil Comentado*. 4. ed. São Paulo: RT, 2018.

MARINONI, Luiz Guilherme; ARENHART, Sérgio Cruz; MITIDIERO, Daniel. *O novo processo civil*. São Paulo: RT, 2015.

MARINONI, Luiz Guilherme; MITIDIERO, Daniel. *Código de Processo Civil comentado artigo por artigo*. 6. ed. São Paulo: RT, 2014.

MARQUES, Sérgio Luís Ruivo. Ação regressiva e o INSS. *Revista de Previdência Social,* São Paulo: LTr, n. 187, p. 478-482, jun. 1996.

MARTINEZ, Wladimir Novaes. Ação regressiva do INSS contra as empresas que causaram acidentes de trabalho. *Revista de Previdência Social*, São Paulo: LTr, n. 363, p. 117-127, fev. 2011.

MARTINS, Sérgio Pinto. *Direito da Seguridade Social*. 37. ed. São Paulo: Saraiva Educação, 2018.

MELLO, Adriana Ramos de; PAIVA, Maria de Meira Lima. *Lei Maria da Penha na prática*. São Paulo: RT, 2019.

MENDES, Aluisio Gonçalves de Castro. *Competência cível da Justiça Federal*. 2. ed. São Paulo: RT, 2006.

MENDES, Gilmar Ferreira; BRANCO, Paulo Gustavo Gonet. *Curso de Direito Constitucional*. 10. Ed. São Paulo: Saraiva, 2015.

MONTEIRO, Washington de Barros. *Curso de direito civil*: direito das obrigações (2ª parte). 23. ed. São Paulo: Saraiva, 1989. v. 5.

MORAES, Alexandre de. *Constituição do Brasil interpretada e legislação constitucional*. 7. ed. São Paulo: Atlas, 2007.

MORAES, Maria Celina Bodin de; TEIXEIRA, Ana Carolina Brochado. Comentários ao art. 226 § 8º, da CF. *In:* CANOTILHO, J. J. Gomes; SARLET, Ingo Wolfgang; MENDES, Gilmar Ferreira; STRECK, Lênio Luiz (coords.). *Comentários à Constituição do Brasil*. 2. ed. São Paulo: Saraiva Educação, 2018.

MOTTA, Rubens Cenci. Descabida é a ação regressiva do INSS. *Revista de Previdência Social*, São Paulo: LTr, n. 398, p. 40-41, jan. 2014.

NICHOLSON, Brian. *A previdência injusta*: como o fim dos privilégios pode mudar o Brasil. São Paulo: Geração Editorial, 2007.

OLIVEIRA, José Roberto Pimenta. O direito de regresso do Estado decorrente do reconhecimento de responsabilidade civil extracontratual no exercício da função administrativa. *Interesse Público*, Belo Horizonte: Fórum, n. 65, p. 35-71. jan/fev. 2011.

OLIVEIRA, Júlio César. *Ação regressiva proposta pelo Instituto Nacional do Seguro Social face às empresas:* instrumento de prevenção de acidentes de trabalho. São Paulo: Conceito Editorial, 2011.

OLIVEIRA, Sebastião Geraldo de. *Indenizações por acidente do trabalho ou doença ocupacional*. 6. ed. São Paulo: LTr, 2011.

PAULSEN, Leandro; VELOSO, Andrei Pitten. *Contribuições*: teoria geral: contribuições em espécie. 2. ed. Porto Alegre: Livraria do Advogado Editora, 2013.

PEREIRA, Caio Mário da Silva. *Instituições de direito civil*. 11. ed. Rio de Janeiro: Forense, 2003. v. 3.

PEREIRA, Flávio Henrique Unes; MENDES, Elisângela Aparecida. Prescrição de trato sucessivo e prescrição de fundo de direito: estudo de casos. *Revista Eletrônica de Direito do Estado*, Salvador, Instituto Brasileiro de Direito Público, n. 12, out./dez. 2007. Disponível em: <http://www.direitodoestado.com.br/rede.asp>. Acesso em: 24 dez. 2014.

PEREIRA JUNIOR, José Aldízio. Apontamentos sobre a ação regressiva de acidentes de trabalho. *Revista Síntese Direito Previdenciário*, São Paulo: Síntese, n. 45, v. 10, p. 68-77, nov./dez. 2011.

PEREIRA, Mariana Sena Vieira Paupério. O seguro obrigatório de circulação automóvel nos sistemas jurídicos português e brasileiro. *Jus Navigandi,* Teresina, ano 16, n. 2741, 2 jan. 2011. Disponível em: <http://jus.com.br/artigos/18165>. Acesso em: 21 nov. 2014.

PONTES DE MIRANDA, Francisco Cavalcanti. *Tratado de direito privado*. 2. ed. Rio de Janeiro: Borsoi, 1966. Tomo LIII.

PULINO, Daniel. Ação regressiva contra as empresas negligentes quanto à segurança e à higiene do trabalho. *Revista de Previdência Social,* São Paulo: LTr, n. 182, p. 6-16, jan. 1996.

RAMOS, Vitor de Paula. Direito fundamental à prova. *Revista de Processo*, São Paulo: RT, v. 224, out. 2013.

ROCHA, Daniel Machado da; BALTAZAR JUNIOR, José Paulo. *Comentários à Lei de Benefícios da Previdência Social*. 9. ed. Porto Alegre: Livraria do Advogado: ESMAFE-RS, 2009.

ROCHA, Daniel Machado da; BALTAZAR JUNIOR, José Paulo *Comentários à Lei de Benefícios da Previdência Social*. 12. ed. São Paulo: Atlas, 2014.

RODRIGUES, Silvio. *Direito civil*: dos contratos e das declarações unilaterais de vontade. 30. ed. São Paulo: Saraiva, 2007. v. 3.

SAAD, Eduardo Gabriel. Temas trabalhistas. *Suplemento Trabalhista*, São Paulo: LTr, ano 32, n. 22, p. 147-152, 1996.

SARLET, Ingo Wolfgang; SAAVEDRA, Giovani Agostini. Constitucionalismo e democracia: breves notas sobre a garantia do mínimo existencial e dos limites materiais de atuação do legislador, com destaque para o caso da Alemanha. *In:* SARLET, Ingo Sarlet (coord.). *Constituição, Direitos fundamentais, Jurisdição e Processo*. Curitiba: Instituto Memória, 2017.

SAVARIS, José Antonio. A aplicação judicial do direito da previdência social e a interpretação perversa do princípio constitucional da precedência do custeio: o argumento alakazam. *Revista de Direitos Fundamentais e Democracia*, Curitiba, v. 10, n. 10, p. 281-313.

SAVARIS, José Antonio. A ilegitimidade da ação regressiva do INSS decorrente de ato ilícito não acidentário. *Revista de Previdência Social,* São Paulo: LTr, n. 391, p. 477-485, jun. 2013.

SAVARIS, José Antonio. *Direito processual previdenciário*. Curitiba: Juruá, 2008.

SANCHES, Sydney. *A denunciação da lide no direito processual civil brasileiro.* São Paulo: RT, 1984.

SANCHEZ, Adilson. *A contribuição social ambiental: direito ambiental do trabalho*: SAT, NTEP, FAP, aposentadoria especial. São Paulo: Atlas, 2009.

SCHUSTER, Diego Henrique. *Aposentadoria especial*: entre o princípio da precaução e a proteção social. Curitiba: Juruá, 2016.

SERAU JUNIOR, Marco Aurélio. *Economia e Seguridade Social*: análise econômica do Direito da Seguridade Social. Curitiba: Juruá, 2012.

SERAU JUNIOR, Marco Aurélio. *Operação pente-fino e minirreforma previdenciária*: Lei 13.846/2019. Porto Alegre: Paixão, 2019.

SERAU JUNIOR, Marco Aurélio. *A "portarização" do Direito Previdenciário*. Disponível em: <http://genjuridico.com.br/2020/05/15/portarizacao-do-direito-previdenciario/>. Acesso em: 27 jun. 2019.

SERAU JUNIOR, Marco Aurélio. *Resolução do conflito previdenciário e direitos fundamentais*. São Paulo: LTr, 2015.

SILVA, José Antônio Ribeiro de Oliveira. *A saúde do trabalhador como um direito humano*: conteúdo essencial da dignidade humana. São Paulo: LTr, 2008.

TALAMINI, Eduardo. Partes, terceiros e coisa julgada (os limites subjetivos da coisa julgada). *In:* DIDIER JUNIOR, Fredie; WAMBIER, Teresa Arruda Alvim (coords.). *Aspectos polêmicos e atuais sobre os terceiros no processo civil e assuntos afins*. São Paulo: RT, 2004.

THEODORO JÚNIOR, Humberto. *Curso de direito processual civil.* 37. ed. Rio de Janeiro: Forense, 2001. v. 1.

TIBA, Iris Tiemi; LOBATO JUNIOR, Jaime. Ação regressiva previdenciária e seus aspectos processuais. *Revista Síntese Direito Previdenciário,* São Paulo: Síntese, n. 45, v. 10, p. 50-67, nov./dez. 2011.

TRICHES, Alexandre Schumacher. Rumos da Previdência Social em tempos de crise econômica. *In:* FOLMANN, Melissa; SERAU JUNIOR, Marco Aurélio (coords). *Interlocuções entre o direito previdenciário, o direito tributário e a economia*. Porto Alegre: Paixão Editores, 2017.

VALENTE, Fernanda. AGU ajuíza 395 ações regressivas para recuperar R$ 173 milhões para o INSS. Disponível em: <https://www.conjur.com.br/2019-jan-30/agu-ajuiza-395-acoes-recuperar-173-milhoes-inss>. Acesso em: 10 nov. 2019.

VENOSA, Sílvio de Salvo. *Direito civil*: responsabilidade civil. 13. ed. São Paulo: Atlas, 2013. v. 4.

ZIMMERMANN, Cirlene Luiza. *A ação regressiva acidentária como instrumento de tutela do meio ambiente de trabalho*. São Paulo: LTr, 2012.

ZIMMERMANN, Cirlene Luiza. A condenação em sede de ação regressiva previdenciária ao ressarcimento de benefícios futuros de espécies distintas não viola o princípio da sentença certa. *Revista Magister de Direito Previdenciário*, São Paulo: Magister, n. 20, p. 82-99, abr./mai. 2014.

9

ANEXOS

9.1. PORTARIA CONJUNTA PGF/INSS 06, DE 18 DE JANEIRO DE 2013 – DOU 01/02/2013 – DISPÕE SOBRE AS AÇÕES REGRESSIVAS PREVIDENCIÁRIAS.

O PROCURADOR-GERAL FEDERAL, *no uso da competência de que trata os incisos I e VIII do § 2º do art. 11 da Lei nº 10.480, de 2 de julho de 2002 e o* ***PROCURADOR-CHEFE DA PROCURADORIA FEDERAL ESPECIALIZADA JUNTO AO INSTITUTO NACIONAL DO SEGURO SOCIAL****, no uso das atribuições que lhe confere o artigo 27 do anexo I do Decreto nº 7.556, de 24 de agosto de 2011, e tendo em vista o disposto nos artigos 1º, III, 3º, I, 5º, 6º, 7º, XXVIII, 194 ao 196 da Constituição Federal, nos artigos 186 e 927 do Código Civil, nos artigos 120 e 121 da Lei nº 8.213, de 24 de julho de 1991, e as disposições do Código de Trânsito Brasileiro e do Código Penal, resolvem:*

Art. 1º Disciplinar critérios e procedimentos relativos ao ajuizamento de ações regressivas previdenciárias pela Procuradoria-Geral Federal - PGF no exercício da representação do Instituto Nacional do Seguro Social - INSS.

CAPÍTULO I

DAS DISPOSIÇÕES PRELIMINARES

Art. 2º Considera-se ação regressiva previdenciária para os efeitos desta portaria conjunta a ação que tenha por objeto o ressarcimento ao INSS de despesas previdenciárias determinadas pela ocorrência de atos ilícitos.

Art. 3º Consideram-se despesas previdenciárias ressarcíveis as relativas ao pagamento, pelo INSS, de pensão por morte e de benefícios por incapacidade, bem como aquelas decorrentes do custeio do programa de reabilitação profissional.

Art. 4º Compreendem-se por atos ilícitos suscetíveis ao ajuizamento de ação regressiva os seguintes:

I - o descumprimento de normas de saúde e segurança do trabalho que resultar em acidente de trabalho;

II - o cometimento de crimes de trânsito na forma do Código de Trânsito Brasileiro;

III - o cometimento de ilícitos penais dolosos que resultarem em lesão corporal, morte ou perturbação funcional;

Parágrafo único. Consideram-se normas de saúde e segurança do trabalho, dentre outras, aquelas assim definidas na Consolidação das Leis do Trabalho, as normas regulamentadoras do Ministério do Trabalho e Emprego, normas de segurança afetas à atividade econômica, normas de segurança relativas à produção e utilização de máquinas, equipamentos e produtos, além de outras que forem determinadas por autoridades locais ou que decorrerem de acordos ou convenções coletivas de trabalho.

Art. 5º Do exame concreto de fatos e dos correspondentes argumentos jurídicos, outras hipóteses de responsabilização, incluindo crimes na modalidade culposa, poderão dar ensejo ao ajuizamento de ação regressiva.

Parágrafo único. O ajuizamento de ação regressiva nos casos de que trata este artigo dependerá de manifestação do respectivo órgão de execução da - PGF, que emitirá nota conclusiva e submeterá o caso à prévia avaliação da Coordenação-Geral de Cobrança e Recuperação de Créditos - CGCOB, estando ainda condicionado o ajuizamento à concordância da PFE-INSS.

CAPÍTULO II

DO PROCEDIMENTO DE INSTRUÇÃO PRÉVIA - PIP

Art. 6º O procedimento de instrução prévia - PIP compreende o levantamento das informações, documentos previdenciários e constituição de prova da ocorrência dos ilícitos tratados nesta portaria, com vistas ao eventual ajuizamento da ação regressiva.

Art. 7º O PIP será instaurado pelos órgãos de execução da PGF:

I - de ofício, em razão do conhecimento direto do caso;

II - mediante provocação interna, através de expedientes encaminhados pela CGCOB;

III - mediante provocação externa, decorrente do recebimento de representações e documentos provenientes de particulares ou órgãos públicos.

Art. 8º Cabe ao órgão de execução da PGF do local dos fatos instaurar e concluir o PIP.

Art. 9º A instauração ocorrerá por meio de portaria interna e a finalização por meio de nota, que deverá concluir pelo:

I - ajuizamento da ação regressiva; ou

II - não ajuizamento da ação regressiva, que se dará nos casos de:

a) não comprovação ou ausência de ato ilícito;

b) não comprovação ou ausência de dolo ou culpa;

c) não existência de nexo de causalidade entre a ação ou omissão ilícita e o evento que gerou a concessão de benefício previdenciário; ou

d) não concessão de benefício.

§ 1º Concluído o PIP sem o ajuizamento de ação regressiva em função da não concessão de benefício, o procurador federal responsável deverá solicitar ao INSS que realize marcação nos cadastros da vítima em sistemas específicos, para efeito de posterior informação ao órgão de execução da PGF a respeito de eventual concessão de benefício, fato que determinará a reabertura do procedimento.

§ 2º Estando pendente a concessão de benefício, inclusive nos casos de indeferimento discutido em instâncias recursais administrativas ou em instâncias judiciais, o PIP será sobrestado após a conclusão da instrução relativamente à conduta ilícita.

§ 3º Quando necessário e sem prejuízo do imediato ajuizamento da ação regressiva, o procurador federal responsável solicitará ao INSS, por meio eletrônico, a correção da espécie do benefício concedido, anexando-se a respectiva cópia ao PIP.

Art. 10. O PIP será formalizado com registro de Número Único de Protocolo - NUP e cadastramento no Sistema Integrado de Controle das Ações da União - SICAU.

Art. 11. Os órgãos de execução da PGF terão o prazo de 30 dias para instaurar o procedimento a partir do conhecimento dos fatos ou recebimento de provocação interna ou externa, e até 180 dias para conclusão após a instauração.

Parágrafo único. Os prazos fixados no caput poderão ser prorrogados, justificadamente e por meio de cota, mediante solicitação ao núcleo de cobrança da respectiva Procuradoria Federal no Estado ou Procuradoria Regional Federal.

Art. 12. Serão priorizados os PIP´s na ordem abaixo:

I - Quanto ao evento:

a) acidentes de trabalho;

b) acidente de trânsito;

c) demais fatos.

II - Quanto às consequências:

a) morte;

b) invalidez;

c) incapacidade decorrente de lesão ou doença envolvendo mais de uma vítima;

d)incapacidade decorrente de lesão ou doença de natureza grave.

Art. 13. As informações previdenciárias deverão ser obtidas mediante acesso aos sistemas previdenciários, e os documentos não disponíveis nos sistemas deverão ser solicitados diretamente ao INSS.

§ 1º Dos sistemas previdenciários, além dos dados básicos de concessão, de manutenção e histórico de créditos pelos valores brutos, deverão ser extraídas as seguintes informações:

I - no caso de pensão por morte: qualificação do segurado instituidor, dos dependentes e dados de eventual desdobramento do benefício;

II - no caso de benefício por incapacidade: qualificação do segurado, histórico médico e, no caso de acidente de trabalho, extrato da Comunicação de Acidente de Trabalho - CAT.

§ 2º Na hipótese de reabilitação profissional, deverão ser comprovadas as despesas realizadas mediante cópias dos procedimentos de aquisição de bens e serviços, e documentos de disponibilização ao segurado, bem como avaliada a expectativa de despesas futuras.

Art. 14. As provas da ocorrência do ato ilícito poderão ser obtidas, sem prejuízo de outros modos determinados pelas circunstâncias dos fatos, da seguinte forma:

I - no caso de acidente de trabalho, preferencialmente:

a) por encaminhamento espontâneo, ou mediante solicitação, de laudo de análise de acidente à Superintendência Regional do Trabalho e Emprego da localidade;

b) por solicitação aos órgãos do Ministério Público Estadual ou do Distrito Federal e Territórios, Ministério Público do Trabalho, Polícia Civil, Fundação Jorge Duprat Figueiredo de Saúde e Segurança do Trabalho - FUNDACENTRO, Sindicatos e outras entidades que porventura disponham de elementos probatórios;

c) por meio de pesquisas e requerimentos aos órgãos jurisdicionais da Justiça dos Estados ou Distrito Federal e Territórios, ou da Justiça do Trabalho a respeito de eventuais ações de indenização;

II - nos casos de crimes de trânsito, preferencialmente:

a) por encaminhamento espontâneo, ou mediante solicitação, de denúncias ao Ministério Público dos Estados ou do Distrito Federal e Territórios;

b) por encaminhamento espontâneo, ou mediante solicitação, de laudos e documentos aos órgãos responsáveis pela regulamentação e fiscalização do trânsito, bem como a polícia civil;

c) por meio de pesquisas e requerimentos aos órgãos jurisdicionais a respeito de eventuais ações de indenização;

III - nos demais casos, preferencialmente:

a) por encaminhamento espontâneo, ou mediante solicitação, de denúncias ao Ministério Público dos Estados ou do Distrito Federal e Territórios;

b) por meio de pesquisas e requerimentos aos órgãos jurisdicionais a respeito de eventuais ações de indenização;

Parágrafo único. Relativamente ao inciso I, os procuradores federais oficiantes na execução fiscal trabalhista deverão encaminhar aos órgãos responsáveis pelas ações regressivas previdenciárias as decisões judiciais de que tomarem conhecimento quando estas resultarem em condenação por descumprimento de normas de saúde e segurança do trabalho.

CAPÍTULO III

DO AJUIZAMENTO

Art. 15. A ação regressiva será proposta quando estiverem presentes os elementos suficientes de prova da ocorrência do ato ilícito, da culpabilidade, do nexo causal e da realização de despesas previdenciárias.

Art. 16. A ação será ajuizada perante a Justiça Federal no foro do domicílio do réu.

§ 1º Quando o réu for pessoa jurídica e possuir estabelecimentos em lugares diferentes, o ajuizamento deverá ser realizado no foro do domicílio do estabelecimento onde tiver ocorrido o ato ilícito.

§ 2º Quando houver vários réus, será ajuizada a ação no foro do local do ilícito.

§ 3º Quando houver vários réus sem que nenhum deles tenha domicílio no local do ilícito, deverá será ajuizada a ação, preferencialmente, perante o foro daquele que tiver o domicílio mais próximo.

Art. 17. O órgão de execução do local do ajuizamento será responsável pela elaboração da petição inicial.

§ 1º No caso de o órgão de execução da PGF responsável pelo ajuizamento entender pela necessidade de complementação do procedimento, deverá encaminhá-lo à origem para adequação.

§ 2º Não havendo concordância quanto ao pedido de complementação de instrução, o processo deverá ser encaminhado ao núcleo de cobrança da respectiva PF ou PRF, com manifestação fundamentada, que decidirá a divergência.

§ 3º Na hipótese de o procurador federal responsável concluir pelo não ajuizamento, a nota conclusiva será submetida à aprovação de sua chefia imediata. No caso de não aprovação, o caso será submetido ao núcleo de cobrança da Procuradoria Federal-PF ou Procuradoria-Regional Federal-PRF respectiva, que decidirá a divergência.

§ 4º Na hipótese de o órgão de execução da PGF responsável pelo ajuizamento discordar da conclusão do procedimento do órgão de origem, deverá submeter o caso à decisão da respectiva PF ou PRF, com manifestação fundamentada.

§ 5º Os conflitos entre órgãos de execução subordinados a Procuradorias Regionais Federais distintas serão dirimidos pela CGCOB.

Art. 18. Havendo mais de um responsável pelo ato ilícito, o pólo passivo da ação regressiva será composto em litisconsórcio, formulando-se pretensão expressa no sentido da condenação solidária dos autores do dano.

Parágrafo único. A definição dos responsáveis deverá levar em conta as condutas imputadas a empregadores, tomadores de serviço, contratantes e cedentes de mão-de-obra e órgãos públicos para os quais, direta ou indiretamente, o segurado trabalhava.

Art. 19. A petição inicial deverá detalhar minuciosamente o ato ilícito, a culpabilidade, o nexo causal, e o dano, este caracterizado pelas despesas previdenciárias ocorridas e por ocorrer.

§ 1º Deverão ser enfatizadas as conclusões técnicas acerca do ato ilícito, com detalhamento das normas de saúde e segurança do trabalho, normas do código de trânsito, dispositivos do Código Penal, dentre outras, evitando-se meras remissões a documentos anexos.

§ 2º Não havendo a exata dimensão das despesas a serem realizadas com eventual processo de reabilitação profissional, far-se-á uso da possibilidade de elaboração de pedido genérico nos termos do inciso II do art. 286 do CPC.

Art. 20. O pedido de reparação deve ser integral, compreendendo:

I - prestações vencidas, atualizadas mediante a utilização dos valores brutos das mensalidades, empregando-se a taxa do Sistema Especial de Liquidação e de Custódia - SELIC, pela variação a partir do mês do pagamento;

II - prestações vincendas a serem pagas mensalmente ou de forma integral.

III - verbas sucumbenciais.

Parágrafo único. No caso de pagamento de prestações vincendas, deverá ser requerida a garantia de caução real ou fidejussória.

Art. 21. O valor da causa deverá corresponder ao total das despesas realizadas até o ajuizamento e o correspondente a uma prestação anual, que compreende a 12 parcelas mensais e ao abono anual.

Art. 22. Após ajuizamento a ação regressiva deverá ser cadastrada no SICAU, observados os parâmetros definidos pela CGCOB.

Art. 23. As importâncias recebidas por meio das ações regressivas deverão ser recolhidas por meio de guia de arrecadação com códigos específicos.

DISPOSIÇÕES GERAIS

Art. 24. Incumbe à PFE-INSS e à CGCOB:

I - providenciar o acesso a todos os procuradores federais responsáveis pelas ações regressivas aos sistemas PLENUS, CNIS e SUIBE do INSS, ao sistema INFORMAR da Secretaria da Receita Federal, e ao sistema INFOSEG do Ministério da Justiça, a fim de viabilizar a realização de pesquisas estratégicas e estatísticas para subsidiar as atividades tratadas nesta portaria; e,

II - realizar levantamento semestral de benefícios oriundos de acidentes de trabalho, observada a ordem de prioridades estabelecida no art. 12.

Parágrafo único. O resultado dos levantamentos do inciso II serão encaminhados à CGCOB, que procederá à distribuição das atividades pelos respectivos núcleos de cobrança de cada PRF.

Art. 25. A CGCOB procederá à orientação técnica dos órgãos de execução da PGF no que se refere às ações regressivas, em articulação com o Departamento de Contencioso e com a PFE/INSS.

Art. 26. No prazo de 30 dias da publicação desta portaria será constituído Núcleo de Estudos de Ações Regressivas Previdenciárias - NEARP, composto por quatro membros designados pela PFE-INSS e outros quatro pela CGCOB, destinado à realização de estudos estatísticos, ao desenvolvimento de teses e rotinas, monitoramento de acordos de cooperação técnica e acompanhamento de resultados.

§ 1º O NEARP será coordenado pelo Chefe da Divisão de Gerenciamento de Execuções Fiscais Trabalhistas e Ações Regressivas - DIGETRAB da CGCOB.

§ 2º A composição do núcleo será formalizada em ato conjunto da PFE-INSS e da CGCOB.

Art. 27. Os órgãos de execução da PGF designarão, sempre que possível, procuradores federais para atuar especificamente na instrução e ajuizamento das ações regressivas previdenciárias.

Parágrafo único. A PFE-INSS poderá indicar procuradores federais em exercício em suas unidades para colaborar com os demais órgãos de execução da PGF responsáveis pelas ações regressivas previdenciárias, sob a coordenação destes.

Art. 28. Os órgãos de execução da PGF deverão comunicar mensalmente à CGCOB, por meio eletrônico, o ajuizamento de ações regressivas, o respectivo trâmite atualizado, as decisões de natureza cautelar, sentenças, recursos e acórdãos.

Art. 29. Os recursos terão acompanhamento prioritário junto aos Tribunais Regionais e Superiores mediante comunicação do órgão de origem.

Art. 30. Os órgãos de execução da PGF adotarão as medidas necessárias à celebração de acordos de cooperação técnica perante os órgãos do Ministério Público Estadual ou do Distrito Federal e Territórios e do Trabalho, Superintendências Regionais do Trabalho e Emprego, Tribunais Regionais do Trabalho, e outros órgãos de âmbito regional ou local, com o objetivo de viabilizar as atividades previstas nesta portaria.

Art. 31. A CGCOB divulgará semestralmente as estatísticas relativas aos procedimentos de instrução prévia e às ações regressivas.

Art. 32. No que se refere a eventuais acordos a serem realizados às ações regressivas, deverão ser observadas as seguintes diretrizes:

I - aplica-se o art. 37-B da Lei nº 10.522, de 19 de julho de 2002 ao parcelamento do crédito pretendido por meio das ações regressivas;

II - aplicam-se os limites de alçada constantes da Portaria PGF que regulamenta a realização de acordos em processo judiciais;

III - os honorários advocatícios poderão ser objeto de parcelamento;

IV - havendo opção pelo recolhimento mensal das parcelas vincendas, deverá ser exigida adequada garantia, real ou fidejussória;

V - parcelas vencidas e vincendas deverão ser atualizadas pela SELIC, devendo ser avaliado o interesse em eventual recurso quando decisão judicial vier a fixar critério diverso;

Art. 33. Ficam revogadas a Portaria Conjunta PFE-INSS e CGCOB nº 1, de 20 de janeiro de 2009 e a Orientação Interna Conjunta PFE-INSS e CGCOB nº 1, de 9 de fevereiro de 2009.

Art. 34. Esta Portaria entra em vigor na data de sua publicação.

MARCELO DE SIQUEIRA FREITAS

Procurador-Geral Federal

ALESSANDRO A. STEFANUTTO

Procurador-Chefe da PFE-INSS

9.2. NOTAS TAQUIGRÁFICAS E INTEIRO TEOR DA ARGUIÇÃO DE INCONSTITUCIONALIDADE NA APELAÇÃO CÍVEL 1998.04.01.023654-8/RS, JULGADA PELO TRIBUNAL REGIONAL FEDERAL DA 4ª REGIÃO, RELATORA DESEMBARGADORA FEDERAL MARIA DE FÁTIMA FREITAS LABARRÈRE, RELATOR P/ ACÓRDÃO DESEMBARGADOR FEDERAL VOLKMER DE CASTILHO, J. 23/10/2002, DJU 13/11/2002.

9.2.1. Notas taquigráficas (fonte: TRF4)

ARGUIÇÃO DE INCONSTITUCIONALIDADE NA APELAÇÃO CÍVEL 1998.04.01.023654-8 (NOTAS TAQUIGRÁFICAS)

RELATORA: DES. MARIA DE FÁTIMA FREITAS LABARRÈRE: RELATÓRIO E VOTO (no Gabinete)

DES. LIPPMANN: Sr. Presidente: Vou pedir vista dos autos, porque, na 4ª Turma, examinamos matéria correlata – essa responsabilidade subsidiária do empregador. Os argumentos aduzidos pela eminente Relatora, bem como aqueles que acompanham o brilhante parecer e os memoriais apresentados, parecem-me relevantes também. Como é a primeira sessão da Corte da qual participo, para evitar...

DES. VALDEMAR CAPELETTI: Aguardo.

DES. VOLKMER DE CASTILHO: Vou pedir outra vez vênia à eminente Relatora para divergir de S. Exa. e rejeitar o incidente. Salvo engano meu, não há incompatibilidade entre o art. 7º, inc. 28, da Constituição e o art. 120 da Lei nº 8.213. Assim porque estou lendo o inc. 28 de modo diverso ao que faz a eminente Relatora. Penso que, quando a Constituição garante aos trabalhadores esse direito de seguro contra acidente de trabalho a cargo do empregador, é o custeio que ele faz perante a Previdência. Diz a Constituição em seguida: "Sem excluir a indenização a que... (lê) ...ou culpa." A Constituição não diz que essa indenização é ao empregado. A Constituição diz que o empregador fica responsável por uma indenização se ele der causa ao acidente por culpa ou dolo. O direito dos trabalhadores urbanos e rurais é o seguro contra acidente de trabalho; foi isso que se garantiu na Constituição. Se essa leitura é compatível do jeito que estou a propor, não há divergência entre o art. 120 da Lei nº 8.213 e este inciso, porque, quando o art. 120 diz que a Previdência vai propor ação de regresso, é justamente para se ressarcir daquilo que pagou por responsabilidade objetiva ao empregado, tendo o empregador tido culpa ou dolo. Aliás, não é outra a interpretação, salvo engano meu, que o memorial desenvolveu, porque, a certa altura, diz o apelante: "Assim, sendo essa relação jurídica de natureza... (lê) ... no sinistro reclamado." De modo que, se isso é verdade, o ressarcimento ou a indenização, conforme o termo da Constituição, se é devido, é devido à Previdência Social, que atendeu o direito garantido pela Constituição ao empregado. Não estou vendo a incompatibilidade que se quer extrair, e mais, a inconstitucionalidade que se quer ler no dispositivo mencionado. Por isso, com a devida vênia, estou rejeitando o incidente com essa fundamentação.

DES. VLADIMIR FREITAS: Sr. Presidente: O acidente do trabalho foi introduzido no Brasil pelo Decreto-Lei nº 7.036/44 e, desde então, determinava a responsabilidade objetiva do empregador. À época, eram empregadores particulares que recorriam à seguradoras particulares. Isso até 1969, quando o antigo INPS assumiu essas funções e, em compensação, se deu às seguradoras o direito de ter o seguro pelos acidentes de veículos, que até hoje todos temos. O acidente do trabalho, tradicionalmente, sempre foi de responsabilidade objetiva, e nunca se discutiu isso, por razões óbvias. Quando a lei de 1991 veio ao art. 120 e introduziu um dispositivo que dá ao INSS o direito de cobrança contra o empregador, a meu ver, veio penalizar o empregador, porque ele terá de pagar o seguro. Como pagamos o seguro de automóvel para nos vermos livres de eventual pagamento, ele paga o seguro para a seguradora, que, no caso, é pública – o INSS –, pode pagar contra o empregado, se houver culpa – são centenas de ações que tramitam na Justiça dos Estados a esse propósito –, e, agora, ainda terá de pagar ou poderá pagar, pois estará sujeito pelo art. 120 da Lei nº 8.213, ao próprio INSS, que já recebe uma quantia justamente para custear os pagamentos que deve fazer em razão da sua responsabilidade, que é objetiva. Sendo assim, Sr. Presidente, creio que a posição da eminente Relatora está correta quando argúi a inconstitucionalidade. Quando o inc. 28 fala em indenização a que este está obrigado quando incorrer em dolo ou culpa, ele está a dizer a indenização que se deve ao empregado, porque este sim tem direito à indenização do INSS, pois também recolhe, e à indenização da empresa, se essa agiu culposamente. Dessa forma, com a devida vênia à divergência, coloco-me na posição da eminente Relatora, reconhecendo a inconstitucionalidade.

DES. NYLSON PAIM DE ABREU: Aguardo.

DES. SÍLVIA GORAIEB: Acompanho, desde já, a eminente Relatora, pois não se pode fazer uma leitura do art. 120 da Lei nº 8.213 abstraindo a supremacia do art. 7º da Constituição. Se a Constituição permitisse que houvesse uma segunda indenização, ela teria dito. Não podemos fazer uma interpretação ampliativa para criar uma nova indenização. Como bem lembrado pelo Des. Vladimir, traçadas as similitudes, no caso seria um seguro de acidente de veículo em que se paga o seguro, e teríamos que ainda ressarcir a seguradora se tivéssemos tido culpa no acidente. Então, parece-me difícil assimilar essa redação do art. 120 e do art. 7º, e, por isso, peço permissão ao Des. Volkmer para acompanhar a Relatora, em que pese as razões suscitadas.

DES. VILSON DARÓS: Aguardo.

DES. MARGA BARTH TESSLER: Vou pedir a máxima vênia para divergir e me alinhar ao eminente Des. Volkmer, e o faço por razões ligeiramente diferentes. Essa tese iria defender na Turma, mas que não cheguei a fazê-lo, tendo em vista que a Juíza Vivian Caminha votava, naquela ocasião, em meu lugar. Farei um resumo do meu voto, em que trago citações doutrinárias que se debruçam sobre o relatório da organização do Trabalho – a OIT: "Obra de Maria Flávia Santilli Picarelli, onde ela faz ver... (lê) ... da ordem econômica, o 196 da saúde." Indagaria à eminente Relatora qual é o objeto social dessa empresa? Qual é o risco social que ela causa? Como ela contribui, o que ela faz, o que ela é? Se a eminente Relatora está com dificuldade em encontrar, prosseguiria no meu voto, pois não é relevante. Trago ainda em meu voto uma lição do sanitarista Carlos Alberto Lazzari, "Manual de Direito Previdenciário", São Paulo, em que ele fala sobre a solidariedade social, dizendo que ela... "...não pode abrigar condutas deploráveis, como a do empregador... (lê) ...prática social indesejável." Quer dizer, ele tece considerações a propósito desse direito de regresso e sobre as obrigações que têm os empregadores. Prosseguindo: "Nesta linha, então, e por estar firmemente convencida do acerto das referidas... (lê) ...que se pretende cobrar." Então, nessa linha, pedindo vênia pela veemência, rejeito a arguição. É o meu voto. Sujeito à confirmação.

DES. MARIA DE FÁTIMA FREITAS LABARRÈRE (RELATORA): Gostaria de chamar a atenção dos Colegas que não é a leitura que faço do inc. XXVIII do art. 7º, que diz que é responsabilidade civil do empregador, além desse seguro obrigatório, e perante o empregado, como está na Constituição. Não sou eu quem faço essa leitura, é o Min. Sálvio de Figueiredo Teixeira, no voto do Recurso Especial nº 319321, julgado em 2001 pelo STJ, e trago doutrina também. A ênfase que a Colega Des. Marga deu foi pelo fato de pagar o seguro obrigatório e mais a responsabilidade perante o INSS. Não fez em seu voto algum comentário a respeito de que o empregador também responde perante o empregado por culpa ou dolo, então, ele vai responder três vezes. Não é o problema de ele responder mais uma vez pelo seguro obrigatório, e sim por ele responder por dolo ou culpa perante o empregado, e não perante o INSS. Isso quem diz é a Constituição.

DES. MARIA LÚCIA LUZ LEIRIA: Aguardo.

DES. ÉLCIO PINHEIRO DE CASTRO: Sr. Presidente: Interessante é a leitura do art. 120, que diz que "nos casos de negligência", parece-me que os acidentes sempre ocorrem em casos de negligência, "quanto às normas padrão de segurança", ora, se as normas padrão de segurança forem institucionalizadas pela empresa, é claro que não haverá negligência, é claro que, muito provavelmente, não teremos acidente. Voltando à leitura: "Nos casos de negligência... (lê) ...contra os responsáveis." Está-me parecendo um absurdo jurídico, porque, se o seguro é justamente quanto à negligência da empresa, como pode ser penalizada se não obedeceu às normas padrão de segurança? Justamente por não ter obedecido é que aconteceu o acidente. Não me parece lógico também a empresa responder constitucionalmente, com garantia constitucional perante o empregado pela culpa ou dolo, como bem disse a Relatora, e depois também responder por uma ação regressiva por parte da Previdência Social que recebeu os prêmios todos. Ou seja, a empresa pagou para se livrar daquela obrigação, mas, depois, regressivamente, tem de responder perante a Previdência Social. Estou de inteiro acordo com o voto da eminente Relatora.

DES. VLADIMIR FREITAS: Sr. Presidente: Gostaria de fazer uma observação. A eminente Des. Marga Barth Tessler, com veemência e muita propriedade e cultura, como lhe é peculiar, se surpreendeu com o fato de que uma vez segurado, não poder ser cobrado porque está no seguro. Apenas gostaria de lembrar que na Nova Zelândia, que é um dos países mais adiantados do mundo, todos os seguros de veículo se resolvem única e exclusivamente no âmbito das seguradoras; não há acesso ao Judiciário para isso, e ninguém acha ruim, porque eles acharam uma solução em que tudo é resolvido assim. Então, não é um absurdo assim imaginar, porque o seguro é para isso mesmo.

DES. JOSÉ GERMANO DA SILVA: Sr. Presidente: Como a votação parece estar equilibrada, e posso não ter oportunidade de proferir meu voto se aguardar, vou proferi-lo, desde já, de forma sucinta. Já adianto que vou acompanhar a divergência inaugurada pelo Des. Volkmer de Castilho. Penso que o art. 120, acoimado de inconstitucional, trata de uma coisa, e o art. 7º, inc. 28 da Constituição, trata de outra coisa. A Constituição trata dos direitos dos trabalhadores urbano e rural; o art. 120 trata de uma ação da Previdência para se reembolsar daquilo que ela despendeu em razão de negligência, e não precisa ser só negligência do empregador, aqui não há essa limitação. Aqui há a limitação de que tem de haver negligência, e a ação será movida contra os responsáveis por essa negligência, não é só o empregador. Mas ainda que fosse, não me parece que haja incompatibilidade entre as normas. Mesmo, Des. Maria de Fátima, que se adote essa citação do Humberto Theodoro Júnior, nessa interpretação que ele dá à Constituição Federal, o que está sendo dito aqui é que além do direito de receber o seguro, ele tem o direito de receber uma indenização do seu empregador, mas o credor dessas duas obrigações é sempre o trabalhador. Enquanto que no art. 120 está regulada uma relação jurídica entre o segurador público e alguém que operou com negligência de molde a causar esse acidente do trabalho. Então, a relação jurídica, na minha leitura, é outra. Consequentemente, se o art. 120 regula uma outra questão, ela não pode ser incompatível com a Constituição Federal, nesse aspecto, pelo menos nesse dispositivo, e não imagino em que outro dispositivo. Recebi um memorial no qual também se argumenta relativamente à nomenclatura, de que não se trataria de ação regressiva, que essa nomenclatura estaria equivocada. Equivocada por quê? Não é referido no memorial, pelo menos não me lembro, o art. 110 do Código Tributário Nacional, que refere que a Lei Tributária não pode alterar definição, o conteúdo, ou alcance de institutos, conceitos e formas de direito privado. Não sei se é isso que está sendo argumentado, mas se for, isso se refere apenas – porque a Lei Tributária não pode fazer isso – para definir ou limitar competências tributárias, o que não é aqui o caso. Então, a regra geral é a de que o legislador pode sim dar outro tratamento aos institutos de Direito Civil, a menos que haja uma proibição, como há aqui no art. 110 do Código Tributário Nacional. Então, se o legislador chamou de ação regressiva o que não é ação regressiva, isso não importa. O que parece é que está claro para todos que há uma obrigação de quem foi negligente em indenizar o segurador público. Aliás, essa questão de indenização do segurador, de quem tem a responsabilidade primeira, imediata pelo acidente, é próprio do Direito Securitário. Só há exclusão dessa responsabilidade, essa é a regra geral, quando o contrato de seguro, que é a lei entre as partes... Porque também não é uma norma cogente, salvo se tratando de seguro de acidente de trabalho, mas estou falando de seguro privado, de automóveis, que foi citado aqui. É normal a companhia seguradora pagar para o seu segurado e depois ir buscar essa indenização de quem foi o responsável imediato pelo acidente. Há casos em que isso não é possível, mas não é possível porque o contrato proíbe que a seguradora se volte contra o próprio segurado, e o contrato, nesse caso, é a lei entre as partes. Mas aqui esse contrato é público, e a lei entre as partes é o art. 120. Então não me parece que por desrespeitar princípios de Direito Civil... Esses princípios, evidentemente, estão derrogados pelo art. 120, que é norma ordinária. E não havendo incompatibilidade, a meu sentir, na minha leitura, com o dispositivo do art. 7º, inc. 28, não vejo como reconhecer, com a máxima vênia dos que assim entendem, a inconstitucionalidade da norma em exame. Por isso, Sr. Presidente, rejeito a arguição.

DES. JOÃO SURREAUX CHAGAS: Em que pese os votos divergentes, com a devida vênia, vou acompanhar o voto brilhante da eminente Relatora. Entendo que há manifesta duplicidade, manifesto **bis in idem,** e não é possível que a empresa, além de pagar o seguro, seja responsável pelo pagamento de indenização ao empregado. Essa indenização somente seria devida pela empresa em favor do trabalhador, não poderia a Previdência Social se ressarcir do pagamento dos benefícios. A única hipótese possível para legitimar o art. 120 seria no caso de um terceiro responsável, mas o próprio art. 120 é bem claro: negligência quanto às normas padrão de segurança e higiene. Essas normas de padrão de segurança estão na responsabilidade da empresa, e não se poderia então cogitar que haveria um terceiro responsável pelo acidente de trabalho. Não se pode dizer que esse entendimento iria estimular um descumprimento pelo empregador das normas de higiene e segurança. O Poder Público, todos sabem, tem obrigações e deveres de fiscalizar o cumprimento da segurança e higiene do trabalho, então também seria coresponsável pelo acidente. Então, com a devida vênia dos votos divergentes, acompanho a eminente Relatora.

DES. CHAVES DE ATHAYDE: Aguardo, Sr. Presidente.

DECISÃO: Acolheram a arguição a Relatora, os Desembargadores Vladimir Freitas, Sílvia Goraieb, João Surreaux e Élcio Pinheiro de Castro; rejeitaram os Desembargadores Volkmer de Castilho, Marga Barth Tessler e o José Germano da Silva; pediu vista o Des. Lippmann; aguardam os demais.

DES. TEORI ZAVASCKI (PRESIDENTE): Apenas ponderaria, como não votei, até como indicativo ao Colega que pediu vista e aos que aguardam: parece que o art. 120, que está incluído em Disposições Diversas relativas às prestações previdenciárias, pode não se referir à indenização; pode-se referir a outras prestações devidas por acidente. Ele simplesmente está autorizando a ação regressiva, que podia ser, por exemplo, pelas prestações decorrentes de auxílio-acidente. Mas é apenas uma ponderação para meditação dos Colegas.

DES. LIPPMANN: VOTO-VISTA (no Gabinete)

DES. FÁBIO ROSA: Rejeito.

DES. NYLSON PAIM DE ABREU: Peço a máxima vênia à Relatora para alinhar-me à divergência inaugurada pelo Des. Volkmer de Castilho e também com os argumentos trazidos pelo Des. Lippmann, no sentido de que a Previdência Social só vai ressarcir aquilo que realmente tenha para um eventual prejuízo que possa ocorrer. Também rejeito a arguição.

DES. MARIA LÚCIA LUZ LEIRIA: Também alinho-me à divergência, rejeitando, com os fundamentos do Des. Volkmer de Castilho e agora do Des. Lippmann.

DES. CHAVES DE ATHAYDE: Também, com a vênia da eminente Relatora, rejeito a arguição, por todos os fundamentos já deduzidos.

DES. TEORI ZAVASCKI (PRESIDENTE): Também rejeito.

DECISÃO: Rejeitaram, vencidos os Desembargadores Vladimir Freitas, Sílvia Goraieb, Élcio Pinheiro de Castro, João Surreaux Chagas e a Relatora, Des. Maria de Fátima Freitas Labarrère. Lavrará o acórdão o Des. Volkmer de Castilho

9.2.2. Inteiro teor

Poder Judiciário
TRIBUNAL REGIONAL FEDERAL DA 4ª REGIÃO

ARGUIÇÃO DE INCONSTITUCIONALIDADE NA AC Nº 1998.04.01.023654-8/RS

RELATORA	**: DES. FEDERAL MARIA DE FÁTIMA FREITAS LABARRÈRE**
APELANTE	**: SATIPEL INDUSTRIAL LTDA.**
ADVOGADO	**: Nelson Martins Beltrao Junior e outros**
	: Claudio Otavio Melchiades Xavier e outros
APELADO	**: INSTITUTO NACIONAL DO SEGURO SOCIAL - INSS**
ADVOGADO	**: Lilian Maria Fagundes da Silva**

RELATÓRIO

O Instituto Nacional de Seguro Social – INSS ajuizou a presente ação contra Satipel Industrial Ltda. pretendendo o ressarcimento dos valores pagos em razão da concessão do benefício previdenciário devido aos dependentes de empregado falecido em decorrência de acidente do trabalho.

A sentença foi julgada procedente e Satipel Industrial Ltda. interpôs apelação.

A Turma, vencida a relatora, decidiu argüir a inconstitucionalidade do artigo 120 da Lei nº 8213, de 1991.

A Apelante opôs embargos de declaração julgados improcedentes e o Ministério Público exarou parecer opinando pela rejeição da argüição de inconstitucionalidade.

É o relatório.

Des. Federal MARIA DE FÁTIMA FREITAS LABARRÈRE
Relatora

g:\edi\40499\1998\199804010236548D.0396.DOC - (ARS) Fl. 1

Poder Judiciário
TRIBUNAL REGIONAL FEDERAL DA 4ª REGIÃO

ARGUIÇÃO DE INCONSTITUCIONALIDADE NA AC Nº 1998.04.01.023654-8/RS

RELATORA	:	**DES. FEDERAL MARIA DE FÁTIMA FREITAS LABARRÈRE**
APELANTE	:	**SATIPEL INDUSTRIAL LTDA.**
ADVOGADO	:	**Nelson Martins Beltrao Junior e outros**
	:	**Claudio Otavio Melchiades Xavier e outros**
APELADO	:	**INSTITUTO NACIONAL DO SEGURO SOCIAL - INSS**
ADVOGADO	:	**Lilian Maria Fagundes da Silva**

VOTO

A Turma entendeu que houve culpa da empregadora Satipel Industrial Ltda. no acidente que vitimou o empregado João Felipe do Amaral. Decorre daí que a empregadora, em razão da culpa, responde pela indenização a que fazem jus os dependentes do falecido. O valor do seguro obrigatório recebido pelos dependentes não se deduz desta indenização. São indenizações diversas devidas em razão de causas distintas. Neste sentido a jurisprudência firmada no âmbito do Egrégio Superior de Justiça, conforme o acórdão de seguinte ementa:

> *" PROCESSO CIVIL. NEGATIVA DE PRESTAÇÃO JURISDICIONAL. INOCORRÊNCIA. AÇÃO INDENIZAÇTÓRIA. ACIDENTE DO TRABALHO. RESPONSABILIDADE. NATUREZA JURÍDICA. CULPA CARACTERIZADA. VALOR DA CONDENAÇÃO. RAOZABILIDADE. CIRCUNSTÂNCIAS DO CASO. ORIENTAÇÃO DO TRIBUNAL. RECURSO SDESACOLHIDO.*
> *I- ...*
> *II – Na ação de indenização, fundada em responsabilidade civil comum (art. 159, CC), promovida por vítima de acidente do trabalho, cumpre a essa comprovar o dolo ou culpa, ainda que leve, da empresa empregadora.*
> ***III- Somente se cogita de responsabilidade objetiva (sem culpa), em se tratando de reparação acidentária, aquela devida pelo órgão previdenciário e satisfeita com recursos oriundos do seguro obrigatório, custeado pelos empregadores, que se destina exatamente a fazer face aos riscos normais da atividade econômica no que respeita ao infortúnio laboral.***
> *IV – Caracterizada, na espécie, a culpa da ré, ainda que leve, de rigor a sua condenação.*
> *V – Somente quando o valor da indenização se mostra manifestamente exagerado, ou irrisório, distanciando-se das finalidades da lei, se recomenda rever o quantum em sede de recurso especial". (REsp 319321, Rel. Min. Sálvio de Figueiredo Teixeira, DJ 10/9/2001) (grifei)*

A indenização paga pelo Instituto Nacional da Previdência Social encontra fundamento na responsabilidade objetiva sendo satisfeita por intermédio do seguro constituído para esse fim, administrado pelo INSS, órgão arrecadador e repassador. Demonstrada a relação de causalidade entre a lesão sofrida e o trabalho exercido é devida indenização independente de se perquirir do dolo ou culpa do empregador.

A ação de indenização ajuizada pelo empregado contra o empregador funda-se na responsabilidade civil, de direito comum, encontra previsão no artigo 159 do Código Civil, a cujo teor:

> *" Art. 159. Aquele que, por ação ou omissão voluntária, negligência, ou imprudência, violar direito, ou causar prejuízo a outrem, fica obrigado a reparar o dano".*

O pressuposto desta ação é a existência de dolo ou culpa.

É ponto pacífico a possibilidade de cumulação entre a ação por acidente do trabalho e a ação do empregado contra a empresa visando indenização em razão da culpa.

A atual Constituição consagrou em seu artigo 7°, XXVIII:

> *"Art. 7° São direitos dos trabalhadores urbanos e rurais, além de outros que visem à melhoria de sua condição social:*
>
> ...
>
> *XXVIII- seguro contra acidentes do trabalho, a cargo do empregador, sem excluir a indenização a que este está obrigado quando incorrer em dolo ou culpa"*

A respeito do dispositivo Humberto Theodoro Júnior, tece as seguintes considerações:

> *" Agora, a Constituição de 1988, além de manter o regime de seguro previdenciário para o acidente do trabalho, deu o passo final para separar, total e definitivamente, o regime da infortunística do regime da responsabilidade civil.*
>
> *Com efeito, ao enumerar os direitos sociais dos trabalhadores, a nova Carta, no art. 7°, XXVIII, arrola o ' seguro contra acidente de trabalho, a cargo do empregador, sem excluir a indenização a que este está obrigado, quando incorrer em dolo ou culpa'.*
>
> *Esse dispositivo trouxe uma grande e fundamental inovação, pois, com ele, a responsabilidade civil do patrão caiu totalmente no regime do Código Civil. Não se cogita mais do tipo de culpa para impor o dever de reparar o dano regulado pelo Direito comum. Qualquer que seja, portanto, o grau de culpa, terá o empregador de suportar o dever indenizatório, segundo as regras do Direito Civil, sem qualquer compensação com a reparação concedida pela Previdência Social. (A nova Constituição e o Direito Civil, Revista Jurídica n° 148, fev. 1989, n° 7, II, p. 13)*

O empregador responde, perante o empregado, pela indenização

Poder Judiciário
TRIBUNAL REGIONAL FEDERAL DA 4ª REGIÃO

quando comprovada a culpa. Para a reparação acidentária repassada pelo INSS contribui com o seguro obrigatório.

Nesta ação o INSS pretende ressarcir-se do que pagou, com verba do seguro, a título de benefício por acidente de trabalho.

Pretende que, além da indenização paga ao empregado, além do pagamento do prêmio do seguro, o empregador pague indenização ao INSS.

Veja-se que o texto constitucional é claro ao erigir à condição de direito dos trabalhadores urbanos e rurais o seguro contra acidentes de trabalho, atestando a natureza securitária do vínculo jurídico que une o empregado ao INSS.

Por sua vez, o artigo art. 120 da Lei 8.213/91, determina:

> ***Nos casos de negligência quanto às normas padrão de segurança e higiene do trabalho indicados para a proteção individual e coletiva, a Previdência Social proporá ação regressiva contra os responsáveis.***

Analisando-se a disposição legal em comento, exsurge a seguinte indagação: Se, relativamente à vítima do evento danoso (no caso, o empregado), o pagamento do benefício previdenciário não exonera o empregador do pagamento de indenização já que os princípios informativos num e noutro caso são diferentes, de que valem os recolhimentos efetuados pelo empregador junto à Previdência se este terá ainda que ressarcir o órgão previdenciário em relação ao mesmo evento danoso? Haverá, na hipótese de acionamento do empregador pelo empregado e pelo INSS, responsabilidade dupla pelo mesmo fato, além de um terceiro desembolso para o seguro acidente do trabalho.

Considerando-se que as contribuições pagas pela ré assim o foram justamente para financiamento das prestações relativas ao acidente de trabalho, e que a mesma deverá responder perante o empregado nos casos de dolo ou culpa, impõe-se o reconhecimento de que há evidente incompatibilidade entre o artigo 120 da Lei 8.213/91 frente à norma constante do artigo 7º, inciso XXVIII da Constituição Federal.

Voto, por isso, no sentido de declarar a inconstitucionalidade do artigo 120 da Lei nº 8.213/91

É como voto.

Des. Federal MARIA DE FÁTIMA FREITAS LABARRÈRE
Relatora

g:\edi\40499\1998\199804010236548D.0396.DOC - (ARS) Fl. 4

Poder Judiciário
TRIBUNAL REGIONAL FEDERAL DA 4ª REGIÃO

ARGÜIÇÃO DE INCONSTITUCIONALIDADE NA APELAÇÃO CÍVEL Nº 1998.04.01.023654-8/RS

RELATORA	**: DES. FEDERAL MARIA DE FÁTIMA FREITAS LABARRÈRE**
APELANTE	**: SATIPEL INDL/ S/A**
ADVOGADO	**: Nelson Martins Beltrao Junior e outros**
	: Claudio Otavio Melchiades Xavier e outros
APELADO	**: INSTITUTO NACIONAL DO SEGURO SOCIAL - INSS**
ADVOGADO	**: Lilian Maria Fagundes da Silva**

VOTO DIVERGENTE

Vou pedir vênia à eminente Relatora para divergir de S. Exa. e rejeitar o incidente.

Salvo engano, não há incompatibilidade entre o art. 7º, inciso 28, da Constituição, e o art. 120 da Lei 8.213/91. Assim porque estou lendo o inc. 28 de modo diverso ao que faz a eminente Relatora. Penso que, quando a Constituição garante aos trabalhadores esse direito de seguro contra acidente de trabalho a cargo do empregador, é o custeio que ele faz perante a Previdência.

Diz a Constituição em seguida:

> *"... sem excluir a indenização a que este está obrigado quando incorrer em dolo ou culpa".*

A Constituição não diz que essa indenização é ao empregado. A Constituição diz que o empregador fica responsável por uma indenização se ele der causa ao acidente por culpa ou dolo. O direito dos trabalhadores urbanos e rurais é o seguro contra acidente de trabalho; foi isso que se garantiu na Constituição.

Se essa leitura é compatível do jeito que estou a propor, não há divergência entre o art. 120 da Lei nº 8.213 e este inciso, porque, quando o art. 120 diz que a Previdência vai propor ação de regresso, é justamente para se ressarcir daquilo que pagou por responsabilidade objetiva ao empregado, tendo o empregador tido culpa ou dolo. Aliás, não é outra a interpretação, salvo engano meu, que o memorial desenvolveu, porque, a certa altura, diz o apelante:

> *"Assim, sendo essa relação jurídica de natureza securitária, o órgão segurador somente estaria desobrigado do pagamento da indenização (benefício previdenciário) se o segurado (aquele que pagou o "prêmio" – contribuição) tivesse pautado sua conduta em dolo ou culpa grave no sinistro reclamado".*

De modo que, se isso é verdadeiro, o ressarcimento ou a indenização, conforme o termo da Constituição, se é devido, é devido à Previdência Social, que atendeu o direito, garantido pela Constituição, ao empregado. Não estou vendo a incompatibilidade que se quer extrair, e mais, a inconstitucionalidade que se quer ler no dispositivo mencionado. De qualquer

203
B

Poder Judiciário
TRIBUNAL REGIONAL FEDERAL DA 4ª REGIÃO

modo, se a regra tivesse a leitura afirmada pela Relatora, também não seria incompatível com a da Constituição, pois que, tendo títulos diversos, tanto o empregador tem de contribuir, quanto, sendo culpado, haverá de indenizar quem pagou o seguro, isto é, o INSS e a quem causar dano, e nessa perspectiva, não acontece inconstitucionalidade.

Por isso, com a devida vênia, estou **rejeitando o incidente** com essa fundamentação.

Des. Federal VOLKMER DE CASTILHO

g:\edi\100113\1998\199804010236548A.0132.DOC - (PNC)

Fl. 2

Poder Judiciário
TRIBUNAL REGIONAL FEDERAL DA 4ª REGIÃO

INCIDENTE DE ARGÜIÇÃO DE INCONSTITUCIONALIDADE NA AC Nº 1998.04.01.023654-8/RS

RELATORA	:	**DES. FEDERAL MARIA DE FÁTIMA FREITAS LABARRÈRE**
APELANTE	:	**SATIPEL INDL/ S/A**
ADVOGADO	:	**Nelson Martins Beltrao Junior e outros**
	:	**Claudio Otavio Melchiades Xavier e outros**
APELADO	:	**INSTITUTO NACIONAL DO SEGURO SOCIAL - INSS**
ADVOGADO	:	**Lilian Maria Fagundes da Silva**

VOTO DIVERGENTE

Com a vênia da Eminente Des. Relatora, vou divergir para rejeitar a argüição. Na visão da douta maioria da 3ª Turma, o art. 120 da Lei nº 8.213/91[1] seria inconstitucional por contrariar o art. 7º, inciso XXVIII, da Constituição[2].

Em primeiro lugar, cumpre verificar se houve a aplicação do alegado princípio da interpretação conforme a Constituição, isto é, qual o caso concreto e em face deste, se possível encontrar solução hermenêutica que resolva o caso sem ser necessária a presente argüição.

Qual é o caso concreto? Qual é a alegada culpa do empregador? É culpa grave? O que foi descumprido? Foi autuado pela fiscalização? Qual é a atividade empresarial exercida pela parte autora?

Temos que saber isso para saber dos riscos sociais que deve assumir.

Prosseguindo, segundo o Relatório da Organização Internacional do Trabalho - OIT, o Brasil lidera a estatística vergonhosa de países com o maior número de acidentes do trabalho, e na lição de Marcia Flávia Santini Picarelli *in* Direito Sanitário do Trabalho, da Previdência Social[3], tal se deve pela adesão da doutrina tradicional à teoria do risco social, pois quem financia boa parte das prestações é o trabalhador (art. 21, II, Lei nº 8.213/91). Recomenda a autora a adoção da diretiva da OIT que atribui responsabilidade objetiva à empresa, mais adiante salienta que o nosso sistema previdenciário atual não é mais tão lacunoso como o anterior e prevê ação de regresso contra o causador do sinistro, conforme disciplina o art. 120 da Lei nº 8.213/91.

Vemos que o empregador pela Constituição Federal de 1988 e pela

---

[1] Art. 120. Nos casos de negligência quanto às normas padrão de segurança e higiene do trabalho indicados para a proteção individual e coletiva, a Previdência Social proporá ação regressiva contra os responsáveis.

[2] "Art. 7º São direitos dos trabalhadores urbanos e rurais, além de outros que visem à melhoria de sua condição social:
(...)
XXVIII - seguro contra acidentes de trabalho, a cargo do empregador, sem excluir a indenização a que este está obrigado, quando incorrer em dolo ou culpa; (...)"

[3] Picarelli, Marcia Flávia Santini, Manual Conceitual UUB, ENSP FIOCRUZ, 2002
OIT, *Introducion a la Seguridad Social, Genebra, 1984*

Poder Judiciário
TRIBUNAL REGIONAL FEDERAL DA 4ª REGIÃO

CLT, além de contribuir, tem expressos deveres na condução do processo produtivo e na proteção da saúde do trabalhador, que não é meio, mas um fim em si mesmo[4].

Tratando-se, na lição da sanitarista antes referida, de medida de justiça social, pois, citando Pereira de Castro e Carlos Alberto Lazzari, *in* Manual de Direito Previdenciário, São Paulo, Ed. LTR, 2001, "a solidariedade social não pode abrigar condutas deploráveis como a do empregador que não fornece condições de trabalho indene de riscos de acidentes. O seguro acidentário não pode servir de alvará para que empresas negligentes, imprudentes ou imperitas com a saúde e a própria vida do trabalhador fiquem acobertadas de sua responsabilidade sob pena de constituir-se verdadeiro e perigoso estímulo a esta prática socialmente indesejável",

Com razão, assim é. Nesta linha e por estar firmemente convencida do acerto das referidas considerações é que cabe com veemência rejeitar a visão liberal privatística acolhida pelo voto da douta Relatoria, fundamentado em distinções e considerações que encerram verdadeiros sofismas como a tese do "vínculo jurídico securitário que uniria o empregado ao INSS".

Ora, diante dos claros termos da Constituição, artigos 193, no capítulo da ordem social ("A ordem social tem como base o primado do trabalho, e como objetivo o bem-estar e a justiça sociais".), art. 170, da ordem econômica ("A ordem econômica, fundada na valorização do trabalho humano e na livre iniciativa, tem por fim assegurar a todos existência digna, conforme os ditames da justiça social"), art. 196 ("Art. 196. A saúde é direito de todos e dever do Estado, garantido mediante políticas sociais e econômicas que visem à redução do risco de doença e de outros agravos e ao acesso universal e igualitário às ações e serviços para sua promoção, proteção e recuperação") garante-se o direito à saúde como direito de todos, garantido mediante políticas sociais e econômicas que visam à redução do risco de doença e de outros agravos e se encontra o fundamento constitucional para rejeitar a argüição ora apresentada.

Ora, a função finalística do combatido artigo 120 é justamente reduzir as doenças e o risco de doenças e outros agravos (acidentes) ao trabalhador incentivando a cultura do cumprimento das obrigações protetivas da segurança do trabalho pela empresa, que não se libera de sua obrigação só pelo pagamento do prêmio, como aqui se pretende, mas pelo efetivo investimento na compra dos utensílios protetores que sejam disponibilizados ao empregado de molde a que ele não corra riscos evitáveis no desempenho de seu trabalho. Esta questão, segundo o art. 197 da Constituição, é de relevância pública e instala a cultura da prevenção, e a prevenção se transforma, com o artigo hostilizado, em objetivo social e político aliado às diretrizes constitucionais que estabelecem esta obrigação de resultado vinculando o legislador e o intérprete[5].

[4] Lei nº 6.514/77, art. 154 CLT.
[5] O Juiz e a Política de Saúde, Sueli Gandolfi Dallari, Revista da Ajufesp, n.º 5, maio de 2002.

g:\edi\7\1998\199804010236548A.0256.DOC - (PBB) Fl. 2

Poder Judiciário
TRIBUNAL REGIONAL FEDERAL DA 4ª REGIÃO

Diante dos princípios constitucionais claros não há qualquer incompatibilidade do art. 120 da Lei nº 8.213/91 com o art. 7º, XXVIII e art. 201, ambos da Constituição. A tese já foi derrotada nas ações em que as seguradoras por ter a vítima levantado o seguro obrigatório, diziam que não podia a vítima ingressar na outra via, na via da responsabilidade civil. São independentes a responsabilidade criminal, da civil e da administrativa.

O risco, na tese dos demandantes, é sim repartido por toda a coletividade, incluindo-se na noção de risco repartido não só o aspecto do custeio (= pagar), mas o pagamento pela perda da capacidade de trabalho e da vida do trabalhador que é por certo perda irreparável.

Ora, a alteração dada pela Emenda Constitucional nº 20/98, no inciso I do art. 201, ao retirar a cobertura pela Previdência Social com os acidentes do trabalho é questão de sistematização, pois tais custeios estão previstos no Bloco da Saúde, artigo 200, II e VIII (II - executar as ações de vigilância sanitária e epidemiológica, bem como as de saúde do trabalhador; VIII - colaborar na proteção do meio ambiente, nele compreendido o do trabalho); art. 196, art. 198, II e III. Há, inclusive, um conceito novo a melhor fundamentar e construir na doutrina que é o meio ambiente do trabalho e assim como no meio ambiente natural, o empresário poluidor é responsável pelos danos que causou.

Não há qualquer ofensa ao conceito de ação de regresso, pois os fundos públicos sanitários vão tentar recuperar o que foi despendido na cura ou pela morte do trabalhador, fato que seria evitável se o empregador tivesse cumprido a legislação protetiva.

O art. 7º, XXVIII da Constituição não institui "vínculo securitário" privado entre o INSS e empregado; pelo contrário, o vínculo é público, institucional e solidário, interdisciplinar e integeracional.

Tanto o direito previdenciário quanto o direito tributário são formas de Justiça Distributiva e não comutativa, daí, não cabe trazer conceitos de direito securitário privado.

A tese da interpretação dicotômica do art. 120 da Lei nº 8.213/91, a partir da conduta do empregador, se dolosa responderia pela indenização na via de regresso, e se por culpa responderá pela indenização civil ao empregado, não tem a mínima consistência e nunca foi acolhida sequer no direito privado, como pretender aplicá-la na área do direito público protetivo do trabalhador e dos fundos sociais instituídos com amparo no art. 196, no primado do trabalho, art. 193, art. 194, VI, financiamentos por meio da ação de ressarcimento, meio indireto, forte no art. 195, § 4º, da Constituição.

Rejeito a argüição.

É o voto.

Des. Federal MARGA INGE BARTH TESSLER

g:\edi\7\1998\199804010236548A.0256.DOC - (PBB) Fl. 3

TRIBUNAL REGIONAL FEDERAL DA 4ª REGIÃO
CERTIDÃO DE JULGAMENTO

*** CORTE ESPECIAL ***

(1998.04.01.023654-8) SESSÃO: 25/09/2002 AC-RS
ARGÜIÇÃO DE INCONSTITUCIONALIDADE

RELATOR: Exma. Sra. Des. Federal MARIA DE FÁTIMA FREITAS LABARRÈRE
PRESIDENTE DA SESSÃO : Exmo. Sr. Des. Federal TEORI ALBINO ZAVASCKI
PROCURADOR DA REPÚBLICA: Exmo(a) . Sr(a) . LUÍS ALBERTO D'AZEVEDO AURVALLE

AUTUAÇÃO

APTE : SATIPEL INDL/ S/A
APDO : INSTITUTO NACIONAL DO SEGURO SOCIAL - INSS

ADVOGADOS

ADV : Nelson Martins Beltrao Junior e outros
ADV : Claudio Otavio Melchiades Xavier e outros
ADV : Lilian Maria Fagundes da Silva

SUSTENTAÇÃO ORAL

CERTIDÃO

Certifico que a Egrégia CORTE ESPECIAL ao apreciar os autos do processo em epígrafe, em sessão realizada nesta data, proferiu a seguinte decisão:

"INICIADO O JULGAMENTO, A DESEMBARGADORA FEDERAL MARIA DE FÁTIMA FREITAS LABARRÈRE, RELATORA, VOTOU ACOLHENDO A ARGÜIÇÃO DE INCONSTITUCIONALIDADE DO ART. 120 DA LEI 8.213/91, NO QUE FOI ACOMPANHADA PELOS DESEMBARGADORES FEDERAIS VLADIMIR FREITAS, SÍLVIA GORAIEB, ÉLCIO PINHEIRO DE CASTRO E JOÃO SURREAUX CHAGAS, DIVERGINDO OS DESEMBARGADORES FEDERAIS VOLKMER DE CASTILHO, MARGA BARTH TESSLER E JOSÉ GERMANO DA SILVA, TENDO PEDIDO VISTA O DESEMBARGADOR FEDERAL EDGARD ANTÔNIO LIPPMANN JÚNIOR. AGUARDAM OS DESEMBARGADORES FEDERAIS VALDEMAR CAPELETTI, NYLSON PAIM DE ABREU, VILSON DARÓS, MARIA LÚCIA LUZ LEIRIA, AMAURY CHAVES DE ATHAYDE E TEORI ALBINO ZAVASCKI (PRESIDENTE). SUSTENTOU ORALMENTE O DOUTOR NELSON MARTINS BELTRÃO JÚNIOR, PELA APELANTE."

VOTANTE (s): Des. Federal MARIA DE FÁTIMA FREITAS LABARRÈRE
Des. Federal VOLKMER DE CASTILHO
Des. Federal VLADIMIR FREITAS
Des. Federal SILVIA GORAIEB
Des. Federal MARGA INGE BARTH TESSLER
Des. Federal ÉLCIO PINHEIRO DE CASTRO
Des. Federal JOSÉ LUIZ B. GERMANO DA SILVA
Des. Federal JOÃO SURREAUX CHAGAS

TRIBUNAL REGIONAL FEDERAL

CERTIDÃO DE JULGAMENTO

*** CORTE ESPECIAL ***

PEDIDO V(s): Des. Federal EDGARD A LIPPMANN JUNIOR

Secretário(a)

PODER JUDICIÁRIO

TRIBUNAL REGIONAL FEDERAL DA 4ª REGIÃO

ARGÜIÇÃO DE INCONSTITUCIONALIDADE NA A.C.Nº 1998.04.01.023654-8/RS

Apelante : SATIPEL INDL. S/A
Apelado : INSTITUTO NACIONAL DO SEGURO SOCIAL — INSS
Relator : Des. Fed. MARIA DE FÁTIMA FREITAS LABARRÈRE

VOTO — VISTA (DIVERGENTE):

Pelo Des. Fed. EDGARD ANTONIO LIPPMANN JR.:

Examinando-se criteriosamente os judiciosos votos proferidos tanto pela eminente Relatora, como pelos não menos ilustres Des. Fed. VOLKMER DE CASTILHO e MARGA INGE BARTH TESSLER, entendo que se por um lado relevantes a conclusão exposta no judicioso voto que acatou a tese da inconstitucionalidade do artigo 120 da Lei n. 8.213/91, ouso dele divergir, o que faço para acompanhar a divergência, sem embargo, por óbvio, da invejável cultura jurídica de sua ilustre subscritora.

Tenho que inexiste eiva de inconstitucionalidade do referido texto infraconstitucional vez que a leitura de faço do mesmo está em perfeito sintonia com o disposto no inciso XXVIII ***in fine***, do artigo 7º, da Carta Magna, daí porque com razão o ilustre Des. Fed. VOLKMER DE CASTILHO, em seu judicioso voto em afirmar que: "...***A Constituição não diz que essa indenização é ao empregado. A Constituição diz que o empregador fica responsável por uma indenização se ele der causa ao acidente por culpa ou dolo...***". O que se pretendeu com a norma vergastada é justamente ressalvar ao Instituto Previdenciário a possibilidade de se ressarcir do empregador das despesas que teve que suportar com a recuperação do empregado, apenas e tão somente nas hipóteses de comprovada culta ou dolo daquele, ou então, na feliz expressão da ilustre Des. Fed. MARGA TESSLER, de que: "...***Tanto o direito previdenciário quanto o direito tributário são forma de Justiça Distributiva e não comutativa, da~i, não cabe trazer conceitos de direito securitário privado...***".

Tal conclusão se extrai, ainda, do argumento de que o risco social, que deve ser repartido dentre todos os membros da coletividade (art. 201, I, CF/88), no caso específico de incidência de seguro de acidente do trabalho, não deve ser, razoavelmente, suportado por toda a sociedade, para a hipótese de atitude ilícita desenvolvida pelo empregador (onde por desídia ou negligência se omita no deter de cumprir com as normas básicas de proteção, higiene e segurança do trabalho), sob pena de imputar-se manifesta injustiça. Assim, legalmente cumulativa tal coexistência de modalidades de responsabilidade acidentária, mesmo porque a responsabilidade subjetiva do empregador

C:\mrr\voto\vista\acomprel

PODER JUDICIÁRIO
TRIBUNAL REGIONAL FEDERAL DA 4ª REGIÃO

frente ao empregado/acidentado ou seus dependentes, quando aquele agiu com culpa ou dolo tem sua incidência, relativamente ao ***quantum debeatur***, bem mais ampla do que aquela relativa ao ressarcimento previdenciário na forma como contido na legislação vergastada (v.g., danos/lucros emergentes e cessantes, etc.).

Diante de tais considerações, além daquelas aduzidas nos doutos votos divergente, com a vênia da eminente Relatora, voto assim rejeitando a argüição.

É como voto.

TRIBUNAL REGIONAL FEDERAL DA 4ª REGIÃO
CERTIDÃO DE JULGAMENTO

*** CORTE ESPECIAL ***

(1998.04.01.023654-8) SESSÃO: 23/10/2002 AC-RS
ARGÜIÇÃO DE INCONSTITUCIONALIDADE

RELATOR: Exma. Sra. Des. Federal MARIA DE FÁTIMA FREITAS LABARRÈRE
PRESIDENTE DA SESSÃO : Exmo. Sr. Des. Federal TEORI ALBINO ZAVASCKI
PROCURADOR DA REPÚBLICA: Exmo(a). Sr(a). LUÍS ALBERTO D'AZEVEDO AURVALLE

AUTUAÇÃO

APTE : SATIPEL INDL/ S/A
APDO : INSTITUTO NACIONAL DO SEGURO SOCIAL - INSS

ADVOGADOS

ADV : Nelson Martins Beltrao Junior e outros
ADV : Claudio Otavio Melchiades Xavier e outros
ADV : Lilian Maria Fagundes da Silva

SUSTENTAÇÃO ORAL

CERTIDÃO

Certifico que a Egrégia CORTE ESPECIAL ao apreciar os autos do processo em epígrafe, em sessão realizada nesta data, proferiu a seguinte decisão:

"PROSSEGUINDO O JULGAMENTO, A CORTE ESPECIAL, POR MAIORIA, VENCIDOS OS DESEMBARGADORES FEDERAIS MARIA DE FÁTIMA FREITAS LABARRÈRE, RELATORA, VLADIMIR FREITAS, SÍLVIA GORAIEB, ÉLCIO PINHEIRO DE CASTRO E JOÃO SURREAUX CHAGAS, REJEITOU O INCIDENTE DE ARGÜIÇÃO DE INCONSTITUCIONALIDADE DO ART. 120 DA LEI Nº 8.213/1991, NOS TERMOS DO VOTO DO DESEMBARGADOR FEDERAL VOLKMER DE CASTILHO, QUE LAVRARÁ O ACÓRDÃO. VOTOU O PRESIDENTE. NÃO PARTICIPOU DO JULGAMENTO O DESEMBARGADOR FEDERAL VILSON DARÓS."

RELATOR DO ACÓRDÃO :Des. Federal VOLKMER DE CASTILHO
VOTO VISTA :Des. Federal EDGARD A LIPPMANN JUNIOR
VOTANTE (s): Des. Federal FÁBIO ROSA
Des. Federal NYLSON PAIM DE ABREU
Des. Federal MARIA LÚCIA LUZ LEIRIA
Des. Federal AMAURY CHAVES DE ATHAYDE
Des. Federal TEORI ALBINO ZAVASCKI

Secretário(a)

Poder Judiciário
TRIBUNAL REGIONAL FEDERAL DA 4ª REGIÃO

ARGÜIÇÃO DE INCONSTITUCIONALIDADE NA APELAÇÃO CÍVEL Nº 1998.04.01.023654-8/RS

RELATORA	:	**DES. FEDERAL MARIA DE FÁTIMA FREITAS LABARRÈRE**
REL. ACÓRDÃO	:	**Des. Federal VOLKMER DE CASTILHO**
APELANTE	:	**SATIPEL INDL/ S/A**
ADVOGADO	:	**Nelson Martins Beltrao Junior e outros**
	:	**Claudio Otavio Melchiades Xavier e outros**
APELADO	:	**INSTITUTO NACIONAL DO SEGURO SOCIAL - INSS**
ADVOGADO	:	**Lilian Maria Fagundes da Silva**

EMENTA

CONSTITUCIONAL. ARGÜIÇÃO DE INCONSTITUCIONALIDADE. INEXISTÊNCIA DE INCOMPATIBILIDADE ENTRE OS ARTS. 120 DA LEI Nº 8.213/91 E 7º, XXVIII, DA CF.

Inocorre a inconstitucionalidade do art. 120 da Lei nº 8.213/91 (*Art. 120. Nos casos de negligência quanto às normas padrão de segurança e higiene do trabalho indicadas para a proteção individual e coletiva, a Previdência Social proporá ação regressiva contra os responsáveis.*) em face da disposição constitucional do art. 7º, XXVIII, da CF (*Art. 7º. São direitos dos trabalhadores urbanos e rurais, além de outros que visem à melhoria de sua condição social: XXXVIII – seguro contra acidentes de trabalho, a cargo do empregador, sem excluir a indenização a que este está obrigado, quando incorrer em dolo ou culpa;*), pois que, cuidando-se de prestações de natureza diversa e a título próprio, inexiste incompatibilidade entre os ditos preceitos. Interpretação conforme a Constituição. Votos vencidos que acolhiam ante a verificação da dupla responsabilidade pelo mesmo fato.

Argüição rejeitada, por maioria.

ACÓRDÃO

Vistos e relatados estes autos entre as partes acima indicadas, decide a Corte Especial do Tribunal Regional Federal da 4ª Região, por maioria, rejeitar o incidente de inconstitucionalidade, nos termos do relatório, voto e notas taquigráficas que ficam fazendo parte integrante do presente julgado.

Porto Alegre, 23 de outubro de 2002.

Des. Federal VOLKMER DE CASTILHO
Relator para Acordão

g:\edi\100113\1998\199804010236548A.0132.DOC - (PNC)

Fl. 3

TRF 4ª Região
fl. 274

Poder Judiciário
TRIBUNAL REGIONAL FEDERAL DA 4ª REGIÃO

RECEBIMENTO

Na data infra, recebi estes autos. Do que, para constar, lavrei este termo.

Porto Alegre, 07 de novembro de 2002.

Diretora da Secretaria do Plenário, Corte Especial e Seções

CERTIDÃO

Certifico que o **v. acórdão** da fl. 273 foi incluído no **BOLETIM DE ACÓRDÃOS Nº 00169/2002-SPeS,** publicado no Diário da Justiça da União, Seção 2, do dia 13/11/2002.

Porto Alegre, 14/11/2002.

Diretora da Secretaria do Plenário, Corte Especial e Seções

CERTIDÃO

CERTIFICO que, nesta data, foi expedido mandado de intimação ao **Ministério Público Federal**, nos termos do art. 236, § 2º, do Código de Processo Civil.

Porto Alegre, 14/11/2002.

Diretora da Secretaria do Plenário, Corte Especial e Seções

EDITORA
JusPODIVM
www.editorajuspodivm.com.br

Impressão e Acabamento
PlenaPrint
Indústria Gráfica